1389번 귀 인식표를 단 암소

1389번 귀 인식표를 단 암소

초판 1쇄 인쇄 2019년 10월 15일
초판 1쇄 발행 2019년 10월 22일

지은이 캐스린 길레스피
옮긴이 윤승희

펴낸이 이상순 **주간** 서인찬 **편집장** 박윤주 **제작이사** 이상광
기획편집 이세원 박월 김한솔 최은정 이주미 **디자인** 유영준 이민정
마케팅홍보 이병구 신희용 김경민 **경영지원** 고은정

펴낸곳 (주)도서출판 아름다운사람들
주소 (10881) 경기도 파주시 회동길 103
대표전화 (031) 8074-0082 **팩스** (031) 955-1083
이메일 books777@naver.com **홈페이지** www.books114.net

생각의길은 (주)도서출판 아름다운사람들의 교양 브랜드입니다.

ISBN 978-89-6513-566-1 03330

파본은 구입하신 서점에서 교환해 드립니다.

이 도서의 국립중앙도서관 출판예정도서목록(CIP)은 서지정보유통지원시스템 홈페이지(http://seoji.nl.go.kr)와 국가자료종합목록구축시스템(http://kolis-net.nl.go.kr)에서 이용하실 수 있습니다. (CIP제어번호 : CIP2019039665)

1389번 귀 인식표를 단 암소

고기도 가죽도 아닌, 한 생명에 관한 이야기

캐스린 길레스피 지음

윤승희 옮김

목차

1

세이디

마지 비치와 나는 방울뱀에 물리지 않도록 발과 다리에 보호대를 두르고 길게 자란 풀밭을 헤치며 나이 든 동물들이 모여 지내는 들판으로 걸어 나갔다. 캘리포니아 그래스밸리에 있는 애니멀플레이스Animal Place는 사육 동물들이 여생을 편안히 보낼 수 있는 안식처다. 마지 비치는 이곳에서 방문객의 교육을 담당한다. 수백만 평방킬로미터 넓이의 애니멀플레이스는 숲과 풍성한 풀밭에 걸쳐 있다. 축사를 비롯해 동물들이 기거하는 건물이 듬성듬성 흩어져있는 넓은 부지를 배경으로 방문객을 위한 편의시설과 교육시설로 사용하는 농가 건물이 한 채 있다. 농가 건물 근처에는 이곳 일꾼들이 가꾸는 커다란 유기농 텃밭이 있어서 지역의 지원을 받아 농작물을 재배한다. 인근 지역 주민들과 나누기에 충분한 양이다.

우연히 이곳을 지나는 사람들에게 애니멀플레이스는 축산업 하면 흔히 떠올리는 그림 같은 목장과 다름없어 보인다. 들판에는 소와 돼지들이 풀을 뜯고, 마당에는 닭들이 모이를 쪼고, 기름진 텃밭에는 식구들이 충분히 먹고도 시장에 내다 팔 만큼 채소가 풍성하게 자라고, 완만한 푸른 언덕과 오래된 큰 나무들이 파란 하늘의 흰 구름과 맞닿아있다. 하지만 내부의 상황은 다르다. 애니멀플레이스에서는 동물을 사육하지 않는다. 동물을 위한 피난처 혹은 안식처sanctuary로서 이곳은 미국 각지에서 노역에 시달렸거나, 학대와 방치를 당하다 온 동물을 돌보고 그들의 재활을 돕는 데 주력한다. 애니멀플레이스에 오지 않았다면 어디선가 우유, 고기, 달걀 생산을 위해 사육당하고 있을 동물들이지만 이곳에서는 남은 삶을 온전히 살아갈 수 있다.

나이 든 동물들이 있는 곳으로 걸어가면서 마지 비치는 내게 애니멀플레이스의 이러한 사명을 설명했다. 늙은 암소와 거세 수소 무리가 6월의 아침 햇볕이 내리쬐는 들판에서 느긋하게 시간을 보내고 있었다. 우리는 천천히 그들에게 다가갔다. 이곳 피난처에서 이미 여러 해를 보낸 많은 동물들은 그간의 학습을 통해 이곳 직원들을 믿고 사랑하지만, 일부는 여전히 낯선 사람을 경계했다. 풀이 우거진 들판에는 세이디, 엘사, 하위가 서로 가까이 누워있었다. 세이디는 검은색과 흰색 얼룩무늬가 특징인 홀스타인 소다. 홀스타인은 미국 낙농업계에서 가장 보편적인 품종이다. 소들을 바라보는 동안 마지 비치는 세이디의 사연을 들려주었다.

세이디는 중부 캘리포니아 샌프란시스코 베이 에어리어에서 약 3천 마리의 소를 사육하는 상당히 큰 낙농장에서 나고 자랐다. 농장에서는 세이디의 꼬리를 자르고 귀에 인식표를 달았다. 생후 18개월 만에 인공수정으로 처음 임신한 세이디는 이후에도 같은 방식으로 매년

한 번씩 임신을 반복했다. 사람들은 태어난 지 몇 시간 만에 송아지를 어미와 격리시키고 세이디의 우유 생산력과 생식능력이 쇠퇴할 때까지 매일 하루에 세 번씩 우유를 짰다. 그러다가 다섯 살 때 세이디가 유선염(유방에 감염을 일으키는 다양한 병원균 가운데 어느 하나가 원인이 되어 발생하는 흔한 질병)에 걸리자 낙농 생산에 이용되었던 다른 소 여러 마리와 함께 도축용으로 경매장에 세웠다. 경매를 통해 어느 대학 수의학과에서 운영하는 동물병원에 실습용으로 팔린 세이디는 그곳에서 약 20주(4학기제 대학에서 2학기에 해당하는 기간) 동안 목의 정맥을 찔러 피를 뽑는 채혈 방법인 정맥천자와 직장 검사 등의 실습에 이용되었다.

20주가 끝나갈 무렵 세이디는 다시 도축장으로 팔려갈 처지가 되었지만, 어느 수의학과 학생이 애니멀플레이스에 연락을 취해 세이디를 맡아달라고 했다. 대학 동물병원에서는 세이디의 유선염을 치료해주지 않았기 때문에 염증이 더욱 악화되었고 애니멀플레이스 직원들이 세이디를 다시 원래의 대학 동물병원으로 데리고 가서 치료를 받게 했다. 세이디의 유선염은 심각했고 극심한 통증을 유발했다. 약 2년 가까이 계속된 치료 기간 동안 사람에 대한 세이디의 불신은 더욱 깊어졌다. 안 그래도 사람을 믿지 못했던 세이디는 동물병원 관계자가 거칠게 트럭에 태우는 과정에서 겁에 질려 몸부림치다가 차에서 떨어져 다리와 골반이 부러졌다. 젊고 건강한 소라도 회복하기 힘든 부상이었다.

애니멀플레이스로 돌아온 세이디를 살펴본 직원들은 동물병원에서 모르고 지나쳤던 세이디의 임신 사실도 확인했다. 세이디는 얼마 후 사산했다. 낙농업계의 관행 때문에 한 번도 자신이 낳은 송아지와 함께 시간을 보낸 적이 없었던 세이디가 애니멀플레이스에서는 죽은 송아지를 핥아주며 몇 시간을 함께 지냈고, 송아지는 애니멀플레이스 부지 안에 묻혔다.

이후 수년 동안 세이디는 피난처 내의 무리 안에서 다른 동물들과 함께 지내며 어미 없이 피난처에 들어오는 송아지들을 반겨주었다. 들판에 서 있는 동안 마지 비치로부터 들은 이야기에 따르면, 세이디는 낙농장과 대학 동물병원에서 겪은 고통스러운 경험에서 완전히 회복하지 못한 채 여전히 사람들을 경계했지만 피난처 사람들은 세이디가 다른 암소나 거세 수소와 함께 어울리고 어미 없이 새로 들어온 송아지를 돌보는 생활을 즐긴다고 믿었다. 세이디는 너무 나이가 들고 몸이 약해져서 일반 무리에 섞여 지낼 수 없게 되고부터(젊고 혈기왕성한 거세 수소들 때문에 다치기 쉽다) 노령 동물들의 무리로 옮겨져 나이 든 다른 소들과 함께 지내게 되었다.

우리가 이야기를 나누는 동안 세이디는 편안한 자세로 마지 비치 쪽으로 머리를 숙이며 목과 등을 긁어달라는 몸짓을 했다. 등에 파리가 앉자 세이디는 파리도 쫓고 가려운 부분도 긁어달라는 뜻으로 몸을 더욱 쭉 뻗었다. 14년을 살아온 세이디의 몸에는 그동안 살아온 삶의 흔적이 뚜렷이 남아있었다. 잘려나간 꼬리는 성가신 파리 떼가 등을 물어뜯어도 쫓을 수 없었고, 두 귀에는 농장에서 인식표를 달기 위해 뚫어놓은, 영원히 메워지지 않을 구멍이 뚫려있었다. 다리와 골반에 입은 부상 때문에 만성적으로 다리를 절었고, 낯선 사람을 경계하고 불신했다.

그곳에 서서 세이디를 살피고, 또 한편으로 애니멀플레이스의 넓은 들판을 바라보고 있으려니 세이디가 얼마나 특별한 삶을 살아왔는지 새삼 깊이 와닿았다. 대학 동물병원에 팔려가는 것도, 피난처에서 여생을 보내는 것도 대다수의 소가 겪는 평범한 삶은 아니다. 하지만 바로 그런 특별함을 통해 우리는 농장과 동물병원이 동물들의 삶에 남긴 평생 지워지지 않을 흔적을 이해하게 되었다.

사육당하는 동물과의 만남

10년 전, 나는 처음으로 식품 생산의 정치성에 대해 고민하기 시작했고, 당시의 고민이 복잡한 과정을 거쳐 지금의 연구와 이 책에 이르게 되었다. 나도 당시에는 낙농업계의 소들이 애니멀플레이스 같은 너른 들판에서 한가로이 풀을 뜯으며 살 거라고 상상했다. 이런 상상 속 이미지의 뿌리는 어린 시절로 거슬러 올라간다. 나는 펜실베이니아 서부에서 자랐고 가끔 차를 타고 시골길을 지날 때면 낙농장의 소들이 빨간색 외양간 앞 푸른 들판에서 풀을 뜯는 모습을 보곤 했다. 어린 나는 자동차 뒷좌석에 앉아 창틀에 턱을 괴고 동물들이 드문드문 흩어져 있는 목가적 풍경이 획획 스쳐 지나가는 것을 바라보았다. 우리 아버지는 우리가 못 보고 지나치는 동물이 없도록, 심드렁한 말투로 "소!", "염소!" "양!"이라고 일일이 알려주었다.

우리는 피츠버그 도심 한복판에 살았기 때문에 도시를 벗어난 자동차 여행만이 사육 동물을 접할 수 있는 유일한 기회였다. 마침 고모할머니들이 버지니아 농촌에 살고 계셔서 여름이면 그분들을 보러 갔다. 할머니들과 지내는 동안 가끔 그분들의 지인이 운영하는 근처 말 농장에 놀러 가서 말들을 쓰다듬기도 했다. 간혹 여행 중에 길가에 멈춰 서서 농장 울타리 너머로 소나 말에게 풀이며 당근을 한 움큼씩 먹이기도 했는데, 동물들이 먹을 것을 달라며 코를 우리 손에 부비면 우리는 꺅 소리를 질렀다. 그렇게 크고 온순한 동물이 가까이 있다는 이유만으로 신이 났다. 속눈썹 아래로 보이던 소의 눈과 소가 콧김을 내뿜으며 머리를 흔들 때 뺨에 닿던 뜨거운 숨결을 나는 그 후로도 오랫동안 생생하게 기억했다.

다른 종種과 관계를 맺으면서 우리의 삶은 알게 모르게 풍요로워진다. 많은 사람이 인간이 아닌 다른 동물들과 사랑하고 보살피는 관계를 맺는다. 가령 서구에서는 사람과 같은 공간에서 생활하는 개와 고양이가 가족의 일원이 되고, 사람들의 침대며 소파, 심지어 감정의 기복까지 공유한다. 사람들은 개와 고양이를 사랑하고, 그들 때문에 애태우고, 그들이 무슨 생각을 하고 어떻게 느끼는지 궁금해한다. 그리고 그들이 죽으면 슬퍼한다. 다른 종의 죽음이나 고통에 대한 애도는 때때로 무시당하기도 하지만("개 한 마리가 무슨 대수라고. 그만 좀 잊어버려!"), 인간 이외의 동물을 곁에 두고 사랑했던 사람이라면, 이 관계가 갖는 힘과 깊이, 그리고 그 동물이 떠나면서 우리 삶에 남기고

간 허전함을 이해할 것이다.

대개 이런 가까운 관계는 사람과 같은 공간에서 함께 생활하는 동물에게만 적용된다. 그러나 사육 동물들을 만나고 그들 본연의 모습을 보고 나면 인간이 식용으로 사육하는 종과 반려동물로 여기는 개나 고양이가 전혀 다르지 않다는 사실을 깨닫게 된다.[1] 나는 처음으로 돼지와 직접 대면했을 때, 돼지가 개와 비슷해서 크게 놀랐다. 워싱턴 주 스탠우드에 있는 피그피스 생크추어리Pig Peace Sanctuary에 사는 지기라는 돼지였는데 몸집이 크고, 다리가 셋인 분홍색 농장 돼지였다. 내가 다가가자 지기는 나를 향해 콧김을 내뿜으며 코로 내 손을 밀어냈다. 나는 귀 뒤를 긁어주고 등을 문질러주었다. 그러자 지기가 쿵 소리를 내며 옆으로 드러눕더니 다리를 내밀었다. 시설 관계자인 주디 우즈는 "어서요."라며 나를 재촉했다.

"뭘요?" 내가 어리둥절해서 물었다.

"배를 긁어달라고 하잖아요!"

"아!" 나는 즉시 무릎을 꿇고 지기의 배를 문질러주었다.

"손톱으로 긁어주세요." 나는 주디가 시키는 대로 손톱으로 지기의 배를 긁었다.

지기는 눈을 감은 채 풀밭에 뒤통수를 대고 드러누웠다. 내가 잠시라도 긁기를 멈추면 지기는 머리를 들고 나를 쳐다보았고 주디는 "지기가 그만해도 된다고 안 했잖아요."라고 말했다.

나는 피그피스에서 수년간 자원봉사를 하면서 그곳에 살고 있는 많은 돼지들을 알게 되었다. 태어날 때부터 눈이 보이지 않고 피그피스의 '특별 돌봄' 구역에서 지내는 덩치 큰 베일리, 단속반이 가족농장에서 구출할 당시 같은 우리에 있던 다른 돼지의 사체에 머리를 기대고 있었던 덕분에 흙탕물에 익사하지 않고 목숨을 건진 늙은 벳시, 음주 운전 단속에 걸린 트럭에서 양쪽 뒷다리가 으스러진 채 구조된 허니는 모두 그때 만난 돼지들이다.

이 동물들은 모두 제각각의 사연과 개성이 있다. 각자 좋아하는 것과 싫어하는 것이 분명하고, 저마다 살아온 이력과 평생 짊어지고 가야 할 정서적 트라우마가 있다. 동물에게 감정이 있다고 말하면 흔히 의인주의라는 비판을 듣는다. 즉, 인간에게만 고유하다고 스스로 자부하는 특성을 동물에게 적용한다는 비판이다. 예를 들어, 어미 소와 송아지를 떼어놓으려고 할 때 그들이 보이는 슬픔과 불안을 떠올리는 것도 소를 의인화하는 행위로 간주될 수 있다.

동물은 슬픔, 상실, 기쁨, 사랑 등을 느끼지 못한다는 믿음이 학계와 일반인들 사이에 여전히 널리 퍼져있다. 인간이 동물을 육체적, 혹은 정서적으로 해쳐도 되는 상황에 꼭 들어맞는 편리한 믿음이다. 동물도 감정을 느낀다는 사실을 지속적으로 외면하고, 그들의 감정에 대해 논하는 사람을 의인주의에 빠졌다거나 동물에 감정을 이입한다는 식으로 치부하면 동물에게 트라우마를 야기하는 행동을 계속하면서도 이를 정당화할 수 있기 때문이다. 소가 트라우마를 느끼지 못한다면 송아지를 잃어버린 어미 소에게도 트라우마가 생기지 않으므로 갓 태어난 송아지를 어미로부터 떼어놓고, 그 어미가 만드는 우유를 무단으로 가져다가 이윤을 위해 상업적으로 이용하는 데 거부감을 느낄 필요가 없다. 하지만 어미 소와 송아지가 트라우마를 겪고, 그 소의 우유를 가져다 소비하는 인간이 그 트라우마를 알아차린다면 어떨까? 고의로 소에게 트라우마를 야기하고, 심지어 그것을 소의 일생에 걸쳐 반복하는 행위가 과연 용납될까 하는 심각한 윤리적 딜레마가 발생한다.

동물의 감정 논의를 의인주의로 치부하는 대신 인간 중심적인 관점에서 한 걸음 물러나 동물을 바라보려는 쪽으로 사람들의 사고방식이 점차 변하고 있다. 즉, 동물에게도 감정이 있다는 주장을 인간 고유의 특성을 동물에게 적용하려는 시도가 아니라, 동물 자체의 감정과 고유의 특성이 있음을 인정하고, 이를 동물이 처한 맥락에서 바라봄으로써 그들을 더 잘 이해하려는 시도로 받아들이려는 것이다. 동물행동학자이며 진화생물학자인 마크 베코프는 의인화가 반드시 나쁜 것은 아니며, 오히려 의인화가 꼭 필요하다고 주장한다. 여기서 의인화는 다른 동물에게서 보이는 특성을 인간의 방식으로 기술하는 것을 말한다. 즉, 우리는 인간으로서 우리에게 주어진 도구를 가능한 총동원하여 인간 이외 종들의 경험을 이해해야 한다는 것이다.[2] 마크 베코프, 제인 구달, 바버라 킹은 동물의 정서 생활이라는 복잡한 세계에 관한 책을 통해 동물들이 어떻게 비탄, 사랑, 기쁨, 놀이, 공포를 경험하는지 강조했다.[3]

하지만 동물의 감정을 이해하기 위해 반드시 동물행동학자가 될 필요는 없다. 그간의 경험이 어떤 방식으로 동물에 체화되어 있는지에 눈높이를 맞추고, 특정한 종이나 개체가 자신을 어떻게 표현하는

지 배움으로써 다른 종을 깊이 알아갈 수 있다. 이 정도의 깊이에 도
달하기 위해서는 동물행동학자들과 특정 종의 동물 가까이에서 일하
는 사람들의 이야기를 듣는 것은 물론, 직접 동물을 관찰하고 그들과
상호작용하는 경험이 필요하다.[4]

　2014년 여름, 나는 식품체계(식품의 생산, 가공, 운송, 소비에 이르는
전 과정) 안의 동물이라는 주제로 〈현장체험을 통한 다종多種 문화연구
Doing Multispecies Ethnography〉라는 수업을 하면서 학생들에게 각각 피그피스
에 살고 있는 돼지 한 마리와 짝을 이루어 해당 돼지에 대한 현장 분
석 보고서, 다시 말해 일종의 생활 기록장을 써보라고 했다. 학기 내
내 학생들은 매주 몇 시간씩 짝꿍 돼지를 관찰하고 함께 시간을 보냈
다. 학기가 끝날 무렵이 되자 학생들은 모두 돼지 한 마리 한 마리가
갖고 있는 개성과 고유함을 알아볼 수 있게 되었다. 학생들은 저마다
자신의 짝꿍이 얼마나 똑똑하고 재주가 많은지, 유머감각은 또 얼마
나 대단한지, 어떤 음식을 가장 좋아하는지, 다른 돼지들과 어떻게 소
통하는지 등을 상세하게 기술했다. 마지막 시간에 학생들이 준비해온
발표 자료는 모두 하나같이 각각의 돼지가 얼마나 특별한 존재인지를
보여주는 기록이었다. 이것은 돼지가, 나아가 모든 사육 동물들이 자
신만의 독특한 개성과 이력을 지닌 개별 존재이고, 바로 그 때문에 그
들 하나하나가 모두 유일무이한 존재라는 깨달음의 기록이었다.

　학생들은 또 사육 동물들과의 이런 접촉이 얼마나 특별한 경험이
었는지도 이야기했다. 사실 도시의 발달로 농촌 및 축산 인구가 줄어
들고 있는 상황이라 살아있는 소, 돼지, 닭 등의 사육종들과 접촉할 기

회는 점점 더 줄어들고 있다. 하지만 인간이 소나 돼지 같은 동물에 대해 잘 알지 못하게 된 이유가 단순히 지리적으로 멀어졌기 때문만은 아니다. 인간에 의한 종의 계층화와 범주화 역시 단절의 원인이다.

인간은 문화적 규범에 따라 특정 종들을 범주화하는 데 능하다. 예를 들어 미국에서 개와 고양이는 '반려동물', 쥐나 바퀴벌레 등은 '유해동물', 소, 돼지, 닭은 '식용동물'이라는 범주에 속한다. 이 같은 범주화는 인간이 최상층에 군림하는 계층 구조를 유지하면서 인간이 다른 종들을 특정한 방식으로 이용하고 취급하는 근거로 작용한다. 쥐를 인간에게 '해로운 종', 북아메리카의 뉴트리아를 인간의 영역을 '침해하는 종'으로 각각 범주화하고 이들 종에 속한다는 이유만으로 동물을 무차별적으로 박멸하는 행위를 정당화한다.[5] 소를 우유와 고기를 제공하는 식품의 범주에 넣는 것은 소가 계속해서 소비를 위해 생산되는 제품으로 존재하게 하는 데 중요한 역할을 한다. 인간이 동물 위에 군림하는 계층구조가 문제시되는 경우는 드물다. 계층화는 일종의 규범이고 동물의 생명과 신체를 무단으로 이용함으로써 인간은 수없이 많은 혜택과 이익을 얻을 수 있기 때문이다. 마이클 퍼렌티는 "가장 교묘하게 해를 끼치는 억압은 우리의 기본 일상과 마음 깊은 곳에 은밀하게 침투하기 때문에 우리는 그것의 영향을 받고 있다는 사실조차 깨닫지 못한다"고 말한다.[6]

우리의 일상에 교묘하게 침투해 들어온 계층화의 한 사례가 매일매일 동물을 지칭할 때 사용하는 용어들이다. 가령 나는 이 책에서 소를 지칭할 때 캐틀cattle(고기와 우유를 얻기 위해 가축으로 기르는 소를 통칭)이라는 용어는 사용하지 않는다. 캐틀은 재산을 뜻하는 채틀chattel 이라는 어원에서 유래되었고, 사유재산으로서 노예를 사고팔던 제도를 상기시키기 때문이다.

대신 나는 보바인애니멀bovine animals(소의 아과亞科 동물, 가축화한 소 외에 버팔로, 비손 등을 포함하는 포괄적인 용어) 또는 카우cow라는 용어를 사용함으로써 이 동물들이 단순한 자산이 아님을 드러내려고 한다. 참고로 카우는 소의 아과 동물을 지칭하는 구어체다. 하지만 축산업계에 내에서, 또 성에 관한 이분법적 사고 안에서 카우는 적어도 한 마리 이상의 송아지를 낳은 적이 있는 암소를 의미한다. 하이퍼heifer는 출산한 적이 없는 어린 암소, 즉 미경산 암소를, 송아지calf는 성별과 무관하게 생후 6개월 미만의 소(간혹 거세하지 않은 수컷이라는 점을 드러내기 위해 수송아지bull calf라고 부르기도 한다)를 각각 의미한다. 불bull 은 거세를 하지 않고 다 자란 수소를, 스티어steer는 거세한 수소를 의미한다(이 책에서는 bovine animals와 cow는 모두 소 또는 암소로, heifer는 미경산 암소 또는 출산 경험이 없는 어린 암소, calf는 송아지, bull calf는 수송아지, bull은 수소, steer는 거세 수소로 각각 옮겼다).

가축을 의미하는 Livestock은 그대로 '살아있는live 재고stock'라는 의미로 동물이 살아있는 자산임을 강조한 용어다. 농장 동물farm animal, 젖소dairy cow, 빌 송아지veal calf 등의 용어 역시 인간의 입장에서 식품 생산에 기여하는 가치에 따라 동물을 정의하면서 이 동물들이 식품 생산이라는 정해진 용도로 사육된다는 관념을 재생산하고 있다. 그래서 나는 농장 동물과 젖소 대신 사육 동물farmed animal과 낙농업에 이용되는 소^{cow used for dairy}라는 용어를 사용해 이 동물들이 농업과 식량 생산 과정에 종속되어 있음을 (아울러 이러한 종속 상태가 그들의 타고난 정체성이 아님을) 보이려고 한다. 부득이하게 가축^{Livestock}이나 젖소^{dairy cow}라는 용어를 사용하는 경우는 이 용어들이 논란의 여지가 있음을 강조하기 위해 인용부호 안에 넣었다.

마지막으로 인간^{humans}과 동물^{animals}이라는 용어조차도 계층적 의미, 혹은 한편에는 인간을, 다른 한편에는 인간을 제외한 모든 동물을 놓고 보는 이분법적 의미를 띠고 있다. 인간 자신도 동물이면서 말이다. 언어는 우리가 타자에 대해 생각하고 그들을 다루는 방식을 결정한다. 우리가 다른 동물들에 대해 이야기할 때 어떤 언어를 사용하느냐에 따라 인간을 예외적인 존재로 간주하는 계층화를 재생산할 수도 있고, 다른 종들을 억압으로부터 해방시키는 데 한 역할을 담당할 수도 있다.[7]

동물을 계속해서 범주화하면 특정 종을 지속적으로 모조리 잡아 죽이거나 소비하는 것이 가능하기 때문에, 이러한 범주화를 기존의 질서로 그대로 받아들인 채 아무것도 하지 않는 쪽이 변화를 시도하는 것보다 훨씬 편할지 모른다. 멜라니 조이가《우리는 왜 개는 사랑하고 돼지는 먹고 소는 신을까(모멘토, 2011)》를 통해 지적하듯이 동물을 먹는 것이 정상적이고, 자연스럽고, 필연적이라는 지배적 이데올로기를 그냥 믿어버리는 것이 수월할지 모른다. 그런데 소비자와 생산자가 현상 유지만을 고수한다면, 즉 먹기 위해 동물을 교배시켜 사육하고, 도살하고, 소비하는 방식을 계속 유지하는 쪽을 택한다면, 과

연 그들은 장차 음식이 될 살아있는 동물 하나하나와 관계를 맺으려 할까? 그 동물들에 대해, 그들이 어디를 긁어주면 가장 좋아하고 어떤 간식을 가장 좋아하는지에 대해 알고 싶은 마음이 생길까?

대부분 그렇지 않을 것이다. 내 수업을 들은 학생 중 하나가 피그 피스를 두어 번 다녀오더니 자신은 이 동물피난처에 처음 다녀온 날 이후 베이컨이나 돼지고기를 먹을 수 없었다고 털어놓았다. 드문 반응도 아니다. 나는 대학원에 들어가기 전, 파트너 에릭과 뒷마당에서 병아리를 기르기 시작했고, 브론테 자매들의 이름을 따서 샬롯과 에밀리라고 이름 지은 이 병아리들에게 마음을 빼앗긴 후 다시는 닭고기를 먹지 않기로 맹세했다. 개개의 동물에 대해 알아가면서 특정 종에 대해 생각하는 방식과 그 종을 다루는 방식이 크게 달라질 수 있다. 이런 변화는 동물을 사서 변형시키고 다시 팔 수 있는 물건처럼 취급하는 동물의 상품화 과정에 대한 근본적인 변화로도 이어질 수 있다.[8]

상품화Commodification는 재화, 서비스, 기능, 자원 등의 상품으로의 전환을 지칭한다. 상품화라는 개념은 마르크스 이론에 뿌리를 두고 있으며 이전까지 경제적 가치가 없던 것에 경제적 가치를 부여하는 것을 의미한다. 마르크스에 따르면 상품은 자본주의를 형성하는 기본 단위다. 상품을 생산, 판매, 구매하면서 전 세계 정치·경제 안에서 자본의 순환이 촉진된다. 노동은 몸이 어떻게 상품화되는지를 드러내는 한 예다. 예를 들어 동물들은 상품(우유, 달걀, 정액) 생산 과정 안에서 노동을 제공하지만, 동시에 동물 그 자체가 상품이기도 하다. 산 채로 혹은 죽어서(상품 생산도구로서 혹은 '고기'로서) 팔리기 때문이다. 로즈메리-클레어 콜라드와 제시카 뎀프시는 이것을 생명 파생상품^{lively} ^{commodity}, 즉 "살아있는 생명이라는 상태 자체가 자본주의적 가치를 파생시키는 원천이 되는 상품"이라고 부른다.[9] 콜라드와 뎀프시는 생명 파생상품 이론을 설명하기 위해 희귀 반려동물, 생태계 서비스(일종의 시장원리를 기반으로 한 환경 보존) 등의 사례를 들고 있지만, 생명으로부터 가치가 파생되는 상품의 가장 주된 사례는 소다. 소는 그 자신이 상품일 뿐 아니라(살아있는 자본으로서 사고팔 수 있으므로), 새로운 생명 파생상품을 만들어냄으로써 상품이 순환되는 회로를 재생산한다.

동물을 상품으로 변형시키는 과정에는 동물의 개성을 알 수 있는 여지가 거의 없다. 나중에 자세히 설명하겠지만 특히 우유 생산을 위해 사육되는 품종의 경우 저항적인 성향의 인자는 육종을 통해 제거하고 '포악한' 성향을 드러내는 개체들은 정기적으로 무리에서 솎아낸다. 낙농업을 위해 상품화하는 소에게 허용되는 유일한 개성은 '행복한 소'다. 이 점은 캘리포니아 우유생산자문위원회의 리얼 캘리포니아 밀크$^{Real California Milk}$ 광고 시리즈에 잘 드러나 있다. 소들이 등장해 캘리포니아에서 살게 되어 얼마나 기쁜지 모르겠다고 이야기하는 우스꽝스러운 장면들로 이루어진 이 광고들은 하나같이 "훌륭한 우유는 행복한 소에서, 행복한 소는 캘리포니아에서"라는 한 줄의 문구로 끝을 맺는다.[10]

개별 동물과 대면하는 것은 사회 내에서 동물이 차지하는 위치에 대한 틀에 박힌 사고를 뒤흔들고 통상적인 시장 활동에 혼란을 초래할 수 있는데, 소비자들의 소비 활동도 예외가 아니다. 예를 들어 식료품점에서 포장된 햄버거 고기를 본 소비자가 개인적으로 알고 있는 소를 떠올린다면 소비자들의 소비 관행도 달라질 수 있다. 동물이 더 이상 '한 근에 얼마'씩 팔리는 존재로 취급되지 않을 때 동물에 대한 사고방식에 균열이 일어날 수 있다. 살아있는 동물을 떠올리는 것은 '고기'라는 식품이 원래는 어떤 동물의 일부였음을 기억하게 만드는 효과적인 방법일 수 있다.

하지만 사육 동물들과 물리적으로 가까이 있다거나 그들이 자주 눈에 보인다고 해서 동물이 단순한 투자 대상 혹은 식량 공급원 이상임을 알아보는 눈이 반드시 생기는 것은 아니다. 예를 들어 내가 만난 농부들은 동물 각자의 건강, 상태, 나이, 현재의 생산력, 앞으로의 생산 잠재력에 대해 늘 관심을 쏟았다. 모두 개개의 동물들이 갖는 특징으로서 농부들이 특히나 주의를 기울이는 부분이다. 하지만, 농부들의 관심은 동물을 상품으로서 이해하는 데 필요한 특징들에 국한된다. 즉, 마리당 혹은 단위 무게당 얼마를 받을 수 있을지, 하루에 짤 수 있는 우유가 얼마나 될지를(다시 말해 좋은 '고기' 혹은 '우유' 생산도구인지 아닌지를) 판단하는 데 필요한 특징만이 농부들의 관심사인 것이다. 이런 방식으로 동물을 개념화함으로써 상품 가치와는 무관하지만 동물의 삶에 더 중요한 다른 특성은 보이지 않게 된다. 동물의 정체성은 시장의 힘에 종속된다. 즉, 동물이 누구인지가 아니라, 얼마나 효율적으로 생산할 수 있는지가 그 동물의 정체성이 되어버린다.

낙농산업, 나아가 축산업이라는 더 큰 구조 안에서 동물은 구체적이고 각자 다른 개성을 지닌 존재들이 아니라 추상적인 무리로 취급된다. 업계에서 사용하는 어휘들도 이 같은 추상화에 기여한다. 가축, 쇠고기, 가축을 셀 때 쓰는 두頭 같은 어휘들이 그 예다. 심지어 일부 업계 종사자들끼리 아직 살아있는 동물을 '고기'라고 부르는 경우도 있다. 실제로 어느 경매장에서 인부들끼리 도축 직전의 '소진된' 소 한 무리를 가리키며 "이봐, 이리 와서 트럭에 고기 싣는 것 좀 도와줘."라고 말하는 것을 들은 적이 있다. 이처럼 살아있는 동물의 개별성을 무시하는 추상화는 업계의 일반적 관행에도 드러난다. 원하는 형질을 지속적으로 얻어내려는 육종과 착유, 사료 공급, 도축 및 해체, 포장에 걸친 생산 과정의 기계화는 모두 동물을 표준화된 생산의 틀 안에 끼워 맞추려는 노력이다. 동물에게 무리 안에 섞여있어도 추적이 가능하도록 낙인을 찍고 식별번호를 부여하지만, 이름을 지어주는 경우는 거의 없다. 경매장에서는 소를 한 마리씩 혹은 무리로 팔지만, 경매 과정은 매우 신속하고 단조롭기 때문에 동물들은 얼굴 없는 흐름의 일부가 되어 경매 링 위를 빠르게 스쳐간다.

'동물은 상품'이라는 인식은 농장에서 생겨나 동물들이 소비되는 현장인 식품 매장과 식탁으로까지 이어진다. 소비자들은 슈퍼마켓의 포장육이나 피크닉 테이블의 햄버거가 원래 살아있는 동물이었다는 사실을 잊어버린다. 어쩌면 소비자들은 애초에 '고기'가 동물이라는 사실을 믿지 못하도록 자신의 눈을 가려버렸는지도 모른다. 조너선 사프란 포어는 《동물을 먹는다는 것에 대하여(민음사, 2011)》에서 어린 시절 보모에게서 자신이 먹고 있던 닭고기 요리가 진짜 닭이라는 사실을 듣고 끔찍한 충격을 받았다고 회상한다. 소비자들은 깔끔하게 포장된 닭 가슴살이나 다진 쇠고기를 사면서 좁은 헛간에서 5만 마리의 다른 병아리들과 다닥다닥 붙어 자라는 '구이용' 병아리나 '생산력이 소진되어 도축장으로 향하는 젖소'를 굳이 떠올리지 않아도 된다. 동물(혹은 그들의 죽은 몸)과 직접 맞닥뜨릴 필요가 없는 우유 같은 제품을 소비하는 순간에는 동물의 존재를 더욱 쉽게 외면한다. 우유처럼 동물의 유선에서 분비되는 추출물을 상품화하는 경우 해당 제품의 생산 과정이 동물에게 무해하다고까지 생각할 수도 있다.

이번 연구와 집필의 주된 동기 중 하나는 유제품이 생산되는 과정을 이해하는 것이다. 고기를 생산하기 위해 동물을 해쳐야 한다는 사실은 대부분 잘 알지만, 유제품 생산은 동물에게 무해하다는 인식이 여전히 널리 퍼져있다. 나는 상품으로서의 우유가 어디에서 오고, 어떻게 생산되고 이를 위해 다른 종의 생명과 노동이 어떤 대가를 치르는지 자세히 알고 싶었다. 이제까지 우유와 유제품에 관한 연구는 주로 문화적 산물로서의 우유에 초점을 맞춰 전 세계 문화사에서, 혹은 주요 식품 생산국의 핵심 농산품으로서의 우유의 의미를 밝히는 데 주력했으며, 그 과정에서 우유가 낙농업자들에게 미치는 영향, 우유값 하락, 업계 담합 등을 강조하는 경우가 대부분이었다.[11]

나의 연구 목적은 다르다. 내 연구 목표는 처음부터 상품화가 낙농산업 내의 소들에게 미치는 영향을 이해하는 것이다. 인간이 소비하는 우유를 생산하기 위해 혹사당하는 암소, 수소, 송아지 모두 여기에 해당한다. 그러므로 낙농업자, 낙농산업 노동자들도 이 책에 등장하긴 하지만, 연구의 중점 대상은 그들이 아니라 그들이 사육하는 소들이다.

이처럼 소에게 초점을 맞춘다고 해서 농부나 농장 노동자의 직접적인 체험이 중요하지 않다는 의미는 아니다. 사실 농부들도 힘겹게 하루하루 버티고 있다. 농산물 가격 하락과 늘어나는 식량기업의 담합으로 많은 농부들이 대대로 농사짓던 땅을 떠났다. 농장에 고용된 노동자들은 적은 돈을 받으면서 위험하고 힘든 일을 하지만, 단체를 결성하거나 공정한 노동 조건을 요구할 수 있는 여건이 제대로 마련되지 않은 상태에서 노동력을 착취당한다. 농업 종사자의 우울증과 자살 빈도가 심각하게 높고, 미국 질병통제예방센터CDC도 2016년 농업, 어업, 임업 종사자들의 자살률이 다른 직업군 종사자들에 비해 훨씬 높다는 보고서를 내놓은 바 있다.[12]

웬들 베리는 지난 수십 년간 미국의 농부들과 그 가족들의 고충을 유려한 문장으로 세상에 알렸다. 다른 많은 작가들도 미국의 농장 노동자들이 경험하는 폭력과 노동 착취를 고발하는 책을 발표했다. 티머시 패키릿의《육식제국Every twelve seconds(애플북스, 2016)》, 스티브 스트리플러의《닭고기Chicken》, 세스 홈즈의《신선한 과일, 망가진 육체Fresh Fruit, Broken Bodies》등이 주요한 사례다. 나는 이 책에서 식품 생산 과정에서 인간이 겪는 현실적인 투쟁과 고통의 무게를 깎아내리지 않으면서 인간 외 동물이 경험하는 식품 생산이란 어떤 것인지에 대해 더 중점적으로 다루었다.

왜 미국을 비롯한 세상의 많은 소비자들은 유제품, 달걀, 고기가 어떻게 생산되는지 알려고 하지 않고 회피하는 걸까? 대부분의 사람들이 어느 정도는 이미 알고 있고, 그래서 더욱 외면하는지도 모른다. 모임에서 만난 사람들이 직업을 물어오면 나는 식품체계 안에서 동물의 삶에 대해 가르치고 연구한다고 대답한다. 그러면 내 말을 불쑥 가로막으며 "말하지 말아요, 알고 싶지 않으니까!"라거나, "저런, 심란하겠어요."라는 반응이 돌아오는 경우가 적지 않다. 대다수가 어느 정도까지는 이미 알고 있거나, 혹은 적어도 더 이상 알고 싶지 않다고 스스로 판단할 수 있을 정도의 지식은 갖고 있기 때문이다. 사람들은 동물을 잡아먹기 위해 사육하는 데에는 일정 수준의 폭력, 혹은 적어도 떠올리고 싶지 않은 과정이 어느 정도 수반된다는 것쯤은 눈치 채고 있다. 특히 소셜 미디어를 통한 정보 확산이 보편화된 오늘날, 식품체계 내에서 동물들이 겪는 고통을 잠입 취재한 동영상을 직접 보거나 다른 이들의 입을 통해 듣는 경우도 드물지 않다.

대부분의 미국인들은 동물들이 고통받는 것을 원치 않는다고 말한다. 미국인도주의협회American Humane Association가 2013년에 실시한 소비자 조사에 따르면 응답자의 89퍼센트는 '농장 동물들의 복지에 대해 매우 우려'하고 있었고, 74퍼센트는 '인도적 사육 인증마크가 붙은 제품이라면 더 비싼 값을 치를 용의가 있다'고 말했다.[13] 이보다 앞서 오클라호마 주립대학이 2007년에 실시한 조사에서는 대부분의 응답자들이 스스로 '평균적인 미국인 대비 동물복지에 관심이 많다고 생각'하는 것으로 나타났다.[14] 가령 응답자의 95퍼센트는 농장에서 동물을 어떻게 다루는지를 중요하게 생각한다고 대답했지만, 52퍼센트만이 다른 사람들도 같은 생각일 것이라고 대답했다. 이와 유사한 결과로, 응답자의 76퍼센트가 고기를 싸게 사는 것보다 동물복지가 더 중요하다고 답했지만, 불과 24퍼센트만이 다른 사람들도 같은 의견일 것이라고 믿고 있었다. 오클라호마 대학 연구팀은 이 조사 결과가 소비자들이 설문에 답하는 동안 스스로 남보다 더 동물복지에 신경 쓰는 사람이라고 상상하고 자신에 대한 과장된 이미지를 품는다는 점을 시사한다면서, 말로는 동물복지를 걱정하지만 이것이 실제 행동이나 소비 행태의 변화를 의미하지 않는다고 말한다.

사육 동물의 복지에 관심이 많은 사람이든, 그저 그렇게 보이고 싶어 하는 사람이든, 현실에서는 모두 식탁 앞에 앉는 순간 동물에 대한 걱정 따위는 쉽게 잊어버린다. 편리해서, 늘 하던 대로라서, 전통이라서, 가족 혹은 또래 집단의 압력에 못 이겨서, 잘 잊어버려서 등등 이유가 무엇이든 사육 동물에 대한 염려는 매일의 실천으로 이어지지 못한다. 조너선 사프란 포어의 표현대로라면 소규모 농장이나 동물을 배려한다고 주장하는 농장에서만 동물 유래 식품을 구입하겠다고 다짐하는 '깐깐한 잡식주의자들'조차도 막상 음식을 먹을 때가 되면 편리성이나 주변 사람들의 시선 때문에 쉽게 포기해버리는 경우가 빈번하다.[15] 한편 자신이 고기나 유제품을 별로 먹지 않는다고 생각하지만, 알고 보면 거의 매 끼니마다 동물 유래 식품을 섭취하고 있는 사람들도 많다.

이처럼 사람들이 생각하는 자신의 행동과 실제 자신의 행동이 일치하지 않는 이유는 동물에 대해 쉽게 잊어버릴 수 있기 때문이다. 축산품이 상품화되는 첫 출발점부터 동물의 존재는 간단하게 잊거나 부정해버릴 수 있다. 애초에 식품을 섭취할 때면 동물은 보이지도 생각나지도 않는다.

내가 이 책을 쓴 것도 바로 그 때문이다. 잊고 외면하는 행태에 저항하고 싶었다. 그렇다면 이 책은 왜 유독 낙농업에 주목하고 있을까? 앞서 이야기했듯이 내가 낙농업에 대해 연구하게 된 동기는 낙농업이 동물에 해를 끼치지 않는다는 대중적 인식 때문이었다. 이러한 인식은 단순하게 형성된 것이 아니고 마케팅과 광고를 비롯한 업계 로비 활동과도 맞물려있다(가령 우유: 몸에 좋아요 Milk: It Does a Body Good /우유 있어요? Got Milk? 등의 캠페인). 인간이 처음 섭취하는 음식이 어머니의 젖이므로 소의 젖인 우유는 우리가 처음 먹는 음식과도 자연스럽게 연결된다.

낙농제품은 또 미국이 갖는 여러 이미지 중 하나로 그 안에는 향수를 불러일으키는 요소들이 풍부하다. 뜨거운 여름 햇살 아래 녹아내리는 아이스크림 콘, 찐득찐득한 맥앤치즈, 그릴 치즈 샌드위치와 토마토 수프, 커다란 유리잔에 담긴 우유와 쿠키 등 미국의 주류 식문화를 상징하는 이 고전적 이미지들은 어린 시절, 먹는 데서 위안과 즐거움을 얻던 추억과 한데 어우러져 있다. 이런 식의 향수 어린 갈망 역시 이 식품들이 만들어지는 과정에 대해 사람들이 외면하거나 의도적으로 무시하도록 하는 역할을 한다.

낙농업 연구는 또 낙농제품의 생산 과정이 그저 소에서 우유를 얻는 데서 끝나지 않는다는 사실을 보여준다. 우유의 생산은 빌 veal 고기

(어린 송아지 고기)와 일반 쇠고기, 인공수정, 강제 정액 채취, 사료 산업, 렌더링(도축하고 남은 동물의 신체 조직에서 수분과 지방을 제거해 생활용품, 의약품, 사료 등의 원료로 만드는 과정), 이 밖에 기타 주변 산업 등 느긋하게 치즈나 베어 먹으면서 떠올리기에는 너무나 많은 산업 및 관행들과 직접 연관되어 있다. 유제품 생산의 상세한 과정, 그리고 그 생산 과정에서 일어나는 모든 일들은 일반인들의 눈에는 보이지 않게 가려져있다. 연구를 진행하는 동안 많은 사람을 만나서 이야기를 나누었는데 교육도 많이 받고 생각도 있는 사람들이 우유 생산을 위해서 소를 정기적으로 임신시켜야 한다는 사실에 대해 뜻밖이라며 전혀 생각하지 못했다는 반응을 보였다. 당연하지 않은가. 인간을 포함한 모든 포유류들이 그렇듯이 소 역시 출산 직후 새끼에게 꼭 필요한 영양분을 공급하기 위해 젖을 만드는 것이다. 하지만 이 당연한 사실을 외면하기 위해 사람들은 비합리적인 인과관계를 생각해낸다. 아니, 어쩌면 아예 생각하지 않고 그저 멋대로 상상해버리는 것일지도 모른다.

유제품 생산과 관련된 여러 관행들은 우유 섭취가 건강을 위해 꼭 필요하다는 오랜 믿음에 의해 유지되고 있다. 엘리스 데조녜는 《캐시 카우: 낙농산업에 관한 10가지 허구 Cash Cow: 10 Myths about the Dairy Industry》에서 인간은 반드시 우유를 마셔야 한다는 통념이 틀렸다는 최근 연구를 뒷받침하는 근거를 제시하면서 유제품이 건강에 좋다는 지배적 서사를 반박한다. 낙농업계가 우유에 대한 진실을 말하기 위해 제작한 밀크트루스 Milk Truth 캠페인은 우유의 이점에 노골적으로 초점을 맞추면서 우유 소비가 인간의 건강에 유익할 뿐 아니라 필수적이라는 점을 재차 강조한다. 밀크트루스는 웹사이트를 통해 "어떤 이유에서인지 우유가 공격을 받아왔습니다. 일부 트집 잡기 좋아하는 사람들이 우유를 마시지 말라고 합니다. 그들은 우유가 불필요하고, 부자연스럽고 몸에 나쁘다고 주장합니다. 말도 안 되는 거짓입니다. 수천 건의 연구를 통해 우유 섭취가 유익하다는 사실이 과학적으로 입증되었습니다. 자극적인 머리기사나 불평가들이 쏟아내는 열변에 현혹되지 마십시오. 우유에 관해 제대로 알아야 합니다. 영양은 과학이지 견해가 아닙니다. 진짜 전문가들이 우유에 대해 뭐라고 말하는지 들어보십시오. 우유는 자연이 만들어내는 가장 영양이 풍부한 음료입니다."라고 호소한다.[16]

데조네는 자신의 책에서 낙농업계에서 발표하는 주장과 근거에 대한 대안적 시각을 제시하면서 업계의 주장에 진지하게 맞서고 있다. 밀크트루스는 자신들이 '우유, 완전한 우유, 다른 어떤 것도 섞지 않은 우유'를 제공한다고 주장한다. 낙농업계를 옹호하는 쪽(예: 밀크트루스)과 비판하는 쪽(예: 데조네) 모두 자신들의 연구와 주장이 진실이라고 말한다. 도널드 트럼프 행정부와 함께 도래한 '대안적 사실 Alternative facts'의 시대에 특히나 매우 흥미로운 대결 구도다. 밀크트루스는 자신들의 관점이 '불평가들이 쏟아내는 열변'에 대항하는 객관적 진실이라고 못 박는 한편, "영양은 과학이지 견해가 아니다"라면서 자신들이 주장하는 '진실'은 반박이 불가하고, ('열변'이 감정적 혹은 감상적이라는 의미로도 읽힐 수 있는 반면) 결코 사회적, 정치적 영향이나 감정에 휘둘려 형성된 것이 아님을 넌지시 암시한다.

영양이 과학인 것은 사실이지만, 영양 섭취 권장량이 도출되는 과정은 고도로 정치적이고, 업계의 이해, 로비, 복잡한 정치 교섭과 깊이 얽혀있다. 이 과정은 미국 연방정부의 영양소 가이드라인 전반을 다룬 매리언 네슬의 책 《식품정치 Food Politics》(고려대학교 출판부, 2011)에 자세하게 기술되어 있다. 네슬의 책은 미국의 영양소와 식생활 가이드라인의 역사를 추적하고 가이드라인이 형성되는 데 얼마나 많은 정치적 영향력과 타협이 개입하는지 파헤치고 있다. 한 가지 사례로, 네슬은 1977년 미국 농무부USDA가 작성한 〈미국의 식생활 목표Dietary Goals for the United States〉 초안을 언급하고 있다. 농무부가 보고서 초안에서 국민들에게 고기, 달걀 및 지방 함유율이 높은 유제품을 덜 먹도록 권고하자 판매 급감을 우려한 육류 및 유제품 업계가 거세게 반발했다. 그러자 농무부는 수위를 조절한 수정 보고서를 발표하면서 '덜 먹도록' 등의 표현 대신 '살코기 부분을 더 먹도록'과 같이 업계에 우호적인 표현을 선택했다.[17]

지난 수십 년간 미국 식생활 가이드라인에서 육류 산업의 입지는 일부 줄어들었다. 현재 미국 농무부의 영양정책증진센터Center for Nutrition Policy and Promotion가 작성하는 마이플레이트MyPlate 가이드라인은 육류 항목을 단백질 식품군으로 대체했다. 미국인들의 식단을 형성하는 다양한 고단백질 식품(콩, 견과류, 두부, 채소를 이용한 육류 대체식품 등)을 폭넓게 수용한다는 의미다.[18] 반면 낙농업계는 성공적인 로비 활동으로 현재의 식생활 가이드라인에서 중요한 위치를 계속 점하고 있다. 유제품 군은 (과일, 채소, 곡물, 단백질로 이루어진) 주요 식품군을 담은 접시 바로 옆에 별도의 항목으로 당당하게 자리 잡고 있다.

따라서 어떤 식품이 건강에 필수적이라고 생각하게 (그리고 우유와 유제품이 미국의 식생활에서 중요한 위치를 차지하게) 되는 과정은 매우 정치적이며 "영양은 과학이다, 견해가 아니다."[19]라는 낙농업계의 주장에 의해 그 정치성이 가려지고 있다. 하지만 매리언 네슬과 같은 학자들의 연구는 영양학이 특정 견해를 반영하고 있음은 물론 그 안에 숨겨진 정치·경제적 의도가 깊이 뿌리내리고 있다는 점을 상세하게 밝히고 있다. 영양학의 짧은 역사를 염두에 두고 이제는 미국 유제품 생산의 배경에 대해 알아보자.

미국의 낙농업

2016년 말, 미국 낙농업자들이 사육하는 소는 9백30만 마리가 넘었다.[20] 유제품 생산은 식육업계와 밀접하게 연관되어 있다. 식육업계는 2016년 2백93만 마리의 '젖소'(주로 분쇄육용)와 50만 1천5백 마리의 송아지를 각각 일반 쇠고기와 빌 고기 용도로 도살했다.[21] 이 수치는 미국 낙농업계의 생산 규모를 이해하는 데 중요하지만, 이 수치 때문에 매년 유제품 생산을 위해 혹사당하는 9백30만 마리의 소 한 마리 한 마리가 겪는 실상이 가려질 우려도 있다. 결국 이 수치는 구체적인 생명체의 살아있는 경험을 추상화하는 작용을 한다. 데이비드 울프슨이 그의 저서에서 말했듯이, "그렇게 많은 수의 동물들이 어떻게 처리되는지를 다룰 때는, 매우 단조롭거나 어느 정도 자극적으로 쓸 수밖에 없다. (…) 연간 9백30만 마리 이상이라는 수치는 단순한 통계치가 아니다. 그 안에 각기 다른 한 마리들이 있고 그 개별 동물의 경험이 모여 대규모 동물 학대에 이른다."[22]

내 목표는 이 책을 통해 수많은 '한 마리'들의 이야기, 각자 유일무이한 존재인 낙농업계 안의 동물들의 이야기를 드러내고, 각각의 경험을 자극적인 과장 없이 진지하게 다루는 것이다. 개별 동물의 경험은 식품 생산을 위해 사육 동물들이 겪는 고통 전반에 대해서도 중요한 시사점을 제공할 것이다.

미국 낙농업계 내 동물들의 삶을 요약하면 집약적인 관리, 그리고 생식 및 생산능력에 대한 인위적 조작이라는 두 가지로 정리된다. 교배와, 우유, 정액, 고기 생산을 위해 소의 몸은 성별에 따라 차별적으로 이용된다. 이 같은 차이는 동물이 타고나는 생물학적 성별에 따라 가치를 매기고, 생물학적 성별을 생식기능에 국한시켜 바라보는 업계의 인식에 근거한다. 소의 신체를 이용하는 과정에서 낙농업계는 성性과 생식능력에 대해 이분법적 사고방식을 재생산하고 몸에 대한 성차별적 관념을 강화시킨다. 동물이 태어나면 우선 '암컷' 혹은 '수컷'이라는 틀로 규정한 다음 생식적으로 살아남을 의미가 있는지를 판단한다. 즉, 동물의 삶이 그리는 생명곡선은 이 두 논리를 중심에 둔다.

소는 생산력이 저하될 때까지 우유 생산에 이용되다가 대략 세 살에서 일곱 살 무렵에 도살되는데, 대부분의 수송아지들은 생후 4개

소의 생애 (도표 1)

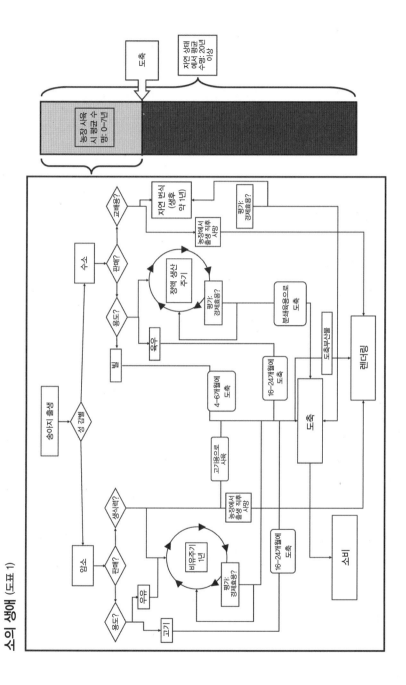

월에서 6개월 무렵에 빌, 즉 송아지 고기로 도축된다. 하지만 낙농 품종 소들의 자연수명은 20년이 넘는다. (도표 1 참조) 낙농업과 도축 간의 연관성은 일반인의 인식이 미치지 못하는 많은 부분들 가운데 하나다. 낙농업 생산 과정에서 일상적으로 행하는 인공수정, 정액 채취, 사료, 꼬리 자르기, 거세, 제각(뿔 자르기), 출산, 착유, 이송, 판매, 도축, 렌더링 등은 일반인들이 알고 있는 낙농업의 이미지 안에 없다.

낙농업계에서 두드러지게 나타나는 통폐합과 집약화는 미국 전역의 농장에서 고통받는 소들의 삶에 매우 실질적인 영향을 준다. 1970년부터 2006년까지 미국 내 낙농장 수는 88퍼센트나 줄었고, 소는 1970년 1천2백만 마리에서 2015년 9백30만 마리로 줄었지만, 같은 기간 우유 생산은 두 배로 늘었다.[23] 비교적 최근 통계만 놓고 볼 때 2001년에서 2009년 사이 우유를 생산하는 소를 가진 사업체의 수는 33퍼센트가 줄었지만, 우유 생산은 15퍼센트 늘었고 미국 축산 농가에서 보유한 소의 수는 같은 기간 1퍼센트 증가라는 비교적 안정적인 추이를 보인다.[24]

한편 미국 농무부 기록에 따르면 1970년부터 2006년까지 5백 마리 이상의 소를 보유한 대규모 농장의 수는 20퍼센트 늘었는데 그중에서도 특히 2천 마리 이상을 보유한 농장의 수는 무려 128퍼센트나 늘었다.[25] 미국의 일부 거대 농장들은 1만 5천 마리 규모를 훨씬 넘지만, 대부분 대규모 농장도 천 마리에서 5천 마리를 보유하는 경우가 일반적이다.[26] 5백 마리 미만을 보유한 작은 농장의 수는 2001년에서 2009년 사이 35퍼센트가 줄었고, 이보다 더 규모가 작은 30마리 미만을 보유한 농장의 수는 미국 전체 낙농장 수의 30퍼센트를 차지하지만 생산량은 전체 우유 생산량의 1퍼센트에 그쳤다.[27] 이 같은 추세는 업계가 통합해가는 경향을 보여주는 것으로, 작은 농장들이 산업화된 대규모 생산시설에 자리를 내어주고 문을 닫으면서 그 어느 때보다 적은 수의 농장에서 적은 수의 소가 많은 양의 우유를 생산하고 있다는 의미다. 이것은 현대 농업 전반에서 흔히 일어나는 식량 생산의 통폐합과 집약화 과정의 일부로서, 이러한 변화가 인간 및 인간 외 종에게 미치는 영향은 막대하다.[28]

지리적으로 보면 낙농 생산은 미국 서부에서 늘어나고 대규모 낙농장들도 서부 지역 주에서 확산되고 있다. 캘리포니아는 낙농 생산이 가장 번창하는 지역으로 미국 낙농 생산의 19.6퍼센트를 차지한다.[29] 2015년 기준 미국의 전체 낙농 생산의 74퍼센트는 상위 10개 주가 차지하고 있다. 전체 생산 대비 비중이 높은 순으로 캘리포니아(19.6퍼센트), 위스콘신(13.9퍼센트), 아이다호(6.7퍼센트), 뉴욕(6.7퍼센트), 펜실베이니아(5.1퍼센트), 텍사스(4.9퍼센트), 미시건(4.9퍼센트), 미네소타(4.5퍼센트), 미주리(4.2퍼센트), 뉴멕시코(3.7퍼센트)이다.[30] 나는 캘리포니아주와 워싱턴주를 중점적으로 다루기로 했다. 두 지역 모두 미국 서부에 속하고 낙농 생산이 서부로 이동해가는 지리적 변화를 보여줄 수 있기 때문이다. 미국 최대의 낙농 생산 주로서 캘리포니아는 당연한 선택이었다. 캘리포니아의 센트럴밸리는 많은 기업형 낙농장을 거느리고 있는데 그중 일부는 1만 5천 마리가 넘는 소를 사육한다. 미국에서 생산되는 유제품의 대략 5분의 1이 캘리포니아에서 나온다.

워싱턴주는 내가 연구를 시작할 무렵에는 상위 10개 주에 포함되어 있었지만(2015년 기준 워싱턴주는 미국 11위의 낙농 생산 주다), 현재는 전국 생산량의 3.1퍼센트를 차지할 뿐이다.[31] 워싱턴주를 선택한 이유는 우선 내가 살고 있는 지역이기 때문이다. 또, 사소하게 들릴지 모르지만, 여성주의적 관점에서 지리학을 연구하는 학자로서 우리의 삶터와 일터가 어떻게 지적·윤리적으로 사회문제에 깊이 관여하는 중요한 현장이 되기도 하는지 관심을 가질 수밖에 없기 때문이다. 또한 워싱턴주는 퓨젓사운드 주변 지역의 독특한 지리농업 환경 때문에 흥미로운 곳이기도 하다. 이곳의 작은 농장들은 지역의 유기농장과 소규모 농장을 지원하고자 하는 틈새 수요에 부응하고 있다. 기업형 농장과 소규모 농장을 비교하는 것은 각각의 미묘한 차이를 밝혀낼 수 있다는 점에서 중요하다. 기업형 대규모 농장만을 연구하고 거기에만 의존해 낙농산업 전반에 관한 논리를 수립하다 보면 양적인 비교로부터 도출할 수 있는 중요한 구체적인 차이점은 물론, 두 사례의 놀라운 공통점을 놓치게 된다.

이 책을 준비하면서 2년간 깊이 있는 내용분석content analysis(다양한 텍스트를 해석하고 코드화하여 재현 가능하고 유효한, 정량적 데이터로 전환하는 연구기법)과 담론분석discourse analysis(말, 글, 몸짓 등 다양한 형태의 언어가 사용되는 방식과 그 문화사회적 맥락을 분석하는 연구기법)을 진행했다. 분석 대상은 웹페이지와 인쇄물 형태의 광고, 사용자 매뉴얼 등 업계에서 제작한 자료 및 발행한 간행물, 대학에서 차세대 낙농업자들에게 우유 생산 관련 최신 기법과 기술을 전수하는 데 사용하는 농업기술 지원 매뉴얼, 축산업, 동물 행동 및 동물복지 분야의 학술 간행물, 농업 현장의 동물들에 관한 미국 연방법 및 주법 등이다.

자료 분석에 대한 보강 차원에서 나는 낙농 생산 현장을 비롯해 낙농업에 이용되는 동물들의 삶을 이해할 수 있는 여러 장소를 방문했다. 워싱턴주 서부의 중간 규모 농장과 농장에서 노역했던 동물들을 보살피는 캘리포니아의 동물피난처를 직접 찾아가 그곳에서 일하는 사람들을 인터뷰했다. 참관인 자격으로 캘리포니아주와 워싱턴주 내 세 곳의 각기 다른 장소에서 벌어지는 경매에 여러 번 참석했고, 위스콘신주 매디슨에서 열린 세계낙농박람회, 워싱턴주 퓨앨럽에서 열린 워싱턴주 박람회도 방문했다. 낙농업과 뗄 수 없는 매우 중요한 연관 산업도 연구했고 정액 생산, 빌 생산, 렌더링 공정 등에 대해 상세한 지식도 얻었다.

미국의 공장식 도축과 소규모 도축에 대한 나의 과거 연구도 참고했다. 어린 시절 4H 프로그램(다양한 맥락에서 농업의 가치에 역점을 둔 글로벌 아동 교육 및 개발 컨소시엄)에 참여했던 사람들과 대학에서 축산학을 공부했던 사람들을 인터뷰함으로써 낙농산업의 재생산에서 교육이 차지하는 역할을 탐구했다. 모두 (아주 짧은 순간이라도) 살아있거나 죽은 소들이 머물렀거나 스쳤던 장소들로서 낙농업계 안에서의 동물들이 어떤 위치에 있는가에 관한 중요한 단서를 제공했다.[32]

나는 특히 업계 내의 '모범 사례best practices', 즉 동물의 사육, 취급, 도축이 어떻게 이루어져야 하는지를 제시하는 법과 가이드라인에 주목했다. 내가 방문했던 워싱턴주 서부의 낙농장은 규모가 작았고 거기서 일하는 사람들은 평상시에 동물을 매우 소중히 다루었다. 경매 현장은 거래가 이루어지는 단조롭고 일상적인 장소였다. 축산업과 도축 현장에서의 모범 사례들을 분석하다 보면 특별히 흥미로운 점을 발견하게 된다. 동물을 키우고, 동물과 직접 접촉하고, 도축하는 과정에서 법으로 정해진 가이드라인을 명백히 위반하는 행위에 대해서는 쉽게 비판할 수 있다. 동물 학대와 잔혹행위의 범주에 들어가는 상황들은 누구나 예상하듯 업계 내부적으로, 또 정부 소속의 관리감독자들로부터 제재를 받는다. 잔혹행위나 학대에 해당하는 행위들은 줄어들고 사라져야 한다는 폭넓은 공감대가 축산업 내부에 존재한다.

그런데 중요한 것은, 이 책에서 내가 중점적으로 다룬 부분이기도 하지만, 낙농업에서 통상적으로 벌어지는 일들을 더 주의 깊게 살펴보아야 한다는 점이다. 낙농장, 경매장, 도축 업무에 관한 문서 기록 및 기타 낙농업계의 현장에서 내 눈에 확연히 드러난 부분은 미국 농무부가 승인한 업계의 통상적인 관행들, 다시 말해 지침에 따라 모범적으로 시행된 행위들 역시 우리가 먹기 위해 기르는 동물들에게 폭력을 행사한다는 점이다.

업계에서 일상적으로 진행되는 절차들을 '폭력적'이라 칭하는 것이 비약으로 들릴 수도 있다. 사실 내가 연구를 진행하는 동안 이에 대해 글을 쓰고, 강의도 하고, 사람들과 대화하면서, 이 책에서 상세히 기술하는 행위들을 '폭력' 등의 용어로 묘사할 때마다 늘 반발을 사곤 했다. 심지어 학제간동물연구 animal studies (인문, 사회과학, 일반 과학적 지식을 기반으로 인간과 동물의 관계를 연구하는 학문) 분야의 권위 있는 학자들조차 같은 반응이었다. 하지만 이런 반발은 식품이 되기 위해 사육당하는 동물을 사람들이 어떤 태도로 바라보고 개념화하는지, 동물의 삶과 죽음이 윤리적으로 어떤 의미를 갖는지(혹은 어떻게 무시되는지)를 드러낸다.

내게 가장 중요한 관심사였고 분명히 밝히고 싶었던 점은 어떻게 특정한 생명과 신체에 가해지는 폭력이 지극히 정상적인 행위로 자리 잡고, 그 결과 폭력이 전혀 폭력으로 보이지 않을 수 있는가이다. 이것은 인간 이외의 종에 대한 폭력만을 의미하는 것이 아니다. 더 일반적인 의미에서 폭력이 (법과 자본주의 같은) 제도적 장치, (역사, 문화적 관습, 지배적 담론 등의) 사회적 규범, (인간은 특별한 존재라는 인간 예외주의 human exceptionalism 등의) 불평등한 사고의 틀에 의해 지속, 재생산, 소거되는 과정을 이해하려는 것이다.

다른 종을 이해하는 다양한 방식?

이어지는 장에서 상세히 다루겠지만 낙농업 및 연관 산업의 본질과 축산 현장에 대한 제한된 접근성 때문에 동물들의 삶 전체를 파악하기가 나에게는 거의 불가능했다. 운송, 판매, 도축 과정을 비롯해 소를 상품화하는 업계 전반의 문화가 동물 하나하나에 대해 알아낼 수 있는 범위를 제한했다. 다른 종의 개별 구성원이 어떤 경험을 하는지 알기 위한 출발점은 어디인지가 내 연구가 풀어야 할 중요한 문제였다.

해당 종이 가축화와 농업 상품 생산이라는 제도 안에 완전히 매여 있는 경우 이 문제는 더욱 복잡해진다. 상품으로의 변형이 소의 삶에 미치는 영향을 알아내는 방식은 개개의 동물마다 다르고 또 농장 안에서 형성된 동물들 간의 사회적 관계에 따라 다르다. 뿐만 아니라 그 동물과 대면하는 인간이 어떤 입장에 있는 사람인지, 즉 그가 농부인지, 경매장 인부나 도살장 직원인지, 동물피난처의 관리인인지, 혹은 연구자인지에 따라 다르다. 소를 가축이자 상품이라는 틀 안에 고정시킴으로써 개별 소에 관한 지식은 물론, 소 일반에 대한 지식의 생산 및 확산 방식과 그 지식에 대한 논쟁 방식도 결정된다. 소를 '상품'이라는 관념적 존재로 추상화하는 논리가 소 한 마리 한 마리의 내적 세계와 그들의 삶의 경험에 가까이 접근하지 못하도록 방해하는 요소로 작용한다. 따라서 소를 연구하고, 알고, 대면하는 것은 정치화된 과정일 수밖에 없다. 소를 단순히 관리하고, 더 효율화해야 할 상품으로 보지 않고 상품화된 존재로, 또 그 상품화로 삶이 완전히 형성되고 결정되는 존재로 보는 것 역시 그 자체로 하나의 정치적 선언이다.

일상적으로 소를 돌보는 농부들과 업계 노동자들은 내가 연구자로서 동물들과 접촉하는 것보다 훨씬 지속적으로 동물들과 접촉한다. 물론 농장 한곳에서 사육하는 소의 수가 증가하면서(소에게 개별적으로 관심을 기울이는 일이 드물어지면서), 그리고 운송과 도축 등의 과정이 점점 농부의 통제나 감독 영역 밖에서 이루어지면서 농부들조차도 낙농업에 이용되는 소들과 접촉하는 일이 점점 줄어들고 있는 것이 현실이다. 그렇다고는 해도, 이 책의 가장 핵심적인 인식이기도 하지만, 농부들과 낙농업 노동자들에게는 자신들이 돌보는 동물을 이해하는 특정한 방식이 있다. 동물에 대한 그들의 지식은 상품으로서 개념화된 동물이라는 한계를 벗어나지 못한다. 다시 말해 농부들과 노동자들은 4789번 소가 예방접종을 해야 한다거나, 출산이 임박했다거나, 도축장에 보내기 전에 한 번 정도 임신과 출산이 가능할 것이라거나, 어떤 소가 어떤 수소에게서 태어났는지, 어떤 수소와 교배해야 질 좋은 우유를 생산하는 소를 얻을 수 있는지 같은 지식을 가지고 있을 것이다. 하지만 이런 식의 지식은 개별 소의 유일성을 상품화의 논리 안에 가두고, 이런 상품화의 논리가 개별 소의 삶과 존재에 미치는 근본적인 영향을 알 수 없게 만든다.

중요한 것은 이러한 지식이 무지에 기반을 둔다는 점이다. 즉, 농부들은 소를 상품화하는 과정에서 자신의 역할 수행에 방해가 되는 요소들에 대해서는 무지해야 한다. 가령 4789번 소가 매번 자신이 낳은 송아지들과 떨어질 때마다 큰 슬픔을 느낀다거나, 도축되어 고기가 되기를 원하지 않는다는 사실 등을 몰라야만(혹은 인정하지 않아야만) 소라는 상품에 대해 적절한 지식을 갖출 수 있다. 상품화의 과정이 미치는 정서적·심리적 영향에 대해서 생각하지 않아야만 사육 동물의 상품화가 원활하게 이루어진다. 아니 그래야만 애초에 상품화가 가능하다.

분명히 말하지만, 나는 지금 농부들과 낙농업계의 노동자들을 폄하하려는 것이 아니다. 동물 기반 상품에 대한 소비자 수요가 농부와 노동자들로 하여금 수요에 맞춰 생산하도록 요구하기 때문에, 소가 겪는 고통에 대해 생각하지 않는 것은 어쩌면 농부와 노동자들이 정서적으로 생존하기 위한 기제일 수도 있고, 노동의 강도와 점점 빨라지는 생산 속도로 인해 소의 고통에 반응할 시간적 여유가 없기 때문일 수도 있다. 아울러 소비자 수요와 그에 따른 영향보다 더 포괄적이고 뿌리 깊은 원인은 애초에 인간이 생명을 상품화하는 행위 자체를 지속하도록 만드는 더 큰 경제 논리에 있다.

물론 나의 경험은 수많은 세월을 소와 함께 보낸 농부들의 시간에 비할 바가 아니다. 하지만, 연구하는 내내 외부인이라는 나의 위치는 나로 하여금 농부나 노동자들이 쉽게 보지 못하고 인정하지 않는, 소의 삶의 특정한 측면들을 보고 이해할 수 있게 해주었다. 여성학자 도나 해러웨이의 '상황적 지식situated knowledge' 이론은 모든 지식은 편파적이며, 특정한 입장과 구체적인 경험으로부터 나온다는 주장으로 객관적 지식이라는 관념을 반박한다.[33] 따라서 소의 삶에 대한 나의 연구는 내 자신이 처한 위치, 내가 지식을 얻는 방식에 근거해서 구축되며, 내 위치와 나의 방식은 결국 내가 학자로서 받은 훈련, 내 개인적 이력과 경험이 모여 이루는 하나의 고유한 조합이자 농업 외부의 인물이라는 나의 상황성이기도 하다. 물론 이 상황으로 인해 내가 알지 못하거나 미처 주의를 기울이지 못하는 특정한 부분이 있을 수 있다. 나는 고기 도매업자처럼 소의 갈비뼈 형태만 보고 고기가 얼마나 나올지를 가늠할 수도, 소의 외견만 보고 금전 가치를 매길 수도, 판매자가 부르는 값이 공정한지를 판단할 수도 없다.

동물의 존재를 상품으로 한정하는 논리의 제약에서 비교적 자유롭고, 소의 행동, 스트레스, 복지에 대한 동물행동학자로서의 지식을 갖춘 덕분에 나는 다른 것들, 도매상들이 미처 눈치 채지 못하거나 보고도 못 본 체하는 것들에 민감하게 반응한다. 경매장 링 안에서 송아지와 분리된 어미 소가 겪는 정서적 트라우마, 경매장 우리에서 일어나지 못하고 몇 시간째 쓰러져 방치된 소의 힘겨운 호흡, 비좁은 우리에 갇혀 눈의 흰자가 돌아가고 입가에 거품을 문 소들이 반복적으로 내지르는 울음소리 같은 것들이다. 이 학술적인 지식과 내 눈으로 현장에서 직접 본 것들, 다종 연구에 관해 진행 중인 강의, 동물피난처에서의 활동 등 나의 입장으로 인해 나는 낙농업계 노동자들과는 아주 다른 방식으로 개개의 동물을 이해한다.

중요한 것은 이러한 방식으로 동물을 이해하는 데에는 공감에 기반을 둔 접근이 수반된다는 점이다. 나는 다른 책에서, 로리 그루언이 '관여하는 공감관계entangled empathy'라고 부른 접근법을 연구 과정에 도입함으로써 동물을 알아가는 유익한 방식을 구축할 수 있다고 쓴 적이 있다. 그렇게 해서 나는 사람과 동물이 이제까지 항상 권력, 통제, 보살핌의 관계 안에 매여있었다는 점을 인정하고 그러한 관계를 중점적으로 탐구한 연구를 할 수 있었다.[34] 공감에 기반을 둔 개입을 통해 인간과 동물의 관계가 특정 생명의 삶에 미치는 영향이 무엇인지를 분명히 드러낼 수 있다. 이런 종류의 개입에 동물 행동과 정서에 관한 연구로부터 얻은 지식이 더해질 때 동물을 이용하는 산업이 널리 확산시킨 지배적인 앎의 방식에 맞설 힘을 가진 지식이 생겨날 수 있다.

사육 동물에 관한 상황적 지식 확산의 실태를 단적으로 보여주는 사례가 있다. 동물피난처 피그피스 생크추어리의 주디 우즈 이사로 부터 들은 이야기다. 1990년대 처음 피난처를 열고 나서 주디는 돼지 에 대해 정통한 수의사를 찾기가 몹시 힘들었다고 한다. 당시 주디는 돼지에 대한 지식이 전혀 없었다. 지금 주디가 돼지에 관해 알고 있는 것은 전부 돼지들을 가까이에서 보살피며 얻은 지식이다. 주디는 우선 돼지에 관한 정보를 닥치는 대로 찾아 읽었다. 그러나 주디가 손에 넣을 수 있는 것은 농부들이 쓴 자료나 농촌 지원 프로그램의 일환으로 발행된 책뿐이었다.

돼지와 가까이 지내면 지낼수록 주디는 돼지에 관해, 돼지를 어떻게 돌봐야 하고, 돼지가 어떤 생활을 선호하는지에 대해 일반적으로 알려진 정보들이 자신이 돼지들을 직접 관찰하면서 얻은 지식과 완전히 상반된다는 것을 깨달았다. 피난처의 돼지들에게 적절한 의료적 도움을 제공할 수 있는 수의사를 찾아 헤매는 동안 주디는 농촌에서 유래한 보편적인 지식과 자신이 피난처의 환경 안에서 학습한 경험적 지식의 충돌을 겪었다. 돼지는 상품으로 개념화되고, 돼지를 보살핌 으로써 얻는 효과와 수익성의 상관관계를 합리적으로 계산한 틀 안에서 길러진다. 따라서 대부분의 돼지는 의료 조치를 거의, 혹은 전혀 받지 못한다. 마찬가지의 이유로 돼지가 나이 들어가는 것은 농장에서 는 이례적인 일이다. 몸 여기저기에 탈이 나서 수의사의 특별한 보살 핌과 주의가 필요한 늙은 돼지들을 농장에 두는 일은 없다. 노화의 징후가 조금이라도 보이기 훨씬 이전에 도축하는 것이 일반적이기 때문이다.

미국의 수의사들에게 관절염이나 암을 앓고, 시력이나 청력의 상실 등 노화에 따른 증상을 겪고 있는 늙은 고양이나 개를 진료하는 것은 흔한 일이다. 반면 사육 동물들을 진료하는 수의사들은 다른 부분에 중점을 두고 그에 맞는 교육을 받는다. 그들은 돼지의 건강을 유지시켜 생식력이 저하되어 도축되기 직전까지 계속 새끼를 낳을 수 있도록 하고, 예방적 항생제 투여로 고도로 밀집된 사육시설에서도 질병과 감염을 최대한 피하는 데 주력한다. 피그피스 생크추어리 같은 시설에서는 상품으로서의 잠재적 수익성이 동물을 규정하는 수단이 아니다. 수의학적 요구 사항, 즉, 돼지를 아는 방식도 일반 농장과는 크게 다르다.

수년간 주디는 대형 동물 보호소에서 수련한 수의사와 일했고, 자신이 가진 상황적 지식을 수의사와 공유함으로써 피난처의 돼지들을 돌보는 데 필요한 더 종합적인 프로그램을 개발했다. 두 사람이 공유한 지식(상품으로 사육되지 않은 돼지를 돌보는 데 중요한 몇 가지 요소가 누락된 수의사의 전문지식과, 돼지와 일상을 함께 보내고 상호작용하는 긴밀한 관계로부터 얻은 주디의 지식)이 결합하여 돼지를 의학적으로 보살피는 방식과 돼지를 아는 방식이 환경에 따라 어떻게 달라질 수 있는지를 보여주었다.

이 책의 가장 중요한 목표는 소를 비롯한 인간 외 동물들을 상업화하는 행위가 인간이 동물을 아는 방식, 다양한 공간에서 동물을 돌보는 방식, 동물에 관한 지식이 생성되는 방식을 어떻게 결정짓는지를 보여주는 것이다. 소와 낙농 생산을 최우선으로 다루고는 있지만, 궁극적으로 이 책은 소와 무관한(가령 피그피스에 관한) 경험과 의견을 소개한 부분들이 그렇듯이, 어떻게 다른 종에 대해 알고, 그들을 보살 피고 해치는 관계 안에서 살아갈 것인지에 대해 이야기하고 있다. 사 실 이 책이 수집한 지식은 상품화의 본성을 반영한다. 극히 단편적이 고, 때때로 순간적이고, 소와 다른 동물들에 관한 연구와 실제 경험이 일종의 짜깁기처럼 한데 모여있다. 내가 소개한 많은 이야기들은 동 물들의 삶에서 그저 한 순간이며, 실제로는 훨씬 더 복잡한 삶의 단편 들이지만, 나는 그 단편들을 연구자이자, 축산업계 외부자의 눈을 통 해 전달한다. 이 책의 제목이기도 한 1389번 귀 인식표를 단 암소의 이야기는 겨우 몇 페이지 분량에 불과하다. 1389번 암소와의 짧은 만 남이 남긴 아픔과 그 찰나성은 자본 축적을 위해 동물을 사육하는 데 어떤 문제들이 수반되는지를 구체적으로 일깨워준다. 따라서 이 책 이 단일하고 개별적인 동물과의 만남에 중점을 두고 있긴 하지만, 동 물과의 이 짧은 만남은 상품화가 동물의 삶과 사회적 관계를 어떻게 망가뜨리고, 그 동물들의 실제 경험을 어떻게 가리는지를 두드러지게 보여준다.

세이디를 추모하며

2016년 6월, 나는 세이디를 만났고 마지 비치와 애니멀플레이스를 거닐며 그곳에 사는 동물들에 대해 알게 되었다. 같은 해 8월 세이디는 동물피난처에서 숨을 거두었다. 전 세계 수만 명의 사람들이 세이디의 죽음을 애도했다. 뉴스레터와 소셜미디어를 통해 애니멀플레이스를 지켜보던 사람들은 모두 세이디의 사연과 세이디가 애니멀플레이스에 오기까지 어떻게 살았는지 잘 알고 있었다. 한 마리 소의 죽음이 이 정도의 슬픔을 야기하는 것은 분명 흔치 않은 일이다. 대부분의 경우 사람들은 사육하던 동물의 죽음을 특별히 기리지 않는다.

이 책에 사연이 소개된 대부분의 동물들도 마찬가지다. 그들이 죽더라도(그들과 관계를 공유했던 동물들은 슬퍼하겠지만) 대부분의 인간들은 그들의 죽음을 애도하지 않았거나 앞으로도 애도하지 않을 것이다. 이것은 세이디의 이야기가 특별한 여러 이유 가운데 하나일 뿐이다. 세이디가 동물피난처에까지 왔기 때문에 그 죽음을 애도하는 것이 가능했다. 하지만 세이디도 대학 병원을 거쳐 피난처로 옮겨지기 전 수년 동안은 낙농업계에서 흔히 있는 소에 불과했다. 낙농장에서의 생활, 경매장에 섰던 경험, 만성적으로 앓았던 유선염, 그 밖에 낙농 생산이 세이디의 몸에 남긴 다른 물리적 흔적들은 미국 낙농업계 내에서 소들이 겪는 일상적인 현실을 대변한다.

연구의 정치성

○
○

　　　이번 연구를 진행하면서 가장 의외였던 점은 내
가 연락했던 낙농장들 가운데 단 한 군데를 제외한 모든 곳이 방문을
거절했다는 사실이다. 산업화된 공장식 농장들은 거의 대부분 외부인
(기자, 일반인, 연구자)에게 시설을 개방하지 않는다는 것을 나도 미리
들어서 알고 있었다. 때문에 대규모 생산자들로부터 외면 받을 각오
는 되어있었다. 내가 예상치 못했던 것은 다수의 소규모 낙농장들이
보여준 거부와 의심, 심지어 적의였다. 식품 생산 현장에 관한 연구,
특히 학술 연구를 진행하는 과정은 고도로 정치적이다. 공포와 은폐
성이 식품 생산 공간을 둘러싼 침묵의 문화를 지속시킨다. 식품 생산
공간에 대한 접근이 까다로워지고 투명성이 결여되어 가는 현상은 식
품 산업과 동물 유래 산업의 정치적 기후 변화를 의미하므로, 이에 대
해 대략적으로 짚고 넘어갈 필요가 있다.

　　　이 연구 프로젝트에 착수했을 때 나의 계획은 대규모 낙농장에 취
업하는 것이었다. 연구자나 기자 신분으로 대규모 낙농장에 접근하는

것이 점점 어려워져서, 축산업에 관한 글을 쓰는 사람들이 연구자라는 신분을 숨긴 채 취업하는 일은 드물지 않다. 식품 생산, 산업화, 축산업에서의 노동문제에 관심이 많은 학자들이 미국 내 농장과 도축장에 성공적으로 취업해 해당 현장에 대해 심도 있는 연구 프로젝트를 완성한 경우도 있다. 예를 들어 티머시 패키릿은 네브라스카주의 도축장에서 5개월간 일하고 도축장의 노동 현실에 관해 분석한 박사학위 논문을 썼고 이 논문은 이후 《육식제국》이라는 책으로 출간되었다. 패키릿의 책이 나오기 이전에도 스티브 스트리플러가 자신의 책 《닭고기: 미국이 가장 사랑하는 음식의 위험한 변신》을 쓰기 위해 닭도축장에서 일한 사례가 있다. 이러한 연구자들의 확립된 전통에 관해 알고 있었던 나는 미국 낙농 현장을 배우기 위해 나름대로의 계획을 세우기 시작했다.

대학에서는 인간과 직접 접촉해야 하는 연구의 경우 IRB 즉, 임상연구심사위원회 Institutional Review Board라고 하는 윤리위원회의 피험자 분과 Human Subjects Division에서 심사를 받아야 한다. 인간 피험자와 접촉하고 인간을 대상으로 하는 연구가 윤리적인 방식으로 진행되도록 보장하기 위한 절차다. 다시 말해 IRB의 승인을 받기 위해서는 연구 계획서가 연구기간 중 참가자의 안전과 복지는 물론, 신분과 사생활 보호의 요구를 고려하여 수립되었음을 입증해야 한다. 연구를 위해 피험자를 속여야 한다면(연구의 본래 성격, 대상자들의 역할 또는 기타 사실에 관한 정보를 참가자들에게 알리지 않아야 한다면) 연구자는 납득할 만한 근거를 제시하여 피험자를 속이는 행위가 정당함을 입증해야 한다.

사전에 미국 서부 지역 낙농장들을 접촉한 경험을 토대로 나는 농장들이 연구자들의 방문과 조사를 꺼린다는 사실을 재빨리 간파했다. 그렇다면 차선책은 신분을 속이고 공장식 낙농장에 취업하는 것이었다. 하지만 그러려면 농장에 지원하는 과정에서 연구자라는 나의 신분을 밝힐 수 없었다. 이것은 내 연구 프로젝트가 피험자를 속인다는 의미였다. 나는 왜 신분 위장이 반드시 필요하고, 그에 따르는 잠재적인 부정적 효과들을 어떻게 완화할 것인지에 대해 IRB를 설득했고, 특히 축산업을 비롯해 대중들에게 내부를 개방하지 않는 산업 분야를 대상으로 하는 연구자들 사이에서는 위장취업이 이미 확립된 전통이라는 점을 강조했다.

그러나 나는 즉각 IRB 관계자로부터 대학은 이런 방식의 신분 위장을 허용하지 않는다는 전화를 받았다. 해당 관계자는 피험자를 속이는 행위는 의학 연구에서 제공된 약이 위약인지 진짜 약인지를 피험자가 알지 못하게 해야 할 경우 등에 한해서만 예외적으로 허용된다고 말했다. 관계자는 나의 위장취업을 허용할 경우 대학이 심각한 책임 문제에 휘말릴 수 있다고 전했다. 또 심사를 통과하려면 내가 접촉하는 모든 농장과 잠재적 인터뷰 대상자들에게 연구자라는 내 신분을 분명히 밝혀야 한다고 했다.

이어서 내 연구 계획은 인간 외 동물이 연구 내용에 포함되어 있다는 이유로 또 다른 난관에 부딪쳤다. 심사 과정에서 동물들이 연구 대상에 포함되는지를 물었고 나는 그렇다고 대답했는데 그 결과 내 연구 계획서가 사회과학이 아니라 보건과학 심사 대상으로 분류된 것이다. 대학에서는 연구에 사용되는 동물은 거의 무조건 생명과학 연구를 위한 실험 대상으로 철저히 규정하기 때문이다. 연구 대상에 동물이 포함되어 있다는 나의 대답은 또한 동물복지국the Office of Animal Welfare 산하 IACUC, 즉 기관별 동물실험윤리위원회Institutional Animal Care and Use Committee의 동물 실험을 위한 심의 절차를 통과해야 한다는 뜻이기도 했다. 사회과학 분야 전반에 걸쳐 동물을 대상으로 한 현장 조사가 점점 보편화되는데도 기관의 심의 프로그램은 사회과학 분야의 정성적 연구qualitative research가 아니라 생명과학 분야의 동물 실험 위주로 짜여 있다.

예를 들어, 내 연구가 IACUC의 승인을 얻으려면 동물이 동원되는 연구를 하는 데 필요한 온라인 교육 과정을 수료해야 한다. 교육 내용은 대부분 실험 대상 동물들에 대해 승인된 안락사 방식을 학습하는 데 편중되어 있다. 어떤 종의 동물이냐에 따라 허용되는 방식이 다른데 반드시 그중 한 가지 방식을 사용해 죽이도록 하는 것이 교육의 목표였다. 그래서 이 온라인 교육을 통해 나는 실험이 끝난 새끼 쥐들은 목을 잘라 죽여도 된다는 사실을 알게 되었고 쥐 목 자르기 '모범 사례'를 학습했지만, 소를 비롯해 기타 사육 동물들을 대상으로 하는 사회과학 현장 조사에서 어떻게 하는 것이 윤리적인 모범 사례인지에 관해서는 아무것도 배우지 못했다. IACUC 관계자와의 면담 역시 필수 절차다. 면담 중 나는 내가 연구할 소들과 어떤 성격의 상호작용을 하느냐는 질문을 받았다.

나는 "소들을 관찰하고, 어쩌면 먹이와 물을 주는 과정에 참여할지도 모르겠습니다."라고 대답했다.

"그 밖에는요?" 관계자가 물었다.

"글쎄요. 아마 쓰다듬어주겠죠!"

나는 도대체 이 사람이 무엇을 알고 싶어 하는 것인지 몰라 가능한 원하는 답을 하려고 열심히 머리를 굴렸다. 질문자는 나를 멍하니 바라보더니 소리 내어 웃기 시작했다.

그 관계자는 IACUC에는 농장에서 사육되는 동물에 관한 별도의 규정이 없으며 따라서 나는 그냥 사육 동물에 관한 연방법과 주법을 준수하기만 하면 된다고 알려주었다. 그래서 나는 미국에서 사육 동물을 보호하는 법은 인도적 도축법Humane Methods of Slaughter Act이 유일하며, 이것은 도축 과정을 규정할 뿐 도축 이전에 동물을 사육하는 방식에는 관여하지 않는다고 알려주었다.

"그렇다면 그 법을 반드시 따르세요."라는 관계자의 말에 나는 "어떤 형태로도 도축에는 참여할 계획이 없습니다."라고 대답했다.

그것으로 끝이었다. 즉, IACUC에는 농장에 사는 동물을 대상으로 한 연구 과정을 감독하거나 윤리적인 연구행위를 정의할 수 있는 기반이 거의 갖추어져 있지 않았다. 내가 만약 소를 죽이는 일에 참여할 것이라고 말했다면 그들은 내가 연방정부의 '인도적 도축' 지침을 따르는 한 승인했을 것이다. 인간이 인간 외 동물을 대상으로 한다는 전제하의 윤리적 연구라는 개념은 결국 지식을 창출하는 기관으로서 대학이 얼마나 편파적이고 철저하게 인간 중심적인지를 분명히 드러낸다. 연구에 동원되는 동물을 죽이고 해치는 행위에 대한 규제는 매우 제한적인 방식으로만 이루어진다(가령, 이런 행위가 반드시 실험실 내에서만 이루어져야 한다거나, 죽일 때는 반드시 정해진 방식을 따라야 한다는 등). 연구를 위해 동물을 죽일 수 있다는 사실 자체가 생명을 서열화하고 특정 종의 개체들을 마음대로 처분할 수 있다는 인식을 드러낸다. 나는 즉각 내가 만나는 동물에 대해 더 엄격한 윤리 행동 지침을 스스로 만들어야 한다는 것을 깨달았다. 하지만 제도적 절차가 충분치 않다고 해서 연구자가 자체적으로 연구의 윤리성을 충족시키는 조건들을 결정하는 것도 문제가 있었다. 연구 기간 동안, 그리고 이후 동물에 관한 새로운 연구를 진행하는 동안에도 나는 내내 이 문제에 대해 자주 생각했다.

낙농 생산이 낙농업계 내의 동물에 미치는 영향을 이해하는 것이 연구의 동기라면 연구를 진행하는 동안 어떻게 하면 내 행위가 윤리적이라는 확신을 가질 수 있을까? 나는 이미 동물권리 보호단체가 낙농업 현장을 몰래 찍어서 배포한 동영상을 보았고 그래서 동물을 함부로 다루는 행태가 업계 내에 만연하다는 것을 알고 있었다. 살아있지만 움직이지 못하는 소들에게 전기봉으로 반복적인 충격을 가하고 트랙터로 밀어 옮기는 모습을 본 적도 있었다. 산 채로 사체 더미에 방치되어 눈만 껌뻑이는 소를 본 적도 있다. 갓 태어나 양수가 채 마르지도 않은 아주 작은 송아지의 몸을 감자 자루처럼 손수레에 던져 실어서 방금 출산한 어미 소에게서 떼어놓는 장면도 보았다. 이런 상황에 맞닥뜨린다면 어떻게 하지? 나는 무엇을 해야 할까? 이런 동물을 직접 대면하게 되면 어쩌지? 나는 어떻게 대응할 것인가? 연구자로서 무엇을 보든 감정적 거리를 유지해야 할까? 연구를 하면서 나는 동물이 고통받는 모습을 보면 충동적으로 뭔가 행동할 것이라고 생각했다. 하지만 내가 과연 무엇을 하겠는가(더 현실적으로 말해, 무엇을 할 수 있겠는가)? 그리고 이것이 관찰자로서 내 입장에 어떤 영향을 미칠까? 훨씬 나중의 일이지만, 예상과는 달리 나는 동물이 고통받는 현장에서 아무것도 하지 않고 그저 바라보기만 할 수도 있다는 것을 깨달았고 지금도 그 사실이 부끄럽다.

위장취업 때문에 IRB의 승인을 받지 못했던 첫 번째 연구 계획을 수정하면서 나는 위와 같은 문제들을 고민했다. 수정한 계획서에서 나는 농장과 접촉하고, 연구자로서 내 신분을 밝히고, 자원봉사자로 일할 수 있는지, 안 된다면 최소한 농장을 방문해 낙농업 생산이 실제 어떻게 이루어지는지 배울 수 있는지 확인해보겠다고 했다. 농부들과의 인터뷰 외에 참여관찰participant observation 방식도 제시했다. 참여관찰은 세계낙농박람회, 워싱턴주 박람회, 경매 등 다양한 공공행사에 참여함으로써 특정 공간에서 실제로 일이 진행되는 현장을 관찰하는 방식이다. 나는 이미 광범위한 문서 분석을 진행 중이었고 이 분석이 내 연구의 핵심이었다. IRB와 IACUC의 승인을 받은 현장 조사는 2년 동안의 문서 연구에 대한 보충자료로 쓸 예정이었다.

윤리심의위원회와 4개월간의 긴 실랑이 끝에 나는 필요한 승인을 얻었고 마침내 현장 조사를 할 수 있었다. 당시 나는 중요한 문서 연구뿐 아니라 낙농업 관련 법률과 동영상 조사까지 마친 상태였다. 나는 이제 농장을 방문할 준비가 되었다고 마음을 굳혔고, 그래서 2012

년 봄부터 농장주들과 접촉하기 시작했다. 나는 대규모의 산업화된 농장들뿐만 아니라 농산물 시장과 지역 상점에 납품하는 소규모 농장들도 접촉했다. 농산물 시장에 나가 낙농제품을 판매하는 사람들과 이야기도 나누었다. 그들은 프로젝트와 연구를 위해 농장을 방문하려는 나의 계획을 열렬히 응원하는 것 같았다. 그들은 내게 전화나 전자메일로 농장에 연락해 방문 약속을 잡으라고 격려해주었다. 내가 접촉한 많은 농장들 가운데 거의 스무 군데 정도로부터 직접 회신을 받았고 그들 가운데 한 군데만 방문을 허락했다. 다른 농장들은 시간이 없다, 내 연구에 관심이 없다, 감염 위험이 있다 등등의 다양한 이유를 대며 나의 방문을 거절했다. 시간이 없다는 이유에 대해 나는 다른 계절에 방문하는 것은 어떤지 물어보았다. 앞으로 수년간 동일한 연구 프로젝트를 진행할 것이고 어느 계절이든 아무 때나 상관없으며, 단 한 시간이라도 방문하게 해달라고 말했지만 돌아온 것은 적당한 시기는 영원히 없다는 답변이었다.

대다수 작은 농장들의 웹사이트와 입간판에는 최상의 조건에서 동물들을 키운다고 적혀있다. 그들은 "백문이 불여일견, 직접 와서 보세요!"라고 권한다. 그래서 더더욱 매번 방문 계획을 짤 때마다 거절당하리라고는 예상치 못했다. 산업화된 대규모 농장이라면 이정도로 감추고 공개를 꺼리리라는 것쯤은 예상했었다. 대규모 생산자들은 오래 전부터 생산 과정에 흥미를 가진 사람들에게 문을 열어주기를 두려워했다. 하지만 소규모 지역 생산자들의 투명성 결여와 은폐성은 내가 예상치 못한 부분이었다. 작은 농장들이 보이는 외부에 대한 경계는 미국 식품산업과 소비자 정보를 둘러싼 전반적인 정치적 기류의 변화를 시사한다. 즉, 대규모 공장식 시설의 일반적인 기술과 동물 사육에 대한 태도 등을 이제 작은 농장들도 받아들이고 있는 것이다. 나는 이것이 악한 의도에서 시작한 변화는 아니라고 생각한다. 업계의 통합과 경쟁이 심화되고 낙농산업의 이윤이 줄어들고 있는 현실에서 작은 농장들은 살아남기 위한 선택을 하고 있을 뿐이다.

소규모 농가에서조차 농업에 산업의 논리가 파고들고 있음을 보여주는 한 가지 단적인 예가 있다. 작은 농장들이 자신들의 폐쇄성을 정당화하기 위한 근거로 생물보안bisecurity을 내세우고 있다는 점이다. 사실 생물보안은 방문을 거절당하면서 내가 맞닥뜨린 이유들 가운데 가장 흥미로웠는데, 우선은 이 개념이 대규모 생산 방식과 연관되어 있기 때문이고 또 하나는 용어 자체의 이중적 의미와 쓰임새 때문이다. 낙농업에서 생물보안에 대한 우려는 외부 병원균으로 인한 오염 위험에 대한 두려움이 증가한다는 의미로 해석할 수 있다. 생산 방식과 산업 자체의 집약화가 위협을 가중시키는 요인이다. 예를 들어 동물들을 좁은 공간에서 고도로 밀집시켜 키우면 질병에 취약하고 병이 전파될 위험도 커진다. 또 생후 몇 시간 만에 어미에게서 떼어놓은 송아지 역시 질병에 취약하다. 어미가 직접 젖을 먹였다면 포유류 모체의 초유에 함유된 필수 항체가 송아지를 질병으로부터 어느 정도 지켜주었을 것이기 때문이다.

생물보안은 의심할 여지없이 증가 추세에 있는 공장식 시설에서나 우려해야 할 문제다. 하지만, 농장주들과의 대화로부터 내가 얻은 인상은 생물보안이 타당한 우려라기보다 그저 통상적으로 써먹는 핑곗거리라는 점이다. 예를 들어, 낙농장에서 일하는 노동자들은 동물들에 병이 전파되는 것을 막을 어떠한 보호 장구나 예방 조치 없이 출근해 일을 한다. 한편 병에 걸리거나 병을 전염시키는 것을 막고 성장을 촉진하기 위해 많은 동물에게 예방적으로 항생제를 투여한다. 사실 미국 식품의약청FDA은 사육 동물들이 인간보다 훨씬 많은 항생제를 사용한다고 추산하고 있다.[1] 질병통제예방센터CDC는 사육 동물들에게 치료 목적 외에 소량의 항생제를 투여하는 것은 항생제 내성의 원인이 되며 최소한의 경우로 한정해야 한다고 설명한다(사실상 CDC는 성장 촉진을 위한 항생제 사용을 단계적 절차를 거쳐 완전 중단하도록 권고하고 있다).[2]

생물보안 때문에 방문을 허용하지 않는다는 농장주들에게 나는 "농장을 오염시키지 않도록 방호복은 물론 무엇이든 필요한 보호 장구를 자비로 갖추겠다"고 대답했다.

그러자 한 농장주는 "그건 불가능합니다. 그렇게는 안 돼요."라고 대답했다.

"왜 그런지 여쭤봐도 될까요?"라고 내가 묻자 그는 "그냥 안 돼요. 우리는 아주 엄격한 안전 규정이 있어서 꼭 있어야 할 사람들만 농장에 들입니다. 죄송합니다. 일하러 가야 해요. 연구 잘 하세요."라며 서둘러 대화를 마무리했다.

또 다른 전화 통화에서 나는 "생물보안이 무엇인지 알아듣게 설명해주실 수 있나요?"라고 물었다.

그러자 상대방은 허둥대며 "그게, 어…… 농장의 안전과 청결성이 죠. 국가 안보와 식품 공급 안전성은 중요하잖아요. 그런데 있잖아요, 제가 바빠서요"라고 대답하고 전화를 끊었다. 수많은 전화 통화를 하면서 나는 생물보안이라는 말이 식품 안전과 질병 예방이라는 이유 혹은 핑계로 농산품 생산 현장에 대한 접근을 거부할 때 업계에서 주로 사용하는 복잡하고 애매모호한 유행어임을 깨달았다.

식품 안전과 질병 예방은 확실히 가볍게 다룰 문제가 아니다. 특히 고도로 산업화된 식품체계 안에서 식품 안전, 교차오염, 밀집시설에서 지내는 동물들 간의 빠른 질병 전파 등은 인간의 건강, 환경 안전, 동물복지에 위협이 된다. 하지만 축산 현장에서 작용하는 생물보안을 둘러싼 담론은 내가 경매장과 농장, 그리고 낙농업 현장에 관한 보고서들에서 목격한, 아무런 보호조치 없이 현장에 드나들던 노동자들의 모습과는 어울리지 않았다. 나는 낙농업 관련 문서와 내가 방문한 현장에서 우유 살균, 예방적 항생제 사용, 착유 부위의 요오드 세정 등 통상적 조치 외에 생물보안 위협으로부터 보호하기 위한 현장 관리가 이루어지는 기록을 찾으려고 했지만 쉽지 않았다.

농업 현장의 입막음, 애그-개그법

사전 조사 중에 뜻밖의 사실을 알게 되었다. 통상 애그-개그^AG-GAG 법이라고 칭하는 주 정부 차원의 법들이 농업(특히 먹기 위해 동물을 사육하는) 시설 내의 활동을 기록으로 남기지 못하게 금지한다는 것이다. 주에 따라 용어와 적용 범위가 조금씩 다르지만, 공통적으로 축산업 현장에서의 동영상 촬영, 음성 녹취, 사진 촬영을 금지한다. 본질적으로 이 법은 내부고발방지법이다. 혐오스러운 동물복지 위반 행태에 대해 농장 피고용인들조차 기록하거나 고발하기 어렵도록 입을 막으려는 것이다. 하지만 이 법 뒤에 도사리고 있는 진짜 의도는 동물권리보호운동가, 언론인, 그밖에 동물복지를 우려하는 시민들이 동물을 식용으로 사육하는 환경에 관한 기록을 남기지 못하게 하는 것이다. 사실 내가 이 책을 쓰고 있는 동안 애그-개그법을 적용해 기소한 첫 번째 사례가 보도되었다.

2013년 2월 8일, 유타주 드레이퍼 소재의 데일 T. 스미스&선즈 미트패킹 컴퍼니의 부지 내에서 살아있지만 움직이지 못하는, 업계 용어로 주저앉는downer 증상을 보이는 소를 트랙터로 옮기고 있었다.[3] 에이미 마이어는 도축장 옆 길가에 서서 이를 지켜보았다. 식품 생산 실태에 관심이 많은 소비자로서 마이어는 해당 공장 인근 길가에서 도축장으로 이동하는 동물을 볼 수 있다는 말을 듣고 직접 보러 간 것이다. 마이어가 서 있던 곳은 도축장에서 30미터 정도 떨어진 도로변 공유지였고 도축시설과 공유지 사이에는 들판과 울타리가 있었다. 마이어는 휴대폰 동영상 촬영 기능을 이용해 그 광경을 녹화했다.[4]

이보다 앞서 의식이 있는 상태에서 쓰러진 동물들을 지게차로 옮기는 장면이 담긴 유사한 동영상을 근거로 2008년 미국 인도주의협회가 캘리포니아의 어느 식육 공장을 고발했고 이것이 미국 역사상 최대 규모의 육류 리콜로 이어진 사례가 있었다. 당시 병든 소를 식재료, 특히 공립학교 급식용으로 납품했다는 사실이 밝혀졌다.[5] 마이어가 도로변에서 촬영하고 있을 때, 공장 매니저인 브렛 스미스가 트럭을 몰고 다가와 도축장을 촬영하면 안 된다고 말했다. 대화 내용을 동영상으로 촬영한 마이어는 자신이 서 있는 곳이 공유지이므로 그곳으로부터 도축장을 촬영하는 것은 적법하다고 대답했다.[6] 이에 대해 스미스는 마이어가 사유지의 공장을 촬영했다며 경찰을 부르겠다고 말했다. 마이어는 자신이 서 있는 곳이 공유지가 아님을 경찰이 확인해 준다면 길에서 물러날 용의가 있다고 대답했다.

스미스: 공유지에서 내 소유지 쪽을 동영상으로 촬영할 수 없으므로, 촬영 중지를 요청합니다. 이제 경찰을 부르겠습니다. 내 사업에 대해 의문이 있다면 왜 당당하게 나를 찾아와서 묻지 않습니까? 저곳에서의 사업은 합법적이고 당신은 어디에서건 내 사업장을 촬영할 권리가 없습니다.

마이어: 문제가 없다면 촬영을 하건 말건 왜 신경 씁니까? 합법적이라고 생각한다면서요?

스미스: 당신은, 어, 여기에 있는 권리를 읽어봐요. 유타주 법입니다. 내 동의 없이 개인 자산인 농장시설을 촬영할 수 없습니다.

마이어: 맞아요, 당신 소유지 안에서라면 그렇죠.

스미스는 경찰을 불렀다. 경찰이 도착하자 법의 실제 내용을 두고 실랑이가 벌어졌다. 경찰관은 마이어를 체포하거나 고발하려는 것이 아니라며 그냥 질문 몇 가지만 하겠다고 말했다. 마이어는 경찰관에게 자신이 서 있는 곳이 공유지인지 아닌지 확인해 달라고 요구했고 경찰관은 그곳이 공유지라고 말했다. 마이어는 반복해서 자신이 구속되는 것인지 물었고 경찰은 그렇지 않다고 대답했다. 마이어는 "나는 당신의 어떤 질문에도 대답할 이유가 없습니다. 나는 어떤 불법행위도 하지 않았습니다. 불법행위를 했다는 혐의를 받고 있지도 않습니다. 나는 지금 도로변 공유지에 서 있습니다. (…) 당신하고 이야기하지 않겠습니다. 당신과 더 할 이야기 없어요. 내 변호사가 전화하면 그 사람과 이야기하세요."라고 말했다.

경찰관은 결국 마이어에게 가도 좋다고 말했고 검사가 '고발 내용을 검토' 후 마이어를 법정에 소환할지 말지 결정할 것이라고 알려주었다.

마이어는 유타주 법 HB187에 의거하여 농업행위 방해 혐의로 고발되었다. 이것은 애그 개그법에 의거한 주 차원의 첫 번째 기소 사례였다. 여론의 엄청난 반발로 기소는 24시간 만에 취소되었다.

이 사건으로 나는 만약 애그-개그법이 있는 주에서 낙농 업체에 신분을 속이고 취업했더라면 나도 언제든 기소될 수 있었다는 사실을 깨달았다. 이 책을 쓸 당시 워싱턴주에서는 애그 개그법이 아직 통과되지 않은 상태였다. 하지만 2015년 1월에 법안이 상정되어 심각한 반발에 부딪쳤다. 워싱턴주에서 이 법의 통과 여부와 무관하게, 내 연구를 통해 분명해진 사실은 미국 여러 주에서 이 법이 통과되면서 대학과 같은 기관들, 그리고 개인 연구자들 사이에 미래의 법안에 의해 소송당할 수 있다는 공포 분위기가 조성되었다는 점이다.

1990년 캔자스주에서 최초로 통과된 애그-개그법은 사진 촬영이나 동영상 촬영, 자산 파괴 및 농업시설 또는 대학 의료연구시설로부터의 동물 절도를 금지했다. 다른 중서부 주들도 1990년대에서 2000년대 초까지 비슷한 법안을 통과시켰고 규모와 범위는 다양했다. 어떤 주의 법은 경찰관만이 동물에 대한 잔혹 행위를 조사할 수 있다고 명시하고 있다(아칸서스주 2012년).[7] 아이오와주에서는 이제 농업 생산시설에 정확한 신분과 의도를 밝히지 않고 들어가는 행위가 범죄로 간주된다.[8] 이 법들이 내포한 함의는 외부의 연구자나 조사자들을 통제하는 범위를 넘어선다. 미주리주는 농장 내부인이 잔혹 행위를 동영상으로 촬영한 경우 이를 24시간 내에 당국에 보고해야 한다는 법안을 승인했다. 표면적으로는 특정 잔혹 행위를 즉각 중단하게 하려는 배려처럼 보이지만, 실상은 해당 농업시설이 장기적으로 잔혹 행위를 해왔다는 더 확실한 근거를 수집하는 행위를 불법화하는 효과가 있다.[9] 농업 행위를 녹화하지 못하도록 금지하는 내용의 2012년 유타주 법안은 통과된 지 1년 만에 공공 도로에서 보이는 도축장을 촬영했다는 이유로 마이어를 고발하는 데 적용되었다.[10]

앞으로 나올 애그-개그법들은 적용 범위가 더 확대될지도 모르는데 최근 상정된 법안들을 보면 그 징후가 드러난다.[11] 한 예로 노스캐롤라이나 상업보호법은 농업이 이루어지는 공간이나 의료시설에만 적용되는 것이 아니라 다양한 산업 분야에서 정보 분배를 제한하는

데 적용될 수 있다.[12] 이런 유사한 법안들은 가령 수압파쇄법 fracking(암석 내부의 가스를 채굴하기 위해 고압의 액체로 암석을 부수는 방식)이나 기타 채굴 산업의 환경 유해효과에 대한 반대 의견을 봉쇄하는 데 이용될 수 있다.[13] 언론인 겸 시민운동가 윌 포터는 애그-개그 같은 법률의 영향력을 널리 알리기 위해 활발히 활동해 왔다. 그는 자신의 책 《초록은 새로운 빨강 Green is the New Red》에서 이런 법들이 반대 의견을 침묵하게 하고 소비자 관련 산업과 그 관행에 대한 정보 분배를 억제하기 위한, 노골적으로 기업의 이해를 우위에 둔 법이라고 말했다. 주 의회에 법안을 제출한 정치가들은 농업 분야와 밀접한 이해관계가 있는 이들이며 다수의 법안이 산업 내 이익집단들로부터 지지를 받는다 (예를 들어 2013년에 부결된 캘리포니아의 법안은 캘리포니아목장주협회 California's Cattlemen's Association의 후원을 받았다).

연구 초기에 내가 알지 못했던 것은 애그-개그법이 연방정부 내에서 일어나고 있는 훨씬 더 광범위하고 은밀한 변화의 일부라는 사실이다. 애그-개그 법안이 처음으로 등장한 것은 1990년대였지만, 동물을 이용하는 장소(농업 현장이나 연구실)에 대한 접근을 제한하는 법안들이 미국 여기저기에서 나타나게 된 것은 2001년 9월 11일 이후의 정치적 기류 변화 때문이다.

2001년 9월 11일 이후 테러행위를 차단하고 저지하는 조치를 통해 미국을 통합하고 강화하는 법 the Uniting and Strengthening America by Providing Appropriate Tools Required to Intercept and Obstruct Terrorism Act이 통과되었다. 머리글자를 따서 일명 패트리어트법 PATRIOT(애국법)으로 더 잘 알려진 이 반反테

러법이 통과되면서 법집행기관에 의한 정보 수집에 대한 제한이 사라졌다. 미국 정부는 "정치적 혹은 사회적 목적을 달성하기 위해 정부나 민간 또는 그 일부를 위협하거나 강압하려는 수단으로 사람과 자산에 대하여 힘과 폭력을 불법적으로 사용하는 행위"[14]로 테러리즘을 정의한다. 연방법의 변화 가운데에서도 특히 패트리어트법은 법집행기관이 '테러' 활동에 관여한 혐의가 있는 이민자들을 쉽게 억류할 수 있도록 했고, 이 책의 주제와도 연관된 중요한 부분이기도 하지만, 테러리즘의 범위를 확장시켜 국내 테러리즘domestic terrorism이라는 영역까지 포함시켰다. 패트리어트법은 '미국 또는 미국 내 어떤 주의 형법을 위반하는, 인간 생명에 위험한 행위를 수반하는' 활동, 또는 '민간에 대한 위협 혹은 강압, 위협이나 강압을 이용한 정부 정책에 대한 영향력 행사 또는 대량 파괴, 암살 혹은 납치 등의 수단으로 정부의 활동에 영향력 행사를 의도한 것으로 여겨지는 행위들'에 대하여 그 행위들이 '주로 미국의 영토 관할 내에서' 발생하는 경우 국내 테러리즘으로 정의한다.[15]

9·11 테러 이후 패트리어트법의 통과를 계기로 사생활과 언론의 자유를 억압하고 제한하는 법 제정이 이어졌다. 1992년 제정된 동물기업보호법Animal Enterprise Protection ACT(AEPA)을 수정한 연방 동물기업테러법Animal Enterprise Terrorism ACT(AETA)이 2006년 통과되었다. AETA는 AEPA를 확장한 법으로 성공한 음모와 미수에 그친 음모 모두에 적용된다. 동물 연관 기업의 업무에 해를 끼치거나 업무를 방해하는 과정에서 사람을 죽음이나 혹은 심각한 신체 부상에 대한 '합리적 공포'에 의도적으

로 이르게 하는 것을 금지한다.[16] 패트리어트법이 규정하고 있는 국내 테러리즘의 정의를 살펴보면 AETA가 동물 연관 기업(농장, 연구소 등)에 대한 직접적인 행동 전술(경제적 피해를 입히거나 피해를 입히겠다는 협박 등의 행위)에 참여하는 이들을 표적으로 삼고 있음을 알 수 있다.[17]

월 포터는 인류의 안전에 대한 진정한 위협에는 대처하지 않고, 동물 권리와 직접적인 환경 보호 활동을 테러리즘으로 규정하고 비난하는 것은 기업의 경제 이익에 봉사하고 월 포터 자신이 '녹색공포Green Scare'라고 칭한 공포심을 고착시킨다고 주장한다. 공산주의에 대한 적색공포Red Scare를 연상시키는 녹색공포는 '환경테러리스트ecoterrorist'와 '동물권리 극단주의자animal rights extremist' 같은 용어를 사용한 협박전술을 통해 공포를 조장하고 모든 형태의 반대 의견에 재갈을 물리는 한편, 동물과 환경을 착취함으로써 이윤을 얻는 기업들에게 특권을 부여하는 정치·경제적 목표를 추구한다.

반대자를 범죄자로 몰려는 노력은 불법 활동을 잠재우는 형태를 취할 수도 있지만, 반대자들을 둘러싼 공포 문화를 조성함으로써 비폭력적인 시민불복종과 기타 시민운동, 영화, 언론 등 합법적 저항마저 억압할 수 있다. 뿐만 아니라 잠재적으로는 동물 해방이나 환경운동을 옹호하는 학자들마저 자유로운 발언을 주저하게 만들 가능성도 있다. 나의 연구와도 관련이 있지만, 이런 공포 문화는 나아가 애그-개그법과 같은 주 법들이 통과되고 유지되는 법적 기류를 형성한다. 이런 분위기를 어느 정도 파악하자 대학의 IRB가 위장취업이 야기할 책임 논란에 대해 우려했던 맥락을 더 정확히 이해할 수 있었다.

하지만 동시에 나는 동물복지 위반 행위를 폭로하거나 반대하는 일, 그리고 점점 더 문을 걸어 잠그고 있는 축산업 현장의 실태를 대중에게 알리는 일을 어렵게 만드는 데 애그-개그법과 AETA 등이 끼치는 영향력이 얼마나 심각한지도 깨달았다. 몰래 촬영한 동영상과 사진들은 개인과 기업이 저지르는 잔혹한 범죄를 고발할 뿐 아니라 대중들에게 식품 생산 과정에서 동물과 인간 노동자들이 처하는 폭력적인 상황을 알리는 데 활용되어 왔다. 신분을 위장한 조사원들의 노력은 일반인들이 고기, 유제품, 달걀이 생산되는 실태에 대해 정보를 얻을 수 있는 유일한 경로인 경우가 대부분이다. 식품 생산에 이용되는 동물들을 보호하는 법들이 너무 취약하고 제대로 집행되지 않기 때문에 내부 고발자의 역할이 특히 중요하다.

흥미롭게도 내가 연구를 시작한 이후 수년에 걸쳐, 투명성을 고도로 통제하는 방식에도 새로운 트렌드가 등장했다. 즉, 누구에게 무엇을 어떻게 보여줄 것인지를 결정하는 새로운 규칙이 생긴 셈이다. 티머시 패키릿은 최근 프로젝트를 통해 인디애나주 페어오크스에 있는 페어오크스 농장의 실태를 분석했다.[18] 페어오크스는 공장식 낙농장 겸 돼지 농장으로, 유료 방문객들에게 소와 돼지의 사육 과정을 보여준다. 패키릿의 표현대로라면 '투명성의 상품화'를 통해 페어오크스 농장은 유료 방문객들에게 세심하게 선별된 체험을 제공한다. 생산 과정의 특정 부분은 공개하고(이것은 사실상 특정한 종류의 폭력을 평범한 행위로 둔갑시키는 효과가 있다) 나머지는 감추는 방식이다. 애그-개그를 등장시킨 정치적 기류와 맞물려 축산업이 내놓은 선별된 투명성이 어떤 방향으로 나아갈지 앞으로 지켜봐야 할 부분이다.

미국의 동물복지법

낙농업에서 동물의 삶을 규정하는 큰 정치적 맥락을 이해하려면 동물들이 우유 생산을 위해 어떻게 살고 죽는지를 관장하는 동물복지법을 반드시 살펴보아야 한다. 지난 백 년 동안 미국의 역사만 돌아보더라도 동물복지법과 관련한 일련의 과정이 주기적으로 반복되어 왔다는 것을 알 수 있다. 내부 고발자, 언론인 혹은 학자들이 복지 침해 사례를 폭로하면, 놀란 대중은 변화를 요구하고, 압력을 받은 정부는 동물 보호를 강화한 법안을 통과시킨다. 조사원들과 대중의 관심은 높아졌다 낮아지는 흐름을 타지만, 돈과 힘을 가진 업계는 늘 한결같은 압력을 행사한다.

"특정 동물들을 비인도적 처우와 방치로부터 보호"하기 위해 집행하는 연방 동물복지법 the Animal Welfare Act은 "식품, 섬유 또는 기타 농업의 용도로 이용되는 동물들은 보호 대상에 포함하지 않는다." 사육 동물에 대해 적용되는 연방법은 놀랍게도 1958년 처음 가결된 인도적 도축 수단에 관한 법 The Humane Methods of Slaughter Act(HMSA)이 유일하다. 똑같이 식품으로 이용되기 위해 죽임을 당하는데도 새, 물고기, 토끼 등은 HMSA의 적용 대상에 포함조차 되지 않는다. 이것은 매년 사육 동물들을 다 합친 것보다 더 많은 조류와 어류가 죽임을 당한다는 점을 고려할 때 매우 걱정스럽다. 식육업계에 대한 소비자의 불만이 크게 증가하고 식육업계의 운영방식이 여러 가지 면에서 인간과 동물 모두에게 비인도적이라는 사실을 점점 더 많은 사람들이 이해하면서 HMSA가 발의되고 통과되었다. 식육업계에 대한 우려는 노동자들의 위험한 근무환경과 식품이 생산되는 비위생적인 조건에 대해 알려지면서 시작되었지만, 대중들이 이 같은 현실에 눈을 뜬 것은 이보다 훨씬 이전인 1906년, 업튼 싱클레어의 파격적인 소설《정글(페이퍼로드, 2009)》이 출간되면서부터였다. 이후 1950년대 미국 언론은 도축장에서 자행하는 동물 학대 문제로 여론의 관심을 집중시켰다. 식품 생산 현장에서 동물들을 얼마나 잔혹하게 다루는지 대중에게 알렸고, 식육업계 내 노동자들의 실상과 비위생적인 식품 생산 환경이 반복적으로 조명되면서 형성된 정치적 기류를 타고 HMSA가 통과되었다.

HMSA는 식육업계 내의 동물복지, 노동 조건, 식품 안전성을 향상하기 위해 발의되었다. 하지만 재미있는 점은 HMSA가 육류의 품질 개선을 경제적 이득과 연관 지어 강조하고 있다는 사실이다. 도축 과정에서 부상이나 학대를 당하지 않은 동물로 생산한 고기는 상품 가치가 높은 반면, 부상당한 동물의 살은 멍도 들고 많은 부분을 잘라내야 하므로 낭비와 경제적 손실로 이어진다는 것이다.

1958년에 통과된 HMSA는 "가축을 사슬로 묶거나, 매달거나, 던지거나, 절단하기 전에 가격하거나 총을 쏘거나, 전기 및 화학적 수단 등 빠르고 효과적인 방법을 이용해 가축이 고통을 느낄 수 없는 상태"로 만들도록 했다. 1958년 통과된 법은 연방정부에 납품하지 않는 식육업자들에게는 의무사항이 아니었다. 다시 말해 일반 소비자에게 판매하는 고기는 법이 정한 도축 방식대로 생산할 필요가 없었다. 1958년의 법을 수정한 1978년 개정법이 현재까지 식용으로 사육되는 일부 동물의 도축 과정에 적용되고 있다. 1975년 피터 싱어는 이제는 고전이 된《동물 해방(연암서가, 2012)》을 발표해 동물을 식용으로 사육하는 환경을 여과 없이 보여줌으로써 충격을 주었다. 그 결과 식품 산업 내 동물복지에 대한 우려의 소리가 높아졌다.

들끓는 여론에 부응하여 1978년 수정된 HMSA는 미국 농무부의 검열을 받는 모든 도축시설에 의무적으로 적용되었다. 개정법이 허용하는 도축 방식은 크게 두 가지다. 첫째는 동물을 도축하기 전에 가격하거나 총으로 쏘거나, 전기충격을 가하거나 유효한 화학 물질에 노출시켜 고통을 느낄 수 없는 상태에서 시행하는 도축이고, 두 번째는 '의례적 도축', 즉 동물의 경동맥을 잘라 신속하게 방혈함으로써 의식을 잃게 만든 후 시행하는 도축이다. 의례적 도축이 적용되는 가장 잘 알려진 사례는 유대교의 코셔 또는 이슬람교의 할랄 방식이다. 1978년 개정법은 도축이 진행되는 동안 동물의 인도적 취급humane handling도 고려해야 한다는 주석을 첨부했다. 현재의 HMSA는 다 자란 소, 송아지, 말, 노새, 양, 돼지의 도축에는 적용되지만 새, 토끼, 어류는 법 적용 대상이 아니다.

2001년 에릭 슐로서의《패스트푸드의 제국(에코리브르, 2001)》은 출간 후 곧바로 〈뉴욕타임스〉 베스트셀러가 되었다. 슐로서는 업튼 싱클레어가《정글》에서 보여준 것과 같거나 유사한 도축장의 모습을 상세하게 기술했다. 하지만 슐로서는 패스트푸드 산업이 성장해온 역사와 패스트푸드가 생산되는 비위생적이고, 위험하고 비윤리적인 환경에 주안점을 두었다. 또 2001년 〈워싱턴포스트〉에 실린 조비 워릭Joby Warrick의 〈그들은 한 조각 한 조각씩 죽어간다They Die Piece by Piece〉라는 기사는 수많은 소 도축시설의 비인도적인 실태를 고발하며 인도적인 도축방식이라는 이름으로 저지르는 폭력을 보여준다. 기사에서 소들은 산 채로 가죽이 벗겨지고 아직 의식이 있는 상태에서 다리와 꼬리가 잘리고 배가 갈린다. 기사는 이러한 폭력이 특별한 경우가 아니라 사실은 지극히 통상적인 관행임을 폭로했다.

《패스트푸드의 제국》과 워릭의 기사를 읽은 대중은 분노했고 정부는 느슨한 행정법규와 전반적인 태만에 대한 비난에 대응해야 했다. 조지 W. 부시 행정부가 2002년 내놓은 농장법안Farm Bill은 HMSA 기준을 더 엄격히 적용할 것임을 시사했다. 법 집행을 장려함으로써 식육산업 내의 환경에 대한 대중의 경각심을 달래는 동시에 식육산업이 더욱 효율적으로 운영되도록 하려는 의도였다.

사육 동물들의 복지에 관한 연방법이 지난 한 세기 동안 어떻게 변해왔는지 그 짧은 역사를 살펴보면 기자, 조사단, 학자들이 식품 생산 체계 안에서 동물들이 어떻게 다루어지는지에 대한 대중적 인식을 불러일으키는 데 매우 중요한 역할을 해왔음을 알 수 있다. 이렇게 환기된 대중적 인식은 입법부가 법안을 발의하도록, 또는 유명무실했던 기존의 법규가 제대로 시행되도록 압력을 가한다. 일단 변화가 법제화되면 동물복지와 식품 안전에 대한 원래의 우려는 잊히거나 희미해지고, 여론이 들끓기 이전과 다름없는 상황이 지속된다. 사실 수십 년 간 이런 주기가 반복되었지만 여전히 연방 차원의 동물 보호 조치는 부실하거나 아예 전무하고, 법은 제대로 집행되지 않으며, 사육 동물의 삶을 규정하는 연방 차원의 동물복지법은 존재하지 않는다.

연방법의 부재보다 더 심각한 것은 각 주에서 법이 운용되는 방식이다. 주별로 시행되는 잔혹행위 방지 및 동물복지법은 특정 동물들을 '잔혹'하다고 규정되는 행위로부터 보호하기 위한 것이다. 하지만 이러한 법의 세부조항들은 광범위하고, 모든 종류의 동물에게 적용되며, 결과적으로 사육 동물의 복지와 구체적인 연관성이 눈에 띄게 부족하다.[19] 사육 동물을 포괄적인 범위 안에 포함하긴 하지만, 이 법들을 확실히 지키도록 보장하는 집행 장치가 없다. 아울러 변호사 데이비드 울프슨과 메리언 설리반이 지적하고 있듯이 "합리적 의심이 들지 않을 정도로 범죄 사실을 증명해야 하는 검찰 측의 입증 책임이 매우 높다. 그 자체가 합리적 의심의 여지가 없는 사실이다."[20]

사육 동물을 학대한 자들은 기소당하지 않는 것이 보통이다. 학대할 의도가 있었음을 증명해야 하는 '입증 책임' 때문이다. 울프슨과 설리번은 뉴저지주의 사례를 소개하면서 기소의 어려움을 설명한다. 병들어서 움직이지 않지만 살아있는 닭들을 죽은 닭들이 쌓여있는 쓰레기통에 버리고 죽을 때까지 방치한 달걀 회사가 잔혹행위방지법 위반으로 고발되었다. 하지만 검사가 달걀 회사 측이 닭들이 살아있는 것을 알고도 버렸다는 사실을 증명하지 못했기 때문에 사건은 기각되었다. 사육 동물에 대한 잔혹행위를 이유로 생산자들을 기소하는 것도 어렵지만, 유죄판결을 받은 이들도 겨우 소액의 벌금만 내고 마는 것이 보통이다. 울프슨과 설리번은 "동물에 대한 일반적인 잔혹행위에 부과하는 벌금 상한은 메인주 2천5백 달러, 앨라배마주와 델라웨어주 1천 달러, 로드아일랜드주 5백 달러"라고 했다.[21] 벌금이 지극히 미미하기 때문에 기업 입장에서는 회사 운영에 체계적인 변화를 시도하느니 그냥 벌금을 내는 편을 택한다.

잔혹행위 방지법과 HMSA의 집행을 어렵게 만드는 또 다른 중요한 장애물은 데이비드 울프슨이 관습적(혹은 통상적) 농업행위에 부여하는 면책법Customary or Common Farming Exemptions(CFEs)이라고 칭하는 법이다. 주 의회를 통과한 이 면책법들 때문에 축산업자들은 잔혹행위 방지법을 준수하지 않아도 처벌을 받지 않는다. 에릭 마커스는 자신의 책, 《고기 시장Meat Market》에서 "대다수의 주가 면책법을 시행하고 있다. 면책법은 어떠한 사육 방식이든 '일반적인', '관습적인', '용인되는', '확립된' 등의 말을 갖다 붙여 그것이 지속되도록 허용한다. 동물들의 복지와 자유를 아무리 심하게 침해하더라도 업계 내에서 통용되는 방식이라면 상관없다."라고 설명한다.[22]

면책법이 시행되고 있다는 것은 동물을 다루는 특정 형태의 비인도적인 방식이 업계 내에서 '통상적인' 방식으로 인정되는 경우 해당 방식을 사용하는 회사를 사실상 기소할 수 없다는 뜻이다. 울프슨과 설리번은 이렇게 결론짓는다. "그 결과, 미국 대부분의 주에서 검사, 판사, 배심원에게는 더 이상 사육 동물들이 용인할 수 있는 방식으로 다루어지는지 여부를 판단할 힘이 없다. 축산업계만이 유일하게 자신들의 행위가 범죄성을 띠는지 여부를 결정할 수 있다."[23]

용인할 수 있는 방식에는 돼지와 소의 꼬리를 절단하고, 어린 동물들을 거세하고, 뜨겁게 달군 날붙이로 병아리의 부리를 절단하는 행위 등이 포함되며 이런 행위들은 모두 마취 없이 시행된다. 도축 과정에서 전기가 흐르는 막대기로 동물들을 몰아붙이고, 그중 일부는 의식이 완전히 사라지지 않은 상태에서 도축을 강행하는 것도 용인할 수 있는 방식에 포함된다. 모두 업계에서 자주 벌어지는 통상적인 사례들이며 잔혹행위 방지법의 적용을 받지 않는다. 하지만 위에서 예를 든 특정 행위들이 '잔혹행위'로 재평가되고 근절된다고 해도, 이 책에 대략적으로 소개되어 있는, 식용으로 동물을 교배시키고, 사육하고, 도축하는 과정에서 일어나는 모든 차원의 행위들은 여전히 현행 그대로 용인될 것이다.

면책법에서 사용하는 어휘들을 살펴보면, 가령 워싱턴주의 CFE법은 이렇게 명시하고 있다. "이 장의 어떤 부분도 가축 또는 가금류의 상업적 사육이나 도축 과정에서 시행되고 용인되는 농업 행위, 또는 그 산물, 로데오 행사의 정상적이고 통상적인 과정에서의 동물의 이용, 박람회장의 정상적이고 통상적인 행사에서 동물을 관습적으로 이용 또는 전시하는 행위에는 적용되지 않는다."[24]

이 같은 면책법들이 많은 주에서 시행되면서 동물들은 일상생활에서 보호받지 못한다. 다수의 생산자들이 업계의 통상적인 행위에 동의하거나 이를 지속하는 한 일상에서의 폭력은 평범하고 정상적인 관행으로 굳어지며, 축산업계는 동물을 어떻게 다루고 또 앞으로 다루어야 하는지를 자체적으로 규정할 수 있는 권력을 행사하게 된다.

잔혹행위 방지법이 지닌 문제점들은 비단 특정 동물이나 행위를 적용 대상에서 제외하는 데에서 기인하는 것만은 아니다. 인간-동물의 관계에 대한 담화 안에서 잔혹행위라는 개념 자체가 어떻게 쓰이는지를 세밀하게 검토해보아야 한다. 학제간동물연구학자animal studies scholars인 윌 킴리카와 수 도널드슨에 따르면, 잔혹행위라는 개념은 다수 집단의 통상적인 관행을 정상적인 행위로, 다수 집단이 정상적이거나 용인 가능하다고 간주하는 범위 밖의 행위들을 악으로 규정하도록 작용한다. 두 사람은 "다수 집단의 행위들은 처음부터 도덕적·정치적 검증이 면제된다. 사실 이것이 소위 동물복지를 규정한 법들의 주된 의도다. 그들의 목적은 동물을 보호하는 것이 아니라 동물을 해쳐 이익을 얻는 이들을 합법적으로 비호하는 것"[25]이라고 주장한다.

킴리카와 도널드슨, 그리고 정치학자 클레어 진 킴은 문화적, 인종적인 함의를 지닌, 동물 이용의 다양한 사례를 통해 잔혹행위라는 개념이 어떻게 이용되는지 설명한다.[26] 미국과 영국을 비롯한 서구 국가에서 중국, 한국, 필리핀 일부 지역의 식용 개 사육 문화에 대한 대중적 비난이 빗발치는 현상을 예로 들어보자. 특히 중국 산시성 위린 시에서 열리는 위린 개고기 축제는 당장 중단해야 할 '야만적인' 풍습이라며 집중 공격을 받았다.[27] 매년 축제를 시작하기 몇 달 전부터 나의 소셜 미디어 피드에는 날짜가 가까워올수록 점점 더 과격한 문장으로 축제를 중단해야 한다고 주장하는 기사나 호소문, "잔인하다." "야만적이다." 등의 개고기를 먹는 풍습에 대한 혐오를 표현한 글들이 업데이트된다. 비난을 쏟아내는 이들 중에는 비건주의(육류, 생선, 유제품을 먹지 않는 것은 물론 가죽, 모피 등 동물에서 유래한 제품을 사용하지도 않는 엄격한 채식주의)와 채식주의 성향의 동물권리운동가도 있지만, 돼지, 소, 닭, 칠면조 등을 일상적으로 먹는 다양한 성향의 일반인도 있다. 킴리카와 도널드슨은 이에 대해 이렇게 말한다. "동물권리라는 관점에서 볼 때, 개를 먹는 행위는 돼지를 먹는 행위보다 더 좋지도 나쁘지도 않다. 둘 다 생명과 자유라는 동물의 기본권을 침해하는 행위이다. 하지만 대중은 '잔혹한' 방식이나 '불필요한' 경우가 아니라면, 인간에게는 자신의 이득을 위해 동물을 해치고 죽일 권리가 있다는 논리를 수용한다. 이러한 논리는 편견으로 이어진다. 무엇이 잔혹한 방식이고 불필요한 경우인가라는 관념이 문화에 따라 다르기 때문이다. (…) 개와 말을 먹는 것은 잔인하지만, 돼지와 소를 먹는 것은 잔인하지 않다는 생각은 문화적인 독선이다. (…) 그리고 대중은 이러한 차별적 원리에 동원되어 종종 소수자에게 위해를 가한다."[28]

이런 맥락에서 '야만적인', '잔인한'과 같은 용어의 사용은 인종적·문화적으로 특정 집단을 배제할 뿐 아니라 소, 돼지, 닭을 사육하는 서구 다수 집단의 관행이 문명화되고 정상적이며 용인되는 행위라는 인식을 고착화시킨다. 다른 지역에서와 마찬가지로 미국에서의 잔혹행위 방지와 동물복지를 위한 법들은 이러한 차별적 원리를 확고히 하고 널리 시행되는 관행을 정상적인 행위로 합리화하는 데 기여한다.

유명무실하고, 느슨하고, 제대로 집행되지도 않는 동물보호 법규들, 축산 현장에 관한 정보의 수집과 분배를 막는 주와 연방정부 차원의 억압적인 법들이 증가하는 분위기가 만들어낸 기류 안에서 사육 동물을 연구하고 그들에 관해 글을 쓰는 것은 점점 더 복잡하고 어려워진다. 동물복지, 식품 안전성, 식품 생산 과정의 투명성을 걱정하는 이들은 이러한 법과 그 이면에 도사린 정치적 의도를 이해함은 물론이고, 그 법들이 살아있는 생명체들의 삶과 죽음을 은폐하는 과정에서 그들에게 어떤 영향을 미치는지도 알아야 한다. 잔혹행위 방지와 동물복지를 위한 법규들이 운용되는 실태를 보면 인간이 다른 종들과 관계를 맺고 그들을 다루는 방식에 의미 있는 변화를 가져오는 데 과연 법이 힘을 발휘할 수 있을지 의문이 든다. 법학자 마니샤 데커는 인간 중심주의가 법 안에 깊이 스며들어 있고, 법체계가 종 계층주의와 인간 우월주의를 더욱 고착화시키는 점을 우려했다.[29]

이런 법적인 분위기며 식품 생산 현장에 대한 접근을 막는 축산업계의 전반적인 문화를 알고 있었기 때문에 워싱턴주 서부에서 소 5백 마리를 사육하는 낙농장 앤설팜Ansel Farm의 호머 웨스턴이 나의 방문을 허락해주었을 때 특별히 더욱 감사하는 마음이 들었다.

3

돈 냄새

○
○

       내가 드디어 워싱턴주 서부의 앤설팜이라는 농장
으로부터 방문 허락을 받았을 때 아버지는 시애틀에 있었다. 내 전화
를 받은 앤설팜의 호머 웨스턴은 호쾌하게 바로 다음 날 방문하는 것
이 어떠냐고 제안했다.[1] 그 순간 나는 충격을 받았다. 그 무렵 농장 사
람들과의 껄끄러운 통화는 나의 중요한 일과가 되어있었다. 대학 연
구원이라는 신분을 밝히고 낙농 생산 과정을 더 잘 이해하려고 농장
을 방문하고 싶다고 말하면 어김없이 퇴짜를 맞았다. 나는 전화를 거
는 데도, 거절당하는 데도 익숙해졌다. 솔직히 말하면 통화와 거절은
아침에 커피 한 잔, 오후에 차 한 잔 마시면서 처리하는 일상이 되었
다. 책상 앞에 앉아, 노트를 펼치고, 목록 제일 위에 있는 농장에 전화
를 걸고, 반응을 받아 적고, 거절당하고, 그 다음 농장으로 넘어갔다.
며칠에 한 번씩은 캘리포니아주와, 워싱턴주, 오리건주를 중심으로 방
문할만한 농장이 없는지 더 조사하고 새로운 통화목록을 만들기도 했
고, 그 와중에 이전 통화 목록을 꼼꼼히 살펴 지금쯤이면 다시 전화할

만한 농장은 없는지, 이전에 확실하게 거절 의사를 밝힌 농장에 실수로 다시 전화하는 것은 아닌지 확인도 했다.

"어머나!" 호머 웨스턴이 방문을 허락했을 때 나는 놀라움을 감출 수 없었다. "정말인가요? 내일 방문해도 되나요?"

"물론입니다. 오전 휴식시간에 맞춰 오시겠어요? 여기 농장에는 젖소가 5백 마리쯤 있는데 지금 대부분이 비유기(소가 분만 후 우유를 분비하는 기간)라 계획대로 움직이지 않으면 제때 작업을 마치지 못하거든요. 우리 농장에서는 직접 치즈도 생산합니다. 종류도 다양해요. 여기 오면 볼 수 있어요."

"대단하네요! 감사합니다. 시간 정해주시면 맞춰서 갈게요."

"오전 10시 어때요?" 그가 제안했다.

"10시 좋아요. 저희 아버지와 동행해도 되나요?" 내가 물었다.

"물론입니다. 가게 옆에 차를 세우세요. 그리로 마중 나가지요. 내일 봅시다."

호머 웨스턴은 이렇게 말하고 전화를 끊었다.

나는 긴장과 흥분으로 잠을 설쳤고, 드디어 현장에 첫발을 내디딜 기대에 부풀었다. 또 마침 가까이에 있던 아버지와 동행한다는 사실에 안심이 되기도 했다. 아버지는 매사에 느긋한 성격이었다. 말 붙이기 편하고 유머 감각도 있고 분위기도 소탈해 모든 사람들과 쉽게 친해졌다.

다음날 아침 아버지와 나는 시애틀에서 외곽으로 약 두 시간 거리에 있는 농장으로 출발했다. 우리는 잠깐 젖 짜기를 쉬는 느지막한 아침나절에 도착하기로 미리 약속을 했다. 그래야 호머 웨스턴의 안내를 받아 농장을 둘러볼 수 있기 때문이었다. 덕분에 오후 시간이 비었고 나는 그 시간에 농장 주변을 둘러볼 요량으로 주변 지역에 대해 미리 조사를 했다. 근처에 사육 동물을 사고파는 경매장이 있었고, 때마침 우리가 방문하는 날 오후에 그곳에서 낙농 경매가 있었기 때문에 아버지와 나는 농장 방문 일정을 마친 후에는 경매장에 가보기로 했다.

출발한 지 정확히 두 시간 후, 우리는 자갈이 깔린 앤설팜의 진입로에 들어섰고 치즈를 파는 작은 건물 앞에 차를 세웠다. 소를 5백 마리 가량 키운다기에 규모가 큰 농장을 기대했지만 앤설팜은 주변에 넓게 펼쳐진 농촌 풍경 때문인지 작고 소박해 보였다. 자그마한 땅에 농장 건물들이 늘어서 있고 커다란 축사와 우리 바로 앞에 치즈 가게가 있었는데 치즈 가게는 치즈를 생산하고 저장하는 시설들과 바로 붙어있었다. 축사 뒤로는 거대한 사일리지(곡물과 풀을 발효시켜 만든 사료) 더미들이 있었는데 발효가 잘 되도록 비닐 덮개로 덮고 다시 트럭 타이어로 눌러놓은 것이 보였다. 그 너머로는 넓은 농장 부지였다. 사료로 쓸 옥수수밭도 있고 그 뒤로 거름 구덩이 manure lagoon도 있었다. 거름 구덩이는 농장 노동자들이 농장에서 배출한 액화 분뇨를 내다 버리는 큰 구덩이다.

흰 수염을 길게 기르고 위아래가 붙은 작업복을 입은 노인이 치즈 가게 현관 그네에 앉아있었다. 우리가 차에서 내리자 그가 다가왔다. 미리 나와 우리를 기다렸던 모양이다.

"케이티 씨이신가요?" 그가 가볍게 미소 띤 얼굴로 물었다.

"네. 웨스턴 씨?" 그가 고개를 끄덕였고 나는 다가가 악수를 했다. "바쁘실 텐데 일부러 시간 내주셔서 감사해요. 우선 제가 말씀드렸던 동의서부터 작성해주시겠어요?"

IRB 규정대로 나는 호머 웨스턴에게 그와 농장의 이름을 밝히지 않고 인터뷰와 견학 내용을 연구에 이용하는 것에 동의한다는 내용의 서류를 건넸다.

"이거 서명했다가 큰일 나면 안 되는데!" 웨스턴 씨는 가벼운 농담을 던지며 동의서 내용을 읽고 서명했다.

서류 절차를 마친 후 호머 웨스턴은 일어서서 우리를 안내했다. "따라와요. 우선 소부터 보여드릴게요."

자갈이 깔린 자동차 진입로를 걸어가면서 나는 호머 웨스턴의 경력에 대해 물었다. "낙농업계에 종사한 경험에 대해 간단히 들려주실 수 있나요? 이 일은 얼마나 하셨어요?"

"그럼요. 나는 말 그대로 평생 이 일을 했어요." 그가 허허 웃으며 대답했다. "나는 위스콘신주 목장에서 자랐어요. 우리 가족이 운영하던 목장이었는데 아버지는 할아버지한테서 물려받았지요. 거기서는 뭐든 했어요. 사료로 먹일 곡식도 직접 키우고, 교배도 시키고 우유도 짜고 안 하는 게 없었죠. 하지만 요즘은 작은 농장을 유지하기가 힘들어서 나도 지금은 이곳에 고용된 처지랍니다."

"여기 농장은 규모가 얼마나 되는데요?" 내가 물었다.

"글쎄요. 전화로 말씀드린 대로 소가 5백 마리 정도 있고 면적은 대략 65만 평방미터정도예요. 건유기(소가 출산이 임박한 약 두 달 동안 착유를 하지 않는 기간) 암소들하고 암송아지들은 따로 60만 평방미터 정도 땅을 빌려서 거기서 돌봅니다."

우리가 간 곳은 커다란 축사였는데 여러 개의 구역에 소들을 나누어 키우고 있었다.

"여기는 임신한 소들을 위한 우리랍니다." 호머 웨스턴이 가장 가까운 구역을 가리키며 말했다. 임신한 소들을 위한 격리 공간은 흰색과 검은색 얼룩이 있고 몸집이 큰 홀스타인과 작은 연갈색의 저지 Jersey(젖소의 한 품종으로 검은 갈색 또는 잿빛을 띤 회갈색이다) 소들로 가득했다. 모두 귀를 뚫는 형태의 인식표를 달고 있었고 엉덩이에 농장 이름이 찍혀있었다. 흙먼지와 배설물이 덮인 바닥에 물통과 사료통만 있는 삭막한 공간이었다. 우리가 가까이 가자 6490번 인식표를 단, 아직 출산한 적이 없는 작은 저지 소가 내게 다가와 머리를 울타리 밖으로 내밀었다. 흠칫 놀라 본능적으로 물러서려고 하자 호머 웨스턴이 "괜찮아요. 그냥 호기심이 많아서 그래요."라고 안심시켰다. 그는 저지 소들을 귀여워했다. 우리가 임신한 소들을 보는 동안 그가 말했다. "홀스타인도, 저지도 모두 장점이 있지만 어린 저지 암소들만큼 사랑스러운 애들도 없어요. 저 눈을 좀 보세요."

저지 소는 회색과 분홍색을 띤 긴 혀를 천천히 내밀어 내 팔을 핥았다. 커다란 갈색 눈동자, 긴 속눈썹, 적갈색 털이 보송보송한 정수리는 거부할 수 없을 정도로 사랑스러웠다. 나는 손을 내밀어 소의 목과 귀 뒤를 긁어주었다. 소는 다시 나를 핥았다. 그러자 무슨 일인가 하고 다른 소들도 몰려들었다. 어느새 아버지와 나에게 가까이 오려는 소들이 울타리 주변에 작은 무리를 이루고 우리를 핥았고 아버지와 나는 소들을 쓰다듬고 긁어주었다. 호머 웨스턴은 소탈하게 웃으며 가까이에 있는 소를 쓰다듬었다. 내 손이 어린 저지 소의 귀 인식표를 건드리자 그가 물었다. "인식 번호 체계는 아세요? 모르면 설명해 드릴게요."

"아니요, 몰라요. 알려주세요." 나는 6490번 인식표를 단 어린 소를 바라보았다. 양쪽 귀에 하나씩 달린 커다랗고 노란 인식표에는 '6490'이라는 번호가 크게 적혀 있을 뿐 다른 표시는 없었다. 바로 옆에 있는 소의 인식표를 보니 거기에는 번호가 세 줄로 적혀 있었다. 맨 위와 맨 아래 줄의 숫자는 작게 인쇄되어 있었고 가운데 숫자만 크게 찍혀있었다.

"여기 6490번을 보세요. 가장 단순한 번호 체계랍니다. 그냥 식별을 위한 번호예요. 하지만 더 상세한 정보를 담고 있는 경우도 있어요. 그 옆에 있는 녀석을 보세요." 그는 6490번 소 옆의 저지 소를 가리켰다. "맨 위의 숫자는 이 아이를 낳은 어미 소의 번호, 맨 아래 숫자는 아비, 그러니까 씨수소(정액 생산을 위해 기르는 수소)의 번호입니다. 가운데 크게 적힌 번호가 지금 이 녀석의 번호예요. 이런 식으로 어떤 수소와 암소 사이에서 최고의 우유를 생산하는 소가 태어나는지를 추적할 수 있어요. 6490번처럼 번호가 하나밖에 없는 경우도 있고, 번호가 세 개 있는 경우도 있고, 씨수소의 번호 대신 이름이 적힌 경우도 있어서(씨수소는 이름이 있는 경우가 많다) 인식표의 표시 방식은 여러 가지랍니다."

"왜 표시 방식이 다르죠? 여기서는 한 가지로 표준화하지 않나요?" 내가 물었다.

"글쎄요, 그냥 소의 입수 시기에 따라 다른 거죠. 인식표는 소가 아주 어렸을 때 부착하기 때문에, 여기서 태어난 소가 아니라 밖에서 사오는 소는 이미 인식표가 붙어 있는 경우가 많아요. 그러면 여러 가지 방식이 섞이게 되죠. 하지만 어떤 방식이든 적어도 가장 중요한 정보, 즉 해당 소의 식별번호는 모든 인식표에 들어가 있어요."

이후 나는 귀 인식표에 대해 더 자세히 알아보았다. 인식표는 보통 플라스틱이나 금속판에 식별번호를 적거나, 때에 따라 바코드를 찍기도 한다. 호머 웨스턴이 설명한 대로 인식표를 통해 소의 식별번호, 어떤 무리에 속한 소인지, 어떤 암소와 수소의 교배로 태어났는지, 어느 농장 출신인지와 더불어 소를 키우는 농부가 원하는 모든 특성 정보를 얻을 수 있다. 인식표는 한쪽 혹은 양쪽 귀에 달 수 있다. 전자 인식표가 점점 인기를 얻고 있는데 자동화 장치에 연결된 리더기로 인식표를 스캔하면 컴퓨터로 동물의 이력을 추적할 수 있다. 귀 인식표는 대개 펀치로 귀에 구멍을 뚫어 끼워 넣는 방식으로 부착한다. 귀 인식표는 귀에 영구적인 구멍을 남기기 때문에 식별번호의 흔적과 인간의 소유물이었다는 표시는 인식표를 떼어낸 후에도 오래도록 몸에 남는다(세이디의 경우도 농장을 떠난 지 수년이 흘렀지만 양쪽 귀에 뚫린 구멍은 여전히 남아있었다).

"재미있네요. 그리고 보니 전에 어디선가 읽었는데 꼬리 절단이 일반적이라고 하더군요. 그런데 이곳에는 꼬리 잘린 소가 보이지 않아요. 여기서는 꼬리를 자르지 않나요?"

"맞아요. 여기에는 꼬리 잘린 소가 없습니다. 꼬리 절단은 여기 방식이 아니에요. 꼬리를 자를지 말지는 농장에서 결정하기 나름입니다. 많은 농장에서 꼬리를 자르는 이유는 꼬리가 없는 편이 더 위생적이라고 생각하기 때문이에요." 그는 잠시 머뭇거리더니 이어서 말했다. "꼬리에 배설물이 묻기도 하고 그 상태로 꼬리가 유방에 닿을 수도 있어서 어떤 사람들은 꼬리를 제거하면 유방이 오염될 가능성이나 유선염에 걸릴 위험도 줄어든다고 생각합니다. 하지만 우리 경험상 우유를 짜기 전과 후에 유방을 깨끗하게 닦아주는 것만으로도 충분해요. 그리고 소가 파리를 쫓으려면 꼬리가 꼭 필요하기도 하고요."

이후의 연구에서 나는 꼬리 절단 관행을 더 자세히 알아보았다. 꼬리 절단은 주로 암컷의 경우에 시행하고, 시행 시기는 송아지 시절 젖을 뗄 때나 첫 출산 전후인 경우가 많다. 꼬리 절단에는 고무줄, 원예용 가위, 인두 등을 사용한다. 또 거세집게burdizzo를 사용해 꼬리뼈를 부러뜨리기도 한다.[2] 미국에서는 고무줄을 사용하는 방법이 가장 흔한데 둥근 고무줄로 꼬리 주위를 단단히 감아 꼬리 부위를 괴사시키는 방식이다. 3주에서 7주가량 묶어두면 괴사된 꼬리가 저절로 떨어져 나가기도 하고, 사람이 원예용 가위로 괴사 부위를 절단하기도 한다.[3] 꼬리 절단용 인두는 꼬리를 자르고 잘린 부위를 지혈하는 작용까지 한다. 거세집게는 꼬리뼈를 부러뜨리는 데 사용되는데, 일단 뼈를 부러뜨린 후 뼈가 부러진 부분은 원예용 가위로 다시 잘라낸다.

꼬리 절단은 동물에게 장단기적으로 급성 및 만성 통증을 유발한다. 꼬리는 뼈로 이루어져 있는데 꼬리를 절단하는 과정에서 꼬리뼈가 부러진다. 신체의 일부를 절단한 사람들이 겪는 '환각지(절단된 신체 부위가 존재하는 것처럼 생생하게 느껴지는 현상)' 증상을 소도 겪는다.[4] 꼬리 절단이 건강을 증진하거나, 유선염의 발병을 줄이거나, 우유의 품질을 향상시킨다는 어떠한 증거도 없다.[5] 미국 수의사협회는 실제로 "통상적으로 시행되는 소의 꼬리 절단에 반대한다. 현재의 과학 문헌들이 제시하는 바에 따르면 꼬리 절단은 동물에게 어떠한 득도 없고, 파리가 늘어나는 계절에는 고통을 야기할 수 있다. 꼬리 절단은 의학적으로 필요할 때에 한해, 면허를 보유한 수의사가 시행해야 한다."는 입장이며, 미국 일부 주에서는 꼬리 절단이 불법이다.[6] 꼬리는 소의 정신적 안정, 건강, 사회적 관계에 매우 중요한 기능을 한다. 소들은 꼬리를 이용해 서로 소통하고, 짝짓기를 위한 신호를 보내고, 파리로부터 스스로를 보호한다. 꼬리는 여름에 부채 역할을 하기 때문에 체온조절에도 중요하다.

호머 웨스턴은 임신한 소들이 모여있는 곳을 가리키며 말을 이었다. "지금 이곳에는 앞으로 두어 주 내에 출산이 임박한 소가 약 60마리 정도 격리되어 있습니다. 지금 당신이 쓰다듬고 있는 소(6490번)는 이번이 첫 출산입니다. 이제 겨우 두 살 정도 되었지요."

당시 내가 연구를 통해 이미 알고 있던 바에 따르면 소 한 마리가 소위 '소진되어' 도축장으로 보내질 때까지 임신하는 횟수는 농장마다 다르다. 어떤 농장에서는 소들이 3년에서 5년 정도 머무르기도 하고, 더 오래 데리고 있는 농장도 있다. 나는 호머 웨스턴에게 앤설팜에서는 소를 몇 년이나 데리고 있는지 물었다. "소들은 이곳에서 총 몇 번의 임신과 비유기를 거치나요?"

"아, 그건 경우에 따라 달라요. 대략 15개월에서 16개월이 되면 임신해서 두 살 무렵에 첫 출산을 합니다. 여기서 지내는 기간은 평균 5년에서 6년 정도일 거예요. 출산 횟수는 세 번에서 네 번이겠네요. 건강한 소는 그보다 더 많은 경우도 있어요."

"앤설팜에서 임신-비유-건유 주기가 어떻게 돌아가는지 이야기해주실 수 있나요?" 나는 들은 내용을 얼른 받아 적은 다음 웨스턴 씨를 쳐다보았다.

"그러죠. 여기 이 녀석을 예로 들어봅시다." 그는 6490번 인식표를 단 소를 가리키며 말했다. "이제 처음 임신했으니까요. 앞으로 2주 후면 송아지를 출산할 겁니다. 그러고 나면 비유기의 소들이 있는 축사로 옮기겠지요. 이제 둘러볼 곳입니다. 그곳에서 약 3개월간 젖을 짜고 나면 다시 인공수정할 준비를 합니다. 사실상 대부분의 임신기간 중에도 젖을 짤 수 있습니다. 임신기간은 사람과 마찬가지로 9개월이라서, 보통은 출산이 임박하기 약 60일 전에 착유를 그만둡니다. 건유기에 들어간다고 하죠."

아버지가 끼어들었다. "그러면 매년 약 10개월간 우유를 생산하는 셈이군요."

"맞습니다. 9개월인 경우도 있지만 보통은 10개월입니다. 소들은 1년에 3백 일 동안 우유를 생산하는 겁니다." 호머 웨스턴의 설명이 이어졌다. "그래서 건유기에는 다른 농장에 가서 먹고 쉬면서 출산에 대비합니다. 그러다가 출산이 2주 정도 남으면 다시 여기로 돌아와서 임신한 소들끼리 모여 지내다가 출산하고 다시 비유 축사로 돌아갑니다. 이렇게 1년을 주기로 송아지 한 마리씩을 낳습니다."

"임신한 소가 분만을 시작하면 어떻게 되나요? 과정을 설명해주실 수 있나요?

"그럼요. 출산이 수 주 내로 임박한 소들은 이렇게 한 우리에 모아 놓습니다. 그러다가 분만이 시작되면 격리시키고 지켜봅니다. 때때로 밤에 시작하면 볼 수 없는 경우도 있죠. 아침에 나와보니 송아지가 태어나있는 경우도 있어요. 하지만 대부분은 곧 송아지가 태어날 것 같은 징후가 보이면 순조롭게 출산하도록 만반의 준비를 합니다. 아무쪼록 순산해서 우리가 개입할 일이 없기를 바라죠. 소들이 스스로, 말하자면 혼자 힘으로 새끼를 낳는 것이 최선이니까요."

"태어난 송아지는 어떻게 되나요?"

"송아지는 신속하게 데리고 나옵니다. 대부분 24시간 이내에 어미에게서 분리시켜요. 암송아지를 키우는 별도의 농장에서 키우다가 여기로 다시 데려오기도 하고 다른 낙농장에 팔기도 합니다. 그때그때 마릿수와 필요에 따라 달라요."

"태어난 송아지는 왜 그렇게 빨리 분리시키는 건가요?"

"그러는 편이 낫기 때문이죠. 어미 소에게나 송아지에게나 분리시키는 것이 좋습니다. 오래 정이 들수록 떨어지기가 힘드니까요. 사실 좀 가엽죠. 그렇게 금방 떼어내는데도 어미 소들이 송아지를 찾는 듯 울부짖거든요. 2주 정도는 그렇게 울곤 해요. 그러니 너무 정이 들지 않도록 빨리 헤어지는 편이 좋아요."[7]

나중에 내가 조사한 바로는 이렇게 일찍 송아지를 분리시키는 것이 업계에서는 흔한 일이다. 미국 농무부 동식물 검역소Animal and Plant Health Inspection Service의 자료에 따르면 미국 낙농장의 약 4분의 1에 해당하는 곳에서 송아지를 생후 1시간 이내에 어미로부터 분리시키며, 전체의 절반이 넘는(57.5퍼센트) 낙농장에서는 송아지가 태어난 지 1시간에서 14시간 사이에 어미로부터 떼어놓는다.[8]

"수컷은요? 수송아지가 태어나면 어떻게 되나요?" 내가 물었다.

"우리 농장에서는 쓸 수가 없어서 업자가 와서 사 갑니다."

"업자들은 어떤 용도로 사가나요? 식용인가요, 아니면 교배용인가요?"

"식용이죠, 대부분." 웨스턴 씨가 대답했다.

"빌 고기로 쓰나요? 미국 북서부에서는 빌 업자들이 작은 농장들과 협업해서 지역에서 생산되는 고기를 사서 공급한다는 기사를 본 적이 있어요." 나는 좀 더 캐물었다.

호머 웨스턴은 목을 한번 가다듬더니 초조하게 발을 움직였다. "우리는 빌과는 상관이 없고 그런 일에는 관여하고 싶지도 않아요."

더 이상 물어보면 안 될 것 같았다. 이 문제에 대해서는 나중에 다시 한번 다루겠지만, 낙농업과 빌 산업 사이에는 직접적이면서도 드러내기 껄끄러운 연결고리가 존재한다. 낙농장에서 태어난 수송아지들은 낙농 생산에 도움이 되지 않기 때문에 많은 경우 빌 업자에게로 직행한다. 하지만 많은 낙농장들은 이러한 관계를 드러내지 않는다.

빌 고기에 대해 수십 년간 이어지고 있는 윤리적 논란 때문이다.

나는 화제를 바꾸었다. "그러면 출산과 비유 주기는 언제 끝나나요? 이제 그만 도축할 때가 되었다고 판단하는 조건이 있나요?"

"여러 가지가 있는데 농장마다 다릅니다. 얼마나 오래 사육하기를 원하는지에 따라……."

내가 중간에 끼어들었다. "아, 그렇죠. 큰 규모의 공장식 시설에서는 소들을 더 일찍 도축장으로 보낸다고 들었어요. 두 번이나 세 번의 출산과 비유기로 끝나기도 한다던데요. 그런가요?"

"네." 그는 사이를 두고 대답을 이어갔다. "대개는 그렇죠. 정말 경우에 따라 다 달라요. 큰 농장들은 소의 회전이 빠르죠. 내가 어릴 때 위스콘신에 있던 우리 가족 농장에서는 소들을 더 오래 데리고 있었는데 여기서는 예닐곱 살이 되면 팔아버리죠. 또 소의 상태에 따라 달라지기도 해요. 어떤 소들은 우유가 순조롭게 나오고 어떤 소들은 그렇지 못하거나 병에 걸리니까요. 그러니까 개별 소의 특성에 따라 결정해야 합니다."

"우유가 잘 나오지 않게 되는 것은 어떤 질병 때문인가요?"

"글쎄요. 공통적으로 나타나는 원인들이 몇 가지 있어요. 우선 그냥 자연스럽게 줄어드는 경우인데 질병하고는 관련이 없고, 그냥 나이가 들면서 예전만큼 우유가 나오지 않거나 시간이 지나면서 임신이 잘 안 되는 거죠. 불임도 있어요. 출산 경험이 있건 없건 전혀 임신이 안 되거나 문제가 생겨요. 아니면 몇 번의 출산 후 임신하는 것이 힘들어지기도 하죠. 하지만 유선염은 정말 신경 써야 해요. 유선염이 아마 가장 흔한 병일 거예요. 유방에 감염되는 질병인데, 염증이 생겨서 빨갛게 부어오르면 소도 괴로워해요. 예후가 안 좋으면 치료도 어렵고 비용도 많이 들어요. 그래서 도살장으로 보내기도 하죠."

내가 또 끼어들었다. "아, 맞아요. 유선염에 대해서 읽었어요. 몸살, 열, 피로감 같은 독감 증상을 동반한다죠? 여기 소들도 유선염에 걸리곤 하나요?"

호머 웨스턴은 고개를 끄덕였다. "예. 유선염에 걸리면 몸 상태가 확실히 안 좋아집니다. 염증이 생기면 유방이 물러져서 젖을 짜기가 힘들어져요. 그래도 조기에 발견해서 병든 소의 우유를 짜지 않으려고 하지요. 출혈이 있거나 감염 부위에서 고름이 나오기도 하니까요. 우리가 파는 제품에 감염된 우유가 들어가는 것은 원치 않거든요."

한발 앞서서 다른 우리의 소들을 보고 있던 아버지가 되돌아 와서 물었다. "또 어떤 이유로 소를 도축장에 보내나요?"

"다리를 못 쓰게 되는 것도 흔한 원인입니다. 소가 심하게 절뚝거리거나 한쪽 다리가 체중을 지탱하지 못하는 경우입니다. 축사 바닥이 콘크리트인 경우 많이 생기는 증상입니다." 웨스턴 씨가 축사 안을 가리켰다. "저기를 보세요. 바닥이 시멘트로 되어있죠. 시멘트를 사용하는 이유는 청결 유지가 쉽기 때문이에요. 분뇨를 씻어내기 좋거든요. 하지만 시멘트는 딱딱하죠. 미끄러울 수도 있어요. 이쪽에서 한번 보세요." 그는 다시 한번 시멘트 바닥을 가리켰다. "시멘트 바닥에 홈이 있죠. 미끄럼 방지를 위한 홈입니다. 마찰이 생기니까요. 홈이 없으면 훨씬 미끄러워서 소들이 넘어져 다치고 그러다가 다리를 절기도 합니다. 그렇게 다치면 도축장으로 보내기도 해요."

나는 고개를 끄덕이며 더 이야기를 해달라고 재촉했다.

"하지만 시멘트 바닥에 그냥 서 있기만 해도 다리와 발굽에 무리가 갑니다. 그래서 소들에게 선택의 기회를 주려고 합니다." 그는 우리가 서 있는 곳 바로 앞의 야외 우리를 가리켰다. "이 쪽 바닥이 훨씬 부드러워서 소들이 잠깐씩 나와 흙도 밟고 맑은 공기도 쐴 수 있어요. 무리의 건강을 유지하는 데 중요하죠." 그는 잠시 말을 멈추고 수염을 쓰다듬었다. "그러면 소들은 1년 중 대부분의 시간을 밖에서 보내나요? 중서부는 겨울에 비가 많이 와서 질척일 텐데요." 내가 바닥의 흙과 배설물을 가리키며 물었다.

"예. 겨울에는 진창이 되니까 안에서 시간을 보낼 때가 많고, 비도 피해야 하지만 그래도 바깥으로 나오려고 해요. 콘크리트 축사에서 보내는 시간이 많아지면 다리가 상할까 봐 아무래도 걱정이 되죠. 물론 박테리아 감염 때문에 다리를 절기도 해요. 젖은 땅이나 진흙 바닥에 너무 오래 서 있다가 발굽이 감염되기도 하니까요." 그는 다시 실내 우리가 있는 축사 쪽을 가리키더니 기침을 했다. "그리고 유열milk fever, 설사, 그 밖에 임신, 출산과 관련된 문제들도 소의 처분 여부를 결정하는 조건들이죠. 이런 병들을 치료하는 데는 돈이 많이 드는데, 특히 이미 거의 소진된 소들은 더 곤란하죠. 그냥 도축장으로 보내는 편이 경제적일 수도 있어요. 이제 내려가서 비유기 소들을 둘러봅시다." 그는 자갈길을 앞장서서 걸어 내려갔다. 나는 유열에 대해 나중에 좀 더 알아볼 생각으로 메모를 해두었다.

나중에 조사해보니, 유열은 저칼슘혈증hypocalcemia(혈중 칼슘 농도가 저하되는 증상)이라는 병으로 출산 후 비유를 하면서 다량의 칼슘이 몸 밖으로 빠져나가는 것이 원인이다.[9] 저칼슘혈증은 반복적인 임신과 강도 높은 착유가 야기하는 육체적 부담과 영양분의 고갈로 낙농업계에서 흔하게 나타나는 질병이다. 세균성 설사 등의 질병은 백신 등의 사용으로 예방하거나 항생제 및 다양한 약물로 치료가 가능하고 이를 겨냥한 시장도 크게 형성되어 있다. 하지만 호머 웨스턴의 지적대로, 소의 건강 상태나 나이에 따라 혹은 농장의 운영방침에 따라 질병을 치료하는 비용이 치료로 얻는 경제적 효용보다 더 클 경우 병든 소는 도축장으로 보내버린다.

"좋습니다. 그럼 도축에 대해 잠깐 말씀해주실래요? 소가 '소진'되었다고 판단하면 그 다음에는 어떻게 하나요?"

"소진된 소는 도축장에 팔려갑니다. 여기서 (도축) 공장에 직접 팔기도 하고 경매에 내보내기도 합니다. 이 부분을 처리하는 방식은 농장마다 다릅니다. 바로 도축장으로 가기도 하고 경매장을 거치기도 하는 거죠. 업자들이 직접 와서 소를 사가기도 합니다. 아주 작은 농장은 이동식 도축시설을 이용할 수도 있죠. 들어보셨나요?"

"네! 사실 지난번 연구 주제가 도축이었어요. 이동식 도축시설에 대해서도 집중적으로 다루었죠." 이동식 도축시설은 미국 농무부의 승인을 받은 도축시설을 갖춘 자동차(뒷바퀴만 있는 세미 트레일러를 견인트럭 후미에 연결한 것)를 말하는데 작은 규모 즉, 한 번에 몇 마리씩만 도축하는 농장을 찾아다닌다.

"그럼 잘 아시겠군요. 우리 농장 젖소들은 도축 후 맥도날드 같은 곳으로 갑니다."

"정말요? 젖소들은 대부분 그런가요?"

"그렇죠. 대형 패스트푸드 체인에서 먹는 햄버거 패티는 대부분 젖소라고 봐야죠."

"왜 그런 건가요?"

"다 소진되었으니까요. 값싼 가공육이나 분쇄육으로밖에는 쓸 수가 없어요."

"재미있네요." 나는 큰 소리로 말했다. 하지만 속으로 지역 농산물 시장에서 유제품을 파는 이 농장이 패스트푸드 산업과도 직접 연관되었다는 점이 뜻밖이라고 생각했다. 농산물 직거래 시장에서 식품을 구매할 때, 소비자는 생산자인 작은 농장과 직접 연결된다고 상상하기 쉽다. 하지만 직거래 시장의 대안적 생산자를 자처하는 작은 농장들조차도 산업화된 생산과 소비 행태와 연관되어 있는 경우가 드물지 않다. 작은 목장에서 생산한 우유를 소비한다는 것은 어쩌면 우유를 생산한 소의 육체가 값싼 고기로 소비되는 패스트푸드 산업과 관계를 이어간다는 의미인지도 모르겠다.

내 생각은 소모된 소의 몸과 이를 표현하는 '소진된'이라는 단어로 옮겨갔다. 소진되었다는 말은 당연히 생식능력을 '다 써버린', 그래서 더 이상 생식능력이 없다는 의미지만, 한편으로는 경제적 가치가 줄어든다는 의미이기도 하다. 소의 육체와 그것이 갖는 생산성, 생식력은 상품과 이윤을 계속 생산하는 과정에 투입된 자본(벌 수 있는 돈)이다. 이윤을 생산할 가능성이 사라졌다는 것은 그 자본을 다 써버렸다는 뜻이다. 농부는 우유 생산기계로서의 수익창출 가능성 대비 관리 비용을 꼼꼼하게 따져 소의 경제적 가치를 계산한다. 낙농산업의 입장에서 소의 육체가 갖는 가치가 급격히 하락하는 시점이 되면 소는 도축장으로 실려가고, 사람들은 그곳에서 고기와 부산물이라는 마지막 한 방울의 자본까지 뽑아낸다.

노트에서 시선을 들자 호머 웨스턴이 뭔가 기다리는 눈빛으로 나를 보고 있었다. 나는 다시 노트를 내려다보며 물었다. "죄송해요. 아까 하신 말씀 중에 인공수정이라는 내용이 있었는데, 간단히 설명해주시겠어요? 농장에 수소도 있나요?"

"만일을 위해 저지 수소가 있지만 임신은 대부분 인공수정에 의존합니다. 더 안전하고 확실한 방법이니까요." 그는 두 손을 호주머니에 넣은 채 서 있었고, 뒤로 젖혀진 야구 모자의 챙 아래로 두 눈이 보였다. "수소들은 다루기 위험할 수 있어요. 암소에 올라타려고 하다가 상처를 입힐 수도 있죠. 득보다 실이 많아요. 그래서 ABS나 셀렉트 사이어스Select Sires 같은 외부 업체로부터 정액을 사다가 농장에서 인공수정을 합니다. 생후 15개월경이면 첫 임신을 시키는 것이 농장 방침이라서 시간 낭비 없이 그 시기에 확실하게 수태를 시키려는 거죠."

농촌지도사업 자료와 정액 거래에 관한 안내서를 찾아본 후 나는 인공수정에 대해 더 자세히 알게 되었다. 인공수정 혹은 AI라고 흔히 부르는 방식은 수소로부터 얻은 정액(정액을 얻는 방법은 나중에 더 자세히 다루겠다)과 주입기를 이용한다. 정액을 쉽게 주입할 수 있도록 암소를 어두운 상자에 가둔다. 상자는 소의 몸을 움직이지 못하게 고정시키고 시야를 가리는 역할을 한다(어두운 공간과 제한된 시야는 소를 진정시키는 효과가 있다). 작업자는 한 손을 소의 직장에 넣어 생식기관의 위치를 원하는 방향으로 조정하고 다른 한 손으로는 주입기를 조작한다. 주입기를 소의 질에 삽입하여 자궁경부를 통과시킨 후 정액을 자궁 안으로 주입한다.[10]

"그리고 농장 규모에 대해서 말인데요, 전화로 소가 5백 마리라고 하셨죠? 그 정도면 작은 편에 속하나요?" 나는 화제를 돌렸다.

"예, 그래요. 5백 마리, 물론 임대 공간에도 조금 더 있긴 하지만요. 우리는 규모가 작은 편이지만, 내가 보기엔 중간 정도예요. 캘리포니아에는 수천 마리씩 키우는 농장도 있으니, 그런 곳에 비하면 우리는 아주 작은 농장이죠. 유제품만 팔아서 농장을 유지하려면 소가 적어도 백 마리는 있어야 해요. 다른 곡물이나 상품도 취급한다면 소가 더 적어도 되겠지만 낙농업만으로 버티려면 적어도 백 마리는 필요하다는 이야기죠. 더 작은 규모로는 못 버텨요. 그러니 확실히 우리는 작은 편이지만, 우리가 사용하는 기술은 대규모 시설과 다를 바 없어요. 인공수정이며, 착유시설 같은 면에서는 그렇죠. 이제 곧 착유시설도 보여드리죠. 여기서 키우는 품종들도 보세요. 내가 자랄 때부터 다들 홀스타인으로 갈아타서 지금 큰 농장들은 대개 홀스타인만 키워요. 그래서 우리도 홀스타인을 더 들였어요."

"그건 왜죠? 품종에 대해 이야기해주실 수 있나요?"

"젖소는 건지, 브라운스위스, 에어서 등 품종이 아주 다양하지만,

미국에는 홀스타인 아니면 저지라서 우리 농장도 대다수가 이 두 가지예요. 홀스타인은 우유를 아주 많이 생산하기 때문에 사람들이 좋아해요. 사료가 더 많이 들지만, 그만큼 우유도 더 많이 얻을 수 있으니까요. 저지는 사료가 덜 들고 체구도 훨씬 작아요. 하지만 아주 좋은 품종이고 유지방 함량이 높은 우유를 생산하지요. 사람들이 저지 우유로 만든 치즈 맛에 길들여져서 아마 저지 품종을 포기할 수는 없을 겁니다."

나중에 품종에 대해서 더 자세히 알아본 결과 홀스타인은 정말로 미국 낙농계의 대표 '젖소'라 할만했다. 흑백 얼룩무늬가 특징인 홀스타인은 낙농업에 이용되는 소의 90퍼센트를 차지한다.[11] 홀스타인은 체구가 크고(몸무게 6백80킬로그램, 어깨 높이 1.3미터), 많은 양의 사료를 소비하며 양질의 우유를 대량으로 생산한다.[12] 다른 소수의 교배종들이 질병에 강하고, 번식력이 좋고, 출산이 용이하고, 체력이 좋다는 장점이 있다면, 홀스타인은 전적으로 우유 생산력과 온순한 성품 때문에 사육한다. 홀스타인은 지나치게 많은 우유(하루 30킬로그램 가량)를 생산하지만, 유선염, 다리 병, 불임 등의 증상이 자주 나타나 그 결과 세 살에서 일곱 살 사이에 도축된다. 저지는 미국 낙농업에서 차지하는 비중이 7퍼센트 정도이고 낙농 품종 가운데 체구가 가장 작으며(약 4백50킬로그램) 옅은 갈색이다.[13]

호머 웨스턴은 이어서 계속 설명했다. "그래서 우리도 홀스타인을 키우지만 여기서 주로 키우는 종은 저지입니다. 유지방 함량이 높기 때문이지요. 저지 우유가 치즈 만들기에 가장 좋아요. 키우고 먹이는 비용도 더 적게 듭니다."

우리는 비유기의 소들이 모여있는 우리 안을 들여다보며 서 있었다. 소들은 기다란 사료통에 다가가기 위해 울타리 근방에 모여 울타리 너머로 몸을 뻗고 있었다. 그들 중 한 마리는 머리 한쪽에 조그맣게 뿔이 솟아나고 있었는데 다른 쪽에는 뿔이 없었다. 나는 호머 웨스턴에게 뿔에 대해 물었다.

"대부분의 소들은 어렸을 때 뿔을 자르거나dehorning 뿔이 자라지 않도록 아예 싹을 제거debudding합니다. 그러니까 뿔은 어렸을 때 이미 제거가 된 상태예요. 하지만 제대로 제거되지 않아서 뿔이 다시 자라면 또 잘라줘야 합니다. 여기 한 마리가 뿔이 다시 자라네요."

나는 싹 제거와 뿔을 자르는 제각에 대해 나중에 다시 알아보기 위해 노트에 적었다. 조사한 바에 따르면, 우선 싹 제거는(호머 웨스턴은 debudding이라고 했지만 disbudding으로 더 잘 알려짐) 뿔을 제거하는 방식 중 하나인데 아주 어린 송아지의 이마에 있는 뿔 생성 세포를 달군 금속이나 부식제를 이용해 파괴함으로써 뿔이 아예 돋아나지 못하게 하는 방식이다. 뜨겁게 달군 철로 뿔을 자라게 하는 세포를 태우는 방식이 가장 흔하다. 부식제는 화학적으로 뿔 세포를 파괴한다. 이 두 가지 방식 모두 고통스럽지만 마취 없이 시행하며, 미국 수의사협회에 따르면 이런 방식들은 뿔 주변부의 장기적인 조직 손상을 야기할 수 있다.[14]

제각은 좀 더 나이가 들어서 뿔이 완전히 형성된 경우에 실시하며 이미 어느 정도 자란 뿔을 잘라낸다. 톱, 산과용 와이어(자궁 내에서 죽은 송아지의 뼈, 힘줄 등을 절단하여 적출을 용이하게 하는 데 사용하는 쇠줄), 손잡이가 긴 전지가위 모양의 키스톤 제각기 등이 흔히 사용되는 도구들인데 모두 심각한 출혈을 유발한다.[15] 싹을 제거하건, 뿔을 자르건 공통적으로 동물을 꼼짝 못 하게 만든 상태에서 진행한다. 너무 고통스러워서 동물들이 저항하거나 달아나려고 하기 때문이다.

이후의 현장 조사에서 만난 소들 가운데 뿔이 있는 경우는 소수였고 대부분 수소였다. 경매에 나오거나 농장에서 사육하는 소들은 거의 뿔이 없기 때문에 소는 원래 뿔이 없는 것이 보통이라고 생각할 수도 있다. 또 많은 사람이 흔히 수소만 뿔이 있다고 오해하기도 한다. 사실 낙농업에 이용되는 많은 품종들은 암수 모두 뿔이 자라지만, 업계에서는 뿔을 반드시 잘라주지 않으면 문제가 된다고 여긴다.

보통 송아지가 생후 1개월에서 2개월 정도 되면 당연하다는 듯이 뿔을 제거한다. 뿔을 제거해야 한다는 주장을 뒷받침하는 근거는 고기로 팔려가기 전에 뿔 때문에 스스로(혹은 다른 동물)의 몸에 상처를 입힐 수 있고, 주변 사람이나 동물의 부상을 야기하고, 많은 공간을 차지한다는(뿔이 있는 동물은 더 큰 사료통과 사육 공간이 필요하다는) 것이다.[16] 축산 현장에서 동물을 다루는 사람들에게 뿔은 매우 위험하고 농장 노동자들의 안전이 현실적으로 매우 중요하긴 하지만, 제각이 이렇게까지 보편화된 가장 주된 원인은 위에 열거한 경제적 요인들이다. 싹 제거와 제각이 동물의 복지에 미치는 심각한 영향과 동물들이 겪는 고통(특히 뿔을 제거할 때 통증을 경감시키기 위한 조치가 전혀 이루어지지 않는다)에도 불구하고, 미국에는 이 두 가지 절차를 감독할 어떠한 규정도 없다.

"이 소들은 하루 종일 뭘 하며 지내나요?" 비유기 소들을 가리키며 아버지가 물었다.

"뭐, 지금 보시는 대로 지냅니다. 그리고 하루에 세 번 착유를 하죠. 오전, 정오, 저녁에요."

나는 울타리 안쪽을 들여다보았다. 소들이 왔다갔다 서성이고, 사료를 먹고 물을 마시고, 때때로 서로를 핥거나 코를 비비고 있었다. 대부분의 소들은 바깥에 머물렀지만, 어떤 소들은 축사 안으로 천천히 되돌아갔고 일부는 열린 구획 안 콘크리트 바닥에 드러누워 있었다. 누워있는 소들을 가리키며 호머 웨스턴이 말했다.

"착유를 하지 않을 때에는 저렇게 누워서 되새김질도 하고 다른 소들과 이야기도 나누죠."

"착유실은 어디인가요?" 내가 물었다.

"여기를 지나 안쪽입니다." 호머 웨스턴은 소들이 누워있는 안쪽을 가리키며 말했다. "이제 우리도 바깥으로 돌아서 착유실로 갈 겁니다." 웨스턴 씨는 우리를 안내하면서 계속 이야기했다. "착유실은 축사 바로 옆에 있어서 하루 세 번 소들을 쉽고 빠르게 이동시킬 수 있어요. 예전에는 낮 동안 풀을 뜯게 했지만, 소들이 많아지면서 매번 우유를 짤 때마다 소를 몰고 돌아오려니 시간이 많이 걸려서요. 이렇게 하는 편이 이동이 수월하기도 하고, 또 지금은 풀 대신 영양가 높은 혼합 사료를 먹이기도 하고요. 시간이 돈이고, 우유 가격이 지금 같아서는 효율성을 최대한 높이는 수밖에 없어요." 호머 웨스턴은 말을 잠시 멈추고 긴 사료통으로 손을 뻗었다. 소 한 마리가 그의 팔에 코를 킁킁대더니 그가 우리에게 보여주려고 사료를 한 줌 집어 들자 물러갔다.

"이것이 TMR이라고 하는 완전 혼합 사료입니다. 건초, 곡물, 사일리지 혼합물인데 우리 농장에서는 곡물로 옥수수와 목화씨를 씁니다. 사일리지가 뭔지 모르시면 설명해드릴게요." 우리가 대답하기도 전에 그는 설명을 시작했다. "사일리지는 풀, 옥수수(경우에 따라서 다른 곡물을 쓰기도 합니다)를 일찍 베어서 혼합한 겁니다. 이렇게 축축한 발효 혼합물이 되죠. 소들이 단백질을 소화하는 데 도움을 줍니다. 옥수수는 소화되지 않고 바로 내장을 통과하기 때문에 갈아서 줘야 해요. 소화에 도움을 주고 풀과 다른 성분도 공급해서 더 균형 잡힌 사료를 먹게 하죠. 영양학적으로 말입니다."

사실 옥수수는 소의 특성에 맞는 사료가 아니고 소의 몸은 곡물을 잘 소화시키지 못한다.[17] 왜 소화도 못 시키는 곡물을 소와 같은 사육 동물에게 먹이는지 의아해할지도 모르겠다. 이유는 여러 가지다. 옥수수는 적게 먹여도 체중이 빨리 늘기 때문에 효율성이 높고 미국 정부로부터 엄청난 보조금을 받아 저렴한 식품 공급원이기 때문이다. 미국 정부는 모든 종류의 식품 생산에 옥수수 사용을 장려하기 위해 인센티브를 제공한다(다큐멘터리 〈킹콘King Corn〉은 미국 농업에서 옥수수의 역할을 잘 보여준다. 마이클 폴란의 책《잡식동물의 딜레마》에서도 옥수수를 다룬 부분이 매우 탁월하다).

"우리 농장에서는 사일리지를 자급해요. 오시는 길에 비닐과 타이

어로 덮어놓은 큰 더미를 보셨죠?"

나는 고개를 끄덕였다.

"그게 사일리지예요. 비닐로 덮어놓으면 발효가 잘 되죠. 다른 사료는 워싱턴 동부와 아이다호 재배지에서 공수하지만, 사일리지는 우리 땅에서 나온 걸 써요."

호머 웨스턴은 축사 뒤로 돌아 우리를 착유실로 안내했다. 착유실은 축사의 일부였지만 별도의 입구가 있어서 소들은 그리로 몰려 들어가 착유기 앞에 줄을 섰다.

"와!" 착유기가 눈앞에 나타나자 아버지가 감탄하며 외쳤다. "한 번에 몇 마리씩 우유를 얼마나 짤 수 있나요?"

"한 줄에 열 마리, 한 번에 스무 마리씩 우유를 짭니다." 웨스턴은 큰 방으로 우리를 안내하며 대답했다. "착유기를 배열하는 방식은 다양합니다. 여기처럼 여러 줄로 배열해서 장치마다 번호를 매기기도 하고, 둥글게 배열하기도 하고, 착유기가 회전하기도 하죠."

처음에 소가 없는 상태에서 착유기만 보고는 무엇인지 알 수가 없었다. 기계들이 두 줄로 죽 늘어서 있고 액체를 흘려보낼 수 있는 시멘트와 금속 창살이 있었다. 기계들 사이의 바닥은 기계가 있는 곳보다 조금 낮았다. 웨스턴은 낮은 바닥을 가리켰다. "우리는 아래에 서서 일해요. 그러면 착유 컵을 소독해서 부착할 때 허리를 숙일 필요가 없어요. 소들은 양쪽 기계 앞에 열 마리씩 두 줄로 서죠. 줄을 세워서 착유실로 몰고 들어와서 우선 유방을 요오드 혼합물에 담급니다." 웨스턴은 커다란 플라스틱 병을 들어 올렸는데 안에는 적갈색 액체가 담겨있었다.

"우유가 잘 내려오도록 힘을 주어서 착유 부위를 닦은 다음 이렇게 생긴 착유 컵을 착유 부위에 딱 맞게 장착합니다." 그는 여러 줄의 관에 연결된 금속과 고무 재질의 컵 다발을 가리켰다. 관들은 기계장치로 이어져 있었다. "그러면 나머지는 모두 기계가 알아서 하죠. 한번에 유방 두 개씩 착유한 우유를 관을 통해 기계로 보냅니다. 우유는 옆방에 있는 큰 탱크로 모이죠. 착유기에는 자동 종료 기능이 있어서 착유가 끝나면 저절로 착유 컵이 떨어집니다. 그러면 유방을 다시 요오드에 담근 다음 모두 내보내고, 그 다음 차례의 스무 마리를 들여보내죠. 착유기 덕분에 일이 훨씬 간편해졌어요. 대부분의 농장에서 착유기를 도입하고 있지요. 우리 농장의 경우 스무 마리를 착유하는 데 5분에서 7분밖에 안 걸리니까요. 일일이 손으로 한다면 그런 속도는 어림도 없죠."

1950년대 초 이후 미국의 소규모 농가에서도 흔히 사용하고 있는 착유기에 대해 나는 사전 문헌 조사로 이미 잘 알고 있었다. 착유 과정이 완전 자동화되는 세계적인 추세는 인건비 상승을 억제하는 효과가 있다. 착유 장치를 공급하는 업체들은 기계화가 동물들로 하여금 착유 여부와 시기를 '선택'하게 함으로써 동물복지를 증진한다고 광고한다. 사실 자동 착유기술의 도입에 대해 연구한 지리학자 루이스 홀러웨이와 크리스토퍼 베어는 동물들이 착유 공간에 제 발로 들어가는 것은 맞지만, 동물들을 유인하는 요소가 있고(착유 공간은 먹이를 먹는 공간이기도 하다) 착유 후 너무 오래 머무르지 않도록 자극하는 요

소도 있다(착유가 끝나면 전기충격을 준다)는 점을 밝혔다.[18]

호머 웨스턴은 천장에서부터 호스로 연결되어 내려온 스프레이 노즐 쪽으로 걸어갔다. "매번 스무 마리씩 착유가 끝날 때마다, 방 전체를 분무 세척한 후에 다음 스무 마리를 들여보냅니다."

나는 착유실 전체를 둘러보면서 내부 구석구석의 구조와 모든 장치들이 매우 효율적으로 설계되어 있는 점에 놀랐다. 효율적인 자본의 축적이라는 요구를 만족시키기 위해 기계화로 이행하는, 산업화 공정의 진정한 모습을 보고 있는 듯했다. 우유 생산으로 얻는 이윤이 극히 낮은 현실을 감안할 때, 착유같이 시간을 잡아먹는 공정은 기계화하는 것이 농민들이 재정적으로 버텨내기 위해 꼭 필요하다. 웨스턴이 소들에게 풀을 뜯게 하면 시간이 너무 많이 소모된다고 했던 것과 같은 맥락에서, 동물의 삶은 결국 매일매일 동물을 사육하고 다루는 데에서 효율과 이익을 극대화해야 한다는 경제 논리에 의해 결정된다는 사실에 생각이 미쳤다. 경제적 논리와 기계화로 수많은 인간 노동자들이 밀려난다. 축사와 착유실이 바로 이어져 있고 한 번에 스무 마리를 감당할 수 있는 기계를 사용한다는 것은 5백 마리 규모의 소 떼를 관리하는 데 필요한 농장 노동자들의 수가 상대적으로 줄어든다는 것을 의미한다.

농장을 둘러보는 동안, 우리는 일상적인 농장 일(사료 주기, 배설물 치우기, 트럭 운전 등)을 하는 대여섯 명의 라틴계 노동자들과 마주쳤고, 치즈 생산 공간에서 소수의 직원들이 치즈 만드는 모습도 보았다. 농장의 노동 구조는 성적·인종적으로 편중되어 있다. 농장 노동자들은 모두 라틴계 남성이었고 치즈 공장 종업원들은 모두 라틴계 여성이었다. 농장을 소유하고 경영하는 농부들은 모두 백인이고, 치즈 가게는 백인 남성들의 가족인 백인 여성 한두 명이 운영하면서 소매로 치즈를 팔았다.

중요한 점은 생산 원가를 줄이는 동시에 생산량을 늘리는 경제 논리가 단지 낙농산업 내의 동물의 삶을 규정하는 데 그치는 것이 아니라 인간인 농부들과 노동자들이 동물을 돌보고 그들과 상호작용하는 방식을 결정함은 물론, 노동자들의 고용과 임금 안전성, 농부와 노동자의 생존마저 좌우한다는 것이다. 낙농업에 종사하는 농부들이 짊어진 경제적 부담은 어마어마하다. 우유 가격은 낮은 반면, 기계를 들이고 생산시설을 자동화하거나 정비하는 비용은 높다. 그 결과 낙농업은 경제적으로 위험부담이 큰 모험이 되었다. 여기에 유제품이 함유되지 않은 우유 대체 상품의 증가와 소비 트렌드의 변화로 농민들은 효율화하지 않으면 퇴출될 위기에 놓였다.

하지만 효율화가 언제나 이익을 보장하는 것도 아니다. 미국의 우유 생산은 시장 수요를 넘어서고 있다. 2016년 〈월스트리트저널〉은 "미국 농무부 자료에 따르면 2016년 1월부터 8월까지, 총 4천3백만 갤런(약 1억 6천3백만 리터)이 넘는 우유가 들판이나 거름 구덩이에 버려지거나 동물 사료로 쓰이고, 일부는 트럭 운송 도중 사라지거나 공장에서 바로 폐기되었으며, 이것은 66개의 올림픽 수영 경기장을 채울 수 있는 양"이라고 보도했다.[19] 잉여분은 더 늘어나는 듯하다. 2017년 1월에서 5월 사이에 농부들은 이미 7천8백만 갤런(2억 9천5백

만 리터)의 우유를 폐기했고 이는 2016년 대비 86퍼센트가 증가한 양이다.[20]

산업화한 현대 식품체계에서 식품의 과잉생산은 그리 드문 일도 아니다. 우유의 경우 생산자들과 미국 농무부는 이런 식의 낭비를 막기 위해 낙농제품을 위한 새로운 판로를 찾고 있다. 예를 들어 〈월스트리트저널〉의 또 다른 보도에 따르면 낙농산업 마케팅 전문회사인 데어리매니지먼트Dairy Management Inc.는 유제품 시장 확대를 위해 맥도널드, 도미노 피자, 타코벨과 협력하여 유제품이 더 많이 포함된 메뉴를 개발해왔다.[21] 미국 농무부는 팔지 못하고 남은 우유를 보유한 농부들을 구제하기 위해 상당한 양의 유제품을 정기적으로 매입한다. 2017년 기준으로 미국에는 8억 파운드(3억 6천만 킬로그램)가 넘는 국내산 치즈와 2억 7천2백만 파운드(1억 2천3백만 킬로그램)의 버터가 비축되어 있는 상황이다.[22]

농가는 이런 시장에서 살아남기 위해서 생산 비용(인건비, 시간 소모가 큰 동물 관리 과정, 생산성이 떨어지는 동물)을 줄여야 한다. 농장 노동자들은 저임금에 위험한(그리고 때에 따라서는 임시 고용밖에 보장하지 않는) 일을 일상적으로 하게 되고, 제대로 서류를 갖추지 못한 이민 노동자들은 불안한 고용 및 신분으로 인해 더 나은 노동 조건을 요구하기 위한 노조 결성이나 가입은 엄두도 내지 못한다. 농업 생산이 처한 이 같은 정치·경제적 현실은 생산 체계 안에 있는 개개의 생명체에게 저마다 다른 종류의 압박을 가한다. 농장주들과 노동자들을 압박하는 삶과 노동의 무게는 그대로 낙농업을 짊어진 소들의 생명과 노동을 압박한다. 호머 웨스턴과 이야기하는 동안 나는 이러한 압박이 존재한다는 사실뿐 아니라 인간 농부, 노동자, 동물들의 미래가 서로 긴밀히 얽혀 있다는 것을 절실히 느꼈다.

호머 웨스턴은 우리를 축사 반대편, 사일리지 더미로 안내했다. 착유실을 빠져나가다가 우리는 트랙터 작업자와 마주쳤다. 작업자는 스크레이퍼가 부착된 트랙터로 바닥의 배설물을 축사 바닥의 틈새로 밀어넣고 있었다.

"축사 아래로 흘려보낸 오수는 어떻게 되나요?" 아버지가 물었다.

"저 오수는 우선 저장조로 흘려보냅니다. 나중에 다시 펌프로 끌어올려서 트럭에 싣고 거름 구덩이로 옮기죠. 사일리지 작물들을 위한 비료로 쓸 수 있으니까요." 그는 농장 부지가 끝나는 지점을 가리키며 말했다.

거름 구덩이는 축산시설에서 나오는 오물을 처리하는 가장 일반적인 방식이다. 땅을 파서 만든 구덩이에 분뇨를 저장했다가 들판에 분무한다. 거름 구덩이는 주변 지역의 환경과 건강에 유해한 여러 가지 문제를 일으키기도 하고 노동자들이 악취에 정신을 잃고 쓰러져 익사한 사례들도 알려져 있다. 소위 환경인종주의(인종에 따라서 주거 환경이 달라진다는 주장)라는 현상이 확산되면서 소수 인종과 경제적으로 소외된 사람들이 거주하는 지역들이 환경적 유해 요인들에 더 빈번하게 노출되곤 한다. 농장, 특히 산업화된 대규모 농장들이 이런 지역 인근에 들어서기 때문이다. 그 결과, 공기, 물, 토양의 오염이 지역의 건강과 회복력에 결정적인 영향을 미친다.

호머 웨스턴은 "감독기관에서 지역 상공을 비행하면서 거름 구덩이가 새거나 넘치지 않는지를 확인합니다. 거름을 제대로 관리하지 않아서 문제가 생기면 농장이 벌금을 뭅니다. 홍수로 문제가 생길 수도 있어요. 이미 가득 찬 거름 구덩이에 비가 많이 오면 거름이 넘치고 오물이 스며나오니까요. 지역 당국에서는 오물이 하천이나 강으로 흘러들어갈까 봐 걱정이죠. 벌금을 무는 경우가 생겨요."

이후 이 책을 쓰는 동안 나는 이런 식으로 동물의 분뇨를 저장하는 방식이 갖는 문제점에 대해 더 찾아보았다. 거름 구덩이가 넘치고 새는 사례는 낙농업을 비롯해 축산업 전반에서 흔하다. 2013년 가을, 워싱턴주 서부의 포머로이데어리 농장은 거름이 유출되자 워싱턴주 수질오염통제법 위반으로 6천 달러의 벌금을 물었다. 농장은 오물이 샌다는 사실을 보고하지 않고 있다가 인근 수로의 분원성대장균군 농도가 급격하게 높아졌다는 군청 공무원의 신고를 받고 농무부 감찰관이 들이닥치자 그제야 유출을 인정했다. 오염은 수로를 타고 8킬로미터가량 하류로 확산되면서 물고기와 다른 수생생물을 죽이고 인간의 건강에도 심각한 위험을 야기했다. 2015년 워싱턴주 왓컴 군(워싱턴주에서 식수 오염 수준이 가장 높은 지역)의 스나이더팜도 1만 2천 달러의 벌금을 물었다. 거름이 지속적으로 지역 수로를 오염시켰기 때문이다. 이 농장은 책을 쓰고 있는 현재에도 워싱턴주 환경부의 조사를 받고 있는데, 사실 2010년부터 2015년 사이에 오염도가 지속적으로 상승한 것도 이 농장이 원인이었다.[23]

수질오염은 지역의 식수 문제만 야기하는 것이 아니다. 농장과 거름 구덩이로부터 나온 물은 바다나 호수에 '데드존dead zones'이 형성되는 주된 원인이기도 하다. 데드존은 심각한 오염으로 인해 수중 산소 농도가 대부분의 해양생물이 생존할 수 없을 정도까지 떨어진 지점을 말한다. 세계적으로 데드존이 증가하면서 바다, 호수를 비롯한 수중 곳곳이 생명체가 살 수 없는 구역으로 변하고 있다. 멕시코만에는 농장 오염수(거름, 살충제, 제초제)가 여러 수로를 통해 미시시피강을 거쳐 바다로 흘러들어가면서 거대한 데드존이 형성되었다. 흥미로운 사실은 데드존에 생명체가 전혀 없지는 않다는 점이다. 지리학자 엘리자베스 존슨의 주장에 따르면 "데드존에는 생명체가 가득하다. 조류藻類, 해파리 등의 유기체들은 대부분의 생물이 살 수 없는 해양세계에서 살아남아 번성할 수 있다.[24]" 하지만 이른바 데드존들은 다른 생명체들을 모두 죽여 생물다양성을 크게 저하시키고 해파리 대량증식 같은 현상을 야기하여 인간의 물 이용(수영, 고기잡이 등)을 어렵거나 아예 불가능하게 만든다.

축사의 분변 청소 작업을 지켜보면서 나는 동물 사육이 환경에 미치는 누적 효과에 대해 생각했다. 앤설팜은 그저 비교적 작은 규모의 농장 하나에 불과하다. 비슷한 규모의 농장과 훨씬 더 큰 농장들이 워싱턴주 전역은 물론, 미국 서부, 미국 전역, 그리고 해외에 산재해있다. 산업화한 농업 행태는 동물 유래 제품 생산으로 국내 소비를 충당하고 나아가 수출을 통해 글로벌 경제발전계획을 실현하려는 국가로 퍼져나간다. 분변을 긁어내고 있는 한 사람의 작업자를 바라보는 순간 축산업이 미치는 압도적인 영향의 크기가 그 어느 때보다 확실하고 구체적으로 다가왔다. 축산업은 세계적으로 매년 성장과 확산을 지속하고 있다. 사실 내가 2012년 앤설팜을 방문한 이후, 농장은 규모를 두 배로 늘려 이제는 소가 거의 1천 마리에 달한다.

내가 손등으로 코를 문지르는 모습을 호머 웨스턴이 곁눈질했다. 부패한 분변 냄새가 너무 강해서 코 안쪽이 타는 느낌이었다. 액화된 분변은 바닥의 틈새로 흘러들어가 마치 걸쭉한 갈색 폭포처럼 구덩이로 쏟아져 내렸고 나는 구역질이 났다.

"엄청나죠?" 호머 웨스턴이 껄껄 웃었다. "바로 익숙해져요. 그게 돈 냄새거든요."

이 업계에서는 흔하게 들을 수 있는 말이다. 나는 연구를 하면서 이 말을 여러 번 들었고 다른 곳에 인용된 것도 읽었다. 이 지독한 거름 냄새가 돈의 냄새라면 거름 구덩이, 오염된 수로 같은 환경 파괴는 자본 축적의 불가피한 일부분에 불과하다는 건가? 나는 이 심각한 오염이 생명 상품화의 수많은 대가 중 하나일 뿐이라는 생각을 떨쳐낼 수 없었다. 하지만 나는 동시에 상품화로 인해 동물들이 겪는 대가에 대해서도 생각했다. 동물들은 자본 축적을 어떤 방식으로 경험했을까? 낙농제품의 판매가 이윤으로 이어지기 위해 그들의 몸은 어떤 일을 겪어야 했을까?

앤설팜에서의 경험은 그런 점에서 많은 것을 일깨워주었다. 비록 농장이 그곳에서 살면서 노동하는 소들의 생식 기능에 의존해서 돌아가고, 호머 웨스턴이 소들을 매우 아끼는 것도 사실이었지만, 정작 소들은 농장을 지배하는 기본 논리에 의해 추상화된다. 그들의 하루하루와 삶은 상품 생산을 중심으로 짜여졌다. 소들은 하루 세 번 착유실로 밀려들어가 착유를 당하고, 착유 시간 사이에는 바로 옆 비좁은 축사에서 옆에 있는 소들과 부대끼며 걷고, 먹고, 마셨다. 소들은 상품 생산에서 핵심적인 역할을 하지만, 각자 원하는 바가 다른 개별 존재로서의 소는 보이지 않는다. 6490번 귀 인식표를 단, 특별히 눈에 띄는 소조차도 잠재적 상품 가치, 즉 곧 송아지를 낳을 미래의 우유 생산도구, 수년간 송아지를 더 낳고, 생산능력이 떨어지면 도축될 고기로서의 가치에 따라 규정된다.

농장을 지배하는 이 논리는 호머 웨스턴이 출산 직후 송아지를 어미에게서 떼어놓는 것이 얼마나 큰 트라우마인지 이야기하고, 따뜻하고 정감어린 말투와 눈빛으로 저지 소를 대하며 보여주던 동물에 대한 깊은 애정과는 극명하게 대조된다. 그도 동물에 대한 책임감이나 애정이 없지 않았다. 하지만 이러한 감정들은 호머 웨스턴, 이 농장, 그리고 이 소들을 둘러싼 구조적 맥락과 어울리지 않는다. 감정적인 경험을 지나치게 오래 마음에 담아두면 소를 상품화하는 제도가 요구하는 태도, 즉 소들을 농장의 생존에 필요한 상품 생산의 도구로, 궁극적으로는 상품 자체로 보는 태도를 유지할 수 없다. 호머 웨스턴은 그런 감정적 경험의 순간마다 재빨리 우유 생산, 동물의 생산능력 같은 이야기로 화제를 돌렸다. 동물과의 정서적 교감을 삼가는 것은 농부들에게는 꼭 필요한 생존의 기제인 듯했다. 어쩌면 농부들도 자신들이 기르는 동물들을 깊이 아끼고 낙농 생산에서 통상적으로 이루어지는(출생 직후 송아지를 떼어 놓거나, 소를 도살하는 등의) 절차로 인해 정서적으로 괴로울지 모른다.

또 한 가지 떠오른 생각은 생산 과정에서 꼭 필요한 부분이긴 하겠지만 이 정도로 동물을 추상화하고 상업화하려면 착유의 편리성과 효율성만을 위주로 짜인 소들의 반복적인 일상 안에 어느 정도의 폭력이 일상적으로 수반되리라는 점이다. 앤설팜에서는 인간 산업이 요구하는 조건을 충족시키도록 소의 삶을 설계한다. 그 산업 안에서 소들은 우유 생산 기계로서, 다시 말해 시장화할 수 있는 상품을 생산하는 수단으로서 봉사한다. 소들 자신은, 즉 소의 생활, 소의 유지 관리, 소의 건강은 시장가치를 지닌 자본 투자를 의미하므로, 소 자체가 시장가치를 가진 상품이 된다.

생명 상품화의 과정에 개입하는 일상적 폭력에 대해 내가 처음 눈을 뜬 것도 앤설팜에서였다. 동물들이 매일매일 경험하는 낙농 생산의 일면들은 사실상 경제적 이해에 의해 일어난다. 나는 여기서 농부들이 부주의하거나 자신들이 기르는 동물에 대한 깊은 사랑과 애틋함이 없어서가 아니라는 점을 조심스럽게 강조하고 싶다. 하지만 현재 낙농업계에서(심지어 작은 농장에서도) 통상적으로 이루어지는 행위들은 비용과 이윤을 세심하게 계산한 결과이고, 나날이 치열해지는 시장경쟁에서 살아남으려고 개별 생명체의 몸으로부터 최대한의 자본을 뽑아내야 하는 현실을 반영하고 있다. 그리고 이러한 상품화의 방식들은 젠더 편향성을 극명하게 드러낸다.

탄생과 동시에 축산업계가 시행하는 성적 분별 작업에 의해 '암컷'이라고 규정되는 몸, 즉 암소와 미경산 암소들은 상품으로서의 우유 생산에 맞추어 생식체계를 착취당한다.[25] 생식기능의 착취는 낙농업의 범위 안에서만 이루어지는 것이 아니라 축산업이라는 제도 전반에 걸쳐 이루어진다. 동물의 암컷들은 자신들의 생식능력 때문에 태어나고, 노동하고, 죽는다. 계란을 위해 사육되는 암탉은 세상에서 가장 집약적으로 이용되는 동물 중 하나다. 미국에서 달걀을 낳는 암탉의 95퍼센트는 너무 좁아서 날개를 펼 수도 없는 밀집형 닭장에서 지내며, 이렇게 좁은 공간에서 서로 무참하게 공격하지 않도록 부리를 잘린다.[26] 암탉은 '소모된' 것으로 간주되는 두 살에서 세 살 사이에 도축된다.

암돼지들은 지능과 사회성을 평가하는 인간의 기준에 비추어 매우 총명하고 사회성이 뛰어난 동물이다. 너무 좁아서 몸을 돌릴 수도 없는 임신 분만 상자에 갇혀 임신을 거듭함으로써 돼지들은 끊임없이 재생산되고 도축되어 고기가 된다.[27] 암돼지들은 분만 후 최대한 빠른 시일 내에 다시 임신하고 매년 2회에 걸쳐 출산한다. 재생산 능력이 저하되면 역시 식용으로 도축된다. 미국 밖에서도 닭, 돼지, 소가 전 세계적으로 집중 사육되면서, 축산업의 집약화 모델이 점차 강화되고 있다.

인류학자 마리아 엘레나 가르시아가 자신의 연구를 통해 강조했듯이 이 같은 집중 모델은 다른 동물 종의 사육에서도 자리를 잡아가고 있다. 좋은 예가 페루를 비롯한 안데스 지역에서 집중적으로 사육해서 식용으로 도축하는 기니피그다. 가르시아는 공장식 양계 방식이 기니피그 사육에 적용되고 강화되었음을 설명하면서 이 과정에서 특

히 암컷 기니피그의 생식능력이 중심적인 역할을 한다고 강조한다.[28]

앤설팜에서 6490번 인식표를 단 어린 암소가 낙농업계 안에서 암소가 겪는 일반적인 삶의 궤적을 그대로 따라간다면, 아마도 낙농업에 이용되는 대부분의 소보다는 나은 삶을 살 것이다. 앤설팜의 소들은 나머지 연구 과정에서 만난 상품 생산 현장의 어떤 소들보다도 더 나은 조건에 처해 있었다. 6490번 소는 임신 우리에서 시간을 보내다가 첫 송아지를 낳을 것이고 그 때부터 착유와 임신과 출산을 반복하며 평생을 보낼 것이고 결국엔 필연적으로 생식력과 생산력이 줄어들 것이다. 호머 웨스턴은 6490번 소가 한 번 더 임신하는 것이 이윤이 남는지 아닌지 매년 더 꼼꼼하게 계산할 것이다. 몇 년 후, 이 책이 출간될 무렵이면, 6490번 소는 더 이상 돈이 되지 않는다는 계산에 따라 경매를 거쳐 도축장으로 팔릴 것이다.

호머 웨스턴에게 시간을 내어 농장을 안내해주고 낙농업에 대해 가르쳐주어 감사하다고 인사하는 동안에도 내 마음 한구석은 암울한 현실 때문에 무거웠다. 헤어지기 전에 다시 한번 6490번 소를 쓰다듬고 귀 뒤를 긁어주는 동안에도 마음은 계속 괴로웠다. 농장을 떠나 경매장으로 향하는 고속도로로 진입하면서, 나와 아버지는 농장에 대해 이런저런 이야기를 나누었다. 두 사람의 기억을 토대로 노트를 더 꼼꼼히 채워가면서 노트 여백에는 앞으로 연구를 하면서 해답을 찾아야 하는 의문사항들을 적었다.

2017년 여름, 원고를 탈고하면서 나는 앤설팜에 전화를 걸어 호머 웨스턴을 찾았다. 내가 농장에 대해 어떻게 썼는지 책이 나오기 전에 그에게 보여주고 싶었기 때문이다. 하지만 그는 더 이상 그 농장에 없었다. 전화를 받은 사람과 잠시 이야기를 나누면서 나는 2012년 내가 농장을 견학한 직후부터 농장은 더 이상 방문객을 받지 않았다는 사실을 알았다. '보건과 안전'상의 이유에서였다.

4

사고 팔리는
생명

○
○

경매장이 일반에 개방된 장소이고 누구나 그곳에 가서 경매를 볼 수 있지만 나는 여전히 거부당할까 봐 불안했다. 수많은 농부들로부터 거절당한 후, 나를 거절했던 농부들이 일상적으로 만나 자기들이 키운 동물을 파는 장소에 가기가 여전히 겁이 났다.

경매장 건물 안으로 들어가기 전에 아버지와 나는 주차장을 걸어 나오다가 건물 뒤편을 둘러보게 되었다. 경매장 건물은 마치 붉은 테두리 장식을 넣은 하얀 농가 같았는데 칠이 벗겨지고 색이 바랜 건물 뒤로 경매에 나가기 전 동물들이 머무는 계류공간과 슈트chutes(소나 말을 이동시키는 좁고 울타리가 쳐진 통로)가 넓게 펼쳐져 있었다. 외부 계류장에는 구역별로 일반 암소, 미경산 암소, 거세 수소들이 갇혀있었다. 동물이 몇 마리 없어서 한산한 구역도 있고, 동물들이 너무 많아서 밖을 내다보려고 서로의 등을 밟고 올라서 있는 구역도 있었다. 개중에는 빈 구역도 보였고, 어떤 구역에는 수탉 한 마리가 혼자서 바닥을 쪼고 있었다. 아버지는 울타리 가까이 다가가 대기 중인 동물들의 시선을 끊었다. 몇 마리가 우리가 있는 쪽을 돌아보자 아버지는 카메라로 사진을 몇 장 찍었다. 나는 좁은 공간에 동물들이 꽉 들어찬 일부 구역의 상황과 동물들의 건강 상태를 노트에 얼른 메모했다.

암수, 수소, 거세 수소, 송아지에게 스트레스를 야기하는 상황에 대해 점점 많은 연구가 이루어지고 있다. 학자 E.M.C. 테를라우와 동료들에 따르면 이러한 스트레스 유발 요인들에는 낯선 환경, 동물을 거칠게 다루고 차에 태우는 과정, 소속 사회집단으로부터의 분리, 피로, 그리고 경우에 따라 낯선 동물과의 만남 등이 포함된다.[1] 경매장은 이 모든 조건을 다 갖추고 있었다. 살던 농장을 떠난 동물들은 사람들의 손에 의해 트럭에 실려 이송되고 익숙한 사회 집단으로부터 분리된다(분리는 경매장으로 실려 간 동물과 농장에 남아있는 동물 모두가 겪는다).

경매장에 도착해 차에서 내린 동물들은 완전히 새로운 상황에 던져진다. 새롭고 익숙하지 않은 동물들과 맞닥뜨릴 뿐 아니라 그들과 몸을 밀착한 채 수용된다. 그 다음부터는 짧은 시간 안에 이리저리 낯선 곳을 떠밀려 다닌다. 처음에는 계류장과 경매장의 링이라는 낯선 환경에 노출되었다가, 그 다음에는 상차와 하차, 다음 목적지(낙농장, 비육장, 도축장)로 운송되면서 만나는 새로운 동물들이라는 또 다른 낯선 환경에 노출된다. 일련의 과정과 그 과정이 야기하는 스트레스는 피로로 이어진다. 피로는 잘 알려진 소의 스트레스 유발 요인으로, 그 결과 또 다른 스트레스가 발생한다. 건물 바깥에 대기 중인 암소와 거세 수소들을 살펴보니 다수가 공포로 안구가 튀어나오고 흰자가 보였으며 입가에는 거품을 물고 있었다. 동물들의 몸은 분변과 진흙으로 범벅이 되어 있었다. 외부 계류장에서 울부짖는 소리가 경매장 전체에 울려 퍼졌다.

건물 안으로 들어가면서 아버지는 카메라를 숨겼고, 나도 노트를 가방에 집어넣었다. 나는 우선 사무실에 들렀다. 사무실은 동물을 사고파는 거래가 최종적으로 마무리되는 장소였다. 나는 사무실 직원에게 경매가 어떻게 이루어지는지 물어보았다. 경매는 처음이라고 했더니 창구 직원이 입찰에 참가하기 위해서는 등록을 해야 한다고 말했다. 입찰에는 나서지 않고 그냥 참관만 하겠다고 말하자 직원은 경매홀 쪽을 손으로 가리켰다. 나는 고맙다고 인사한 후 복도를 지나 동물들이 경매로 거래되는 방 안으로 들어갔다. 복도 벽에는 동물 관련 제품을 홍보하는 포스터들이 붙어있었고, 그중에는 거대한 스테이크나 치즈버거가 담긴 접시와 함께 '오늘 저녁은 쇠고기'라는 익숙한 캠페인 슬로건이 찍혀있는 것도 있었다. 사무실 맞은편에는 햄버거, 튀김 종류, 파이 등을 파는 식당이 있었다.

우리는 경매홀로 들어가 긴 계단식 좌석에 자리를 잡았다. 경매가 시작되려면 아직 여유가 있었기 때문에 실내는 한산했다. 대부분의 사람들은 경매 시작 전에 바깥에서 동물을 둘러보거나 동물을 팔러 온 사람들과 경매장 직원들에게 이것저것 물어보는 중이었다.

나는 경매를 기다리는 동안 주위를 둘러보면서 경매장 내부의 구조를 눈에 익혔다. 이후 방문한 다른 경매장들도 비슷한 구조였다. 사육 동물들을 사고파는 경매는 보통 큰 건물에서 열렸는데 기능성 위주로 설계된 곳이 많았다. 경매장 건물은 경매 전후에 동물들을 가둬

두는 계류공간 및 슈트들과 바로 연결된다. 경매장까지 운송해온 동물들을 경매 시작 전에 경매장 한쪽 끝에 내려놓았다가 경매가 끝난 다음 반대편 끝에서 다시 차에 태우는 구조로 된 경매장도 있는데, 이 경우 동물들은 경매 링을 경유하여 일직선으로 이동한다. 동물들을 한 장소에서 내리고 싣는 경매장의 경우 동물들은 전진했다가 되돌아서 나오는, 즉 경매장 안으로 들어갔다가 다시 나오는 동선을 따라 이동한다. 나는 서툰 솜씨로 내부 이곳저곳을 노트에 스케치했다. 처음에는 공간 배치를, 나중에는 일상적으로 생명을 사고파는 행위가 벌어지는 공간에서 동물의 몸이 이동하는 모습을 담으려고 애썼다.

경매 개시 시간이 가까워질수록 점점 많은 사람이 실내로 들어왔다. 대부분 나이 든 백인 남자였는데 다들 느긋하게 실내로 걸어 들어와 계단식 좌석에 자리를 잡았다. 어린 아들과 딸을 데리고 온 남자가 들어와 우리 옆에 앉았다. 여섯 살쯤 되어 보이는, 남자의 딸이 내 쪽으로 몸을 돌려 소를 보러 와서 신난다고 말했다. 아이는 희고 검은 얼룩무늬 소가 웃고 있는 그림책을 내밀면서 이렇게 말했다. "이제 소를 볼 거예요! 책에 나오는 소랑 똑같은 소래요!"

"정말? 나도 소를 보러 왔는데. 나는 여기가 처음이야. 전에도 와 본 적 있니?" 내가 물었다.

"아뇨. 와본 적 없어요. 금방 소를 볼 건데요, 그리고······." 아이는 말을 하다 말고 좌석 여러 개를 사이에 두고 홀 반대편에서 개 한 마리가 주인을 바싹 쫓아가고 있는 모습에 정신이 팔렸다.

정해진 시간이 지났지만 경매가 열리지 않았다. 우리는 20분 정도를 더 기다렸다. 직원들과 경매 참가자들이 한데 섞인 무리가 웅성거리며 한쪽 구석으로 몰려갔고 경매 진행자와 이야기를 나누던 여성 한 명이 우리 쪽으로 다가와 근처에 자리를 잡았다. 나는 그 여성에게 경매가 왜 지연되는지 물었다.

"아, 거세 수소 한 마리가 울타리를 뛰어넘어 고속도로로 달아나는 바람에 사람들이 총을 가지고 가서 트럭으로 쫓아야 했대요."

"다시 잡았대요?" 내가 물었다.

"아뇨. 한참 쫓아가다가 한쪽으로 몰아서 쏴버렸대요."

너무나도 느긋한 목소리로 아무렇지 않게 전하는 소의 죽음이 내게는 상당한 충격이었고 나도 모르게 눈에 눈물이 가득 고이고 말았다. 나는 감정을 숨기려고 얼른 시선을 돌렸다.

내 반응을 알아챈 상대방은 "간혹 있는 일이죠. 참 안타까워요. 질 좋은 고기를 버리게 됐으니."라고 말했다.

이후 나는 그날의 탈출 사건을 동물이 스스로를 상품화하는 조건들에 맞서 일으킨 일종의 저항으로 간주했다. 제이슨 라이벌은 《동물 행성의 공포: 동물 저항의 숨겨진 역사 Fear of the Animal Planet: The Hidden History of animal Resistance》에서 동물원과 수족관을 비롯해 동물을 구경거리로 삼는 공간에서 동물들이 보여준 저항에 대해 쓰면서, 단발성 사건이나 '착한 동물이 어쩌다 나빠진' 사례로 보도되는 이런 행위들을 동물들의 저항과 투쟁의 역사라는 연장선상에서 이해해야 한다고 주장한다. 나도 다른 지면을 통해 사육 동물이 자신을 사로잡고 있는 굴레에 저항한 개별 사례를 다룬 뉴스 기사와 개인적 경험, 그리고 그런 사례들에 대한 대중의 반응에 대해 쓴 적이 있다. 어떤 동물들은 일반 대중, 동물 구조단체, 그들을 사로잡은 공무원들에 의해 새로운 삶의 기회를 얻을 자격이 있다며 한마음으로 응원을 받기도 한다.[2] 하지만 경매장 울타리를 뛰어넘은 거세 수소의 경우처럼 죽임을 당하는 동물도 있다.

잠시 후 경매가 시작되었다. 문이 열리고 첫 번째 암소가 링으로 들어서는 모습을 보며 나는 몸이 경직되는 것을 느꼈다. 몸집이 큰 홀스타인 암소는 앤설팜에서 본 소들보다 더 초췌해 보였지만 경매 진행자는 그 소가 여전히 우유를 생산하고 송아지를 낳을 수 있다고 말했다. "벌써 한 번 송아지를 낳았습니다. 혈통이 좋아요. 우유가 아주 잘 나옵니다! 저 유방을 보세요. 후우!"

정신을 혼미하게 만드는, 진행자의 웅얼거리는 음성을 타고 호가가 계속 올라갔다. 나는 가격이 결정되는 방식을 이해하려고 애쓰느라 다른 곳에 신경을 쓸 수 없었고 관중석의 누군가가 미묘하게 고개를 움직여 가격을 부르는 걸 간혹 알아차릴 뿐이었다. 1분도 안 되어 낙찰이 이루어졌고 링 위의 십 대 아이들 두 명이 소를 출구 쪽으로 몰고 나갔다. 경매 중에 알루미늄 막대기로 동물을 때려서 동물이 빙글빙글 돌면서 사람들에게 자신의 몸을 보여주게 만들고, 낙찰이 끝나면 가능한 효율적으로 동물을 내보내는 것이 그 아이들의 일이었다.

첫 번째 소를 내보내고 출구가 닫히자 곧바로 다음 차례의 동물이 링 안으로 떠밀려 들어왔다. 첫 출산을 기다리는 저지 암소였다. 앤설팜에서 본 6490번 소와 매우 비슷했다.

거세 수소의 탈출 사건을 알려주었던 여성이 내 쪽으로 몸을 기울이며 물었다. "경매는 처음이세요?"

질문하는 이유는 알 수 없었다. 어쩌면 우리가 그 장소에 너무 어울리지 않았거나, 링에 올라오는 동물들을 바라보는 내 표정 때문이었는지 모른다. 하지만 나는 그녀가 먼저 말을 걸어준 데다가 말투도 친근해서 마음이 놓였다.

"네, 처음이에요. 정신이 하나도 없네요!" 나는 어색하게 웃으며 털어놓았다.

"임신한 동물들은 임신한 지 얼마나 되었느냐에 따라 값이 달라져요. 보통 출산이 임박할수록 더 비싸죠." 그녀가 설명했다.

암소들은 대개 재생산 도구로서의 가치에 따라 상품으로 개념화되기 때문에, 임신한 암소의 가치는 새끼를 배지 않은 소보다 더 높아지기도 한다. 곧 태어날 송아지가 암컷이라면 우유 생산도구로서, 수컷이라면 그보다 가치는 덜하지만 빌이나 일반 쇠고기로서 상품 가치를 갖기 때문이다. 임신했다는 사실은 또한 해당 암소가 생식능력이 있고 송아지를 낳을 수 있다는 증거이기도 하다. 이러한 상품 논리가 낙찰 가격 형성과 경매장의 거래 과정에 반영된다.

그 다음 차례는 건지종 Guernsey(젖소의 한 품종으로 연한 노란색 또는 황갈색 바탕에 흰색 반점이 있다)의 어미 소와 송아지였다. 어미는 발길질을 하고 자신을 모는 남자를 막아서며 저항했고 그 바람에 두 마리가 링에 들어오는 데 시간이 좀 걸렸다. 두 마리 모두 다른 동물들보다 털이 길게 자라서 부스스해 보였고 황갈색에 흰 얼룩무늬가 있었다. 송아지는 어미 소에게 바싹 붙어 떨어지지 않았고 링 안을 불안하게 돌아다니는 어미를 따라다니느라 바빴다. 어미는 눈을 부라리고 요란하게 콧소리를 내며 탈출구를 찾았다.

내 옆에 있던 여성이 내 쪽으로 몸을 기울이며 말했다. "세상에, 내가 점찍었던 소들인데 저 어미 소는 너무 사납네요. 정신병이 있는 게 분명해요. 이번에도 너무 아쉽네요. 정말 예쁜 애들인데."

내가 보기에도 정말 예뻤다. 두 마리가 함께 있는 모습이 아름다웠다. 둘이 보여주는 긴밀한 유대도, 두 마리의 건강 상태도 모두 보기 좋았다. 어미 소와 송아지는 모두 홀 건너편의 어떤 남자에게 팔렸다. 두 마리가 함께 출구를 나가는 모습을 보며 나는 어미 소가 미친 것 같다는 옆자리 여자의 말을 곱씹어보았다. 내가 보기에 어미는 새끼를 보호하려는 것 같았고 낯설고 두려운 경매장의 환경에서 그런 반응은(정신적인 문제를 드러내는 것이 아니라) 당연했다. 동물들이 연이어 경매장을 통과하는 동안 나는 계속해서 그 여성과 이야기를 나누었다. 그 사이 동물들은 청중 속 누군가의 가벼운 고갯짓과 진행자 옆에서 거래 장부를 기록하는 여성의 끄적이는 손놀림에 따라 주인이 바뀌었다.

경매홀의 내부 구조는 나중에 방문한 다른 경매장들도 그렇지만 단순하다. 커다란 링 주변에 둘러 친 강철 울타리가 동물들과 관중석을 분리한다. 링 안에는 청중들과 마주보는 단 위에 경매 진행자석이 있다. 진행자(어느 경매장을 가건 모두 남성이다)는 마이크가 놓인 높은 테이블 뒤에 앉아 호가와 낙찰가를 큰 소리로 부른다. 진행자의 머리위 전광판을 통해 모든 사람이 동물의 체중과 가격을 볼 수 있다. 진행자의 오른쪽에는 한 번에 여러 마리의 가축들이 지나갈 수 있을 정도로 넓은 입구가 있고, 왼쪽에는 출구가 있다. 출구 바깥 바닥에는 커다란 저울이 있다. 링에서 나온 동물들은 저울에 올라가고 무게는 진행자 머리 위 전광판에 다시 게시된다.

경매에 나온 동물들의 몸에는 형광색 마크가 찍혀있다. 새끼를 낳을 수 있는지, 임신 중인지 아닌지 등의 상태를 표시하는 것이다. 경매에 나오는 동물들의 상태는 다양하고 그에 따라 값이 매겨진다. 간혹 여러 마리가 한꺼번에 팔리기도 하는데 그 경우 진행자가 합의된 가격에 한꺼번에 구입해야 한다는 조건을 미리 알려준다. 하지만 그런 경우보다는 따로따로 팔리는 경우가 더 많다. 두 경우 다 '(온전하게 한) 마리 단위' 또는 '무게(소의 경우 보통 100파운드, 약 45킬로그램) 단위'로 값이 매겨진다. 마리 단위로 팔리는 소들은 보통 농장으로 다시 팔려가고 그들의 몸은 온전한 하나의 재생산 도구로서 값이 정해진다. 반면 무게 단위로 팔리는 소들은 도축장으로 향하는 경우가 많고, 그들의 몸은 이미 고기로 개념화되어 있다. 재생산 도구로는 쓸모없어진 몸을 해체함으로써 얼마나 이윤을 챙길 수 있는지가 값을 매기는 기준이다. 이것이 '낙농 시장'의 거래이며, 그렇게 소들은 경매장을 거쳐 낙농 생산체계 안으로 되팔려 간다. 경매장에서 팔린 소들에게는 아직 재생산의 여정이 끝나지 않았다.

경매장은 생산과 소비가 모두 이루어지는 장소다. 동물들은 번식하고, 우유를 생산하고, 자신의 살을 고기로 제공하는 상품 생산자로서 경매장에 들어선다. 경매장은 생산 과정에 반드시 들르게 되는 정거장이다. 경매장은 특정한 생산도구가 더 이상 쓸모없게 되었을 때 동물을 사고파는 편리한 장소이고, 사고파는 행위는 동물을 또다시 생산 과정 안에 편입시키는 편리한 방식이다. 하지만 경매는 동물이 다층적으로 소비되는 장소이기도 하다. 매수자들이 동물을 사는 것은 경매 절차를 통해 살아있는 동물을 경제적으로 소비하는 과정에 참가하는 명확한 소비 행위다. 동시에 경매장은 동물 기반 제품의 소비가 가시적으로 드러나는 장소이다. 경매장 노동자, 행사 진행 요원들이 가죽장화, 가죽벨트를 착용하고, 동물의 살과 재생산의 결과물을 먹는 장소이기 때문이다.

내가 처음 방문한 이곳도 그랬지만, 대부분의 경매장에는 소위 전통 '미국식' 먹거리라고 하는 햄버거, 프라이, 파이, 립, 스테이크, 비스킷, 그레이비(고기를 조리할 때 나오는 육즙을 조미한 소스) 등을 파는 식당이 있다. 워싱턴주 어느 경매장의 구내식당 이름은 브랜딩 아이언 Branding Iron(동물의 몸을 뜨거운 쇠로 지져 낙인을 찍는 도구)이다. 브랜딩은 동물의 몸에 낙인을 찍어 동물을 소유하고 인간의 이익을 위해 전용轉用할 것임을 당당히 드러내는 과정이다. 그 과정이 동물의 몸을 한 끼 식사로 소비하는 행위를 통해 재연된다.

경매가 진행되는 내내 나는 소의 엉덩이에 찍힌 수백 종류의 낙인을 보았다. 살이 타고 치유되면서 영구적으로 남은 흉터는 소가 누군가의 소유물임을 드러내는 표시다. 낙인을 찍는 가장 흔한 방식은 뜨거운 강철로 마취 없이 흉터를 남기는 방식으로 수천 년간 시행되었다.[3] 근래에는 프리즈 브랜딩 Freeze branding (액화질소, 드라이아이스와 알코올 혼합물 등을 이용해 냉각시킨 아이언을 소의 피부에 접촉시켜 해당 부분의 모낭을 제거하거나 털을 탈색시키는 것) 방식에 대한 선호도가 높아지고, 동물의 몸에 영구적인 소유권을 표시하는 또 다른 대안으로 문신을 이용하기도 한다. 농장별로 저마다 다른 낙인은 대를 이어온 농장주들이 품는 자부심의 근원이며 역사다. (덜 영구적이지만) 동물에게 고통을 덜 주는 대안적인 방식들(페인트 마킹, 마이크로칩, 전자 발찌, 전자 목줄 등)이 있긴 하지만, 낙인찍는 행위를 지속한다는 것 자체가 과거와 전통을 그리워하는 것이고, 이는 곧 동물에 대한, 그리고 인간의 행위가 동물에게 미치는 영향에 대한 지식이 진보해가는 윤리적인 방향성에 저항하는 것이다.

경매장에 미리 도착한 매수자들은 동물들을 살펴보고 어떤 동물을 살 것인지 결정한 다음 친한 사람들끼리 구내식당에 모여 식사를 한다. 경매홀의 내부 벽은 동물 관련 제품의 홍보 포스터로 도배된다. 복도에서 본 '오늘 저녁은 쇠고기' 캠페인이나 우유가 건강에 좋다고 홍보하는 광고물 등이다. 이런 캠페인은 지역 농장들과 지역사회 전체를 지원하는 방편으로서 동물의 소비를 부추긴다. 많은 사람들에게 동물의 몸을 사고파는 살아있는 자본으로서, 그리고 식품으로서 소비하는 행위는 경매장 체험의 중요한 부분을 차지한다. 즉, 동물의 소비는 주변 지역사회를 먹여 살리는 사회적 활동으로서, 또 사육 동물들의 상품화를 일상 안에 더욱 단단히 자리 잡게 하는 활동으로서 중요한 의미를 갖는다.

'젖소'가 상품인 이유는 미국의 현대문화가 갖는 소비 성향 때문이다. 낙농업계의 일부로 태어난 그날부터 소들은 끊임없는 소비에 종속된다. 소의 생산적인 삶은 상품화되고, 소의 의사와 무관하게 도용되어 경제적 이윤 창출을 위해 우유와 우유에서 파생한 다양한 소모품(크림, 치즈, 응고유, 유장 등)을 만들고, 다음 세대의 낙농 생산도구를 재생산하는 데 이용된다. 생산성이 하락하기 시작한 소는 '다 쓴' 또는 '소진된' 상품으로 분류되어 또다시 팔려가 도축장으로 보내지고 그곳에서 소 자신은 사라진 채 고기로 재구성된 몸만이 남아 다시 상품화된다. 그리고 다시 한번 고기에서 잘라낸 부스러기, 뼈, 내장 등의 잔해는 렌더링 공장으로 보내져 가죽, 비누에서 골분 사료에 이르는 다양한 소비재의 생산에 이용된다. '젖소'가 상품화라는 과정을 거치는 동안 '소'라는 본래의 동물은 완전히 다른 형태로 전환된다. 처음에는 살아있는 생명이었던 것이 생명이 없는 몸뚱이가 되고, 그 다음에는 수없이 많은 상품이 된다.

상품commodity이라는 말을 잘 살펴보면 상품화의 궁극적 지향점을 알 수 있다. 상품과 상품화 모두 편리한convenient이라는 의미의 라틴어에서 파생한 널찍한commodious(고어에서 적합한, 편리한의 뜻으로 사용되었다)과 같은 어원에서 나왔고, 이는 곧 우리에게 편리하다는 의미다. 상품이 사고 팔리는 것은 편리성 때문이다. 파는 사람에게 이윤을 얻는 편리한 방법이고, 최종 구매자, 즉 소비자의 입장에서 낙농업에 이용되는 소를 속속들이 상품화하는 것은 정부 승인을 받은 영양 공급원(고기와 우유)은 물론 가죽, 화장품, 비료의 소비를 위한 편리한 준비

과정이다.

이 모든 과정이 응축된 곳이 바로 낙농 경매 현장이다. 경매가 진행될수록 나는 일사불란하게 돌아가는 동물 거래 현장의 효율성과 경매장 관계자들 및 청중의 무심한 태도에 놀랐다. 동물을 파는 행위는 축산업의 단조롭고 평범한 일부분에 지나지 않는다는 사실이 분명히 드러났다. 그날의 경매에서 본 상품으로서의 동물의 순환은 낙농업 생산도구로서 계속 살아가게 될 동물의 삶에서 통상적인 절차에 불과했고 입찰을 기다리는 수많은 동물들을 처리하려면 어느 정도의 효율성은 반드시 필요했다. 각 동물은 대개 1분 내에 낙찰되기 때문에 한 시간에 50건에서 60건의 거래가 이루어졌다. 경매의 역사에 대해서 조사하던 중 나는 경매 진행 속도가 1960년대 이후 거의 빨라지지 않았다는 사실을 발견했다. 당시 미국의 '가축' 경매에서는 한 시간당 평균 50건의 거래가 성사되었다.[4] 축산업의 다른 국면들은 1960년대 이후 비약적으로 효율화된 데 반해 동물들이 경매를 거쳐 가는 속도에는 변화가 없는 것이다. 랠프 캐서디의 해석에 따르면 "경매장에서 동물들을 이동시키는 데 소요되는 시간이 거래 속도를 지체시키고, 시간에 별로 구애받지 않는 목장주들이 포함된 매수인들이 대체로 느긋하게 입찰에 임하는 경향이 있기 때문"으로 풀이된다.[5]

지리학적으로 경매장은 매우 독특한 공간이다. 동물을 정해진 공간 내에 가두어야 하는 필요성과, 경매장을 통과할 때 통제하의 원활한 이동을 보장해야 하는 필요성 사이에 긴장 관계가 형성되기 때문이다. (도표 2~5 참조). 경매장에서 동물 거래가 효율적으로 이루어지려면 계류장과 슈트를 통과하는 동물들의 이동경로에 막힘이 없고, 경매 중에는 신속하게 링 안으로 들어갔다가 나와야 한다. 경매장은 이 점을 염두에 두고 설계된다. 계류장 울타리는 거의 모든 부분에 경첩이 달려 여닫을 수 있고 이동이 가능해 한두 명의 노동자만으로도 격리 장치(우리)와 이동 장치(슈트)로 개조가 가능하다.

경매장 노동자들은 그때그때의 필요에 따라 공간 배치를 책임진다. 다시 말해 동물들을 격리하는 데 어떤 부분의 울타리를 사용할지 말지를 결정하는 것이다. 암소, 거세 수소, 수소 등 큰 동물들의 경우 경매 노동자들의 기억력과 현재 공간 배치에 대한 지각력은 노동자들과 동물들의 안전에 결정적인 역할을 한다. 열린 통로를 닫힌 우리로 잘못 판단하는 순간 겁에 질린 5백 킬로그램이 넘는 소가 내달리면서 사람이나 다른 동물의 부상, 혹은 사망으로 이어질 수 있다. 마찬가지로 어느 한 부분의 울타리가 유실되어서 동물이 탈출할 수도 있다. 그래서 울타리 각 부분의 배치를 잘 관리하고 정확히 아는 것은 거래 전, 거래 중, 거래 후 동물을 효율적으로 통제하고 이동시키는 데 중요하다.

경매장을 통과하는 동안 동물의 몸을 직접 통제하는 데에 도구도 매우 중요한 역할을 한다. 경매장에 도착한 동물의 몸에는 각각 순번과 바코드가 적힌 식별용 스티커를 부착한다. 이것은 경매장에 머무는 동안 동물의 추적과 판매를 용이하게 한다. 슈트를 따라 동물을 몰아 이동시키고 링 안에서 동물의 몸을 관중들에게 잘 보여주기 위해 종종 봉이나 넓적한 몽둥이를 사용한다. 가벼운 금속이나 플라스

캘리포니아 경매장 배치도

(도표 2)

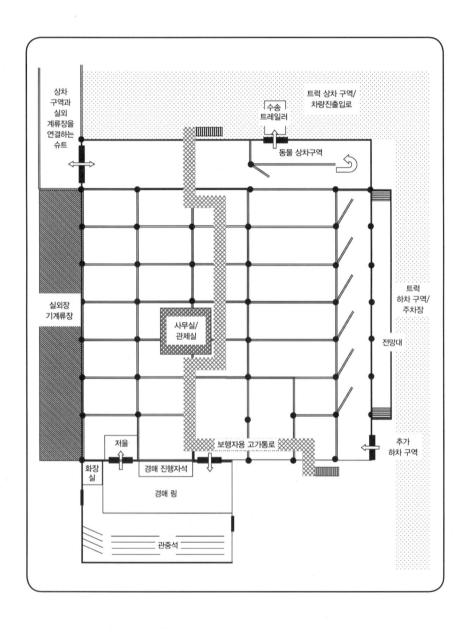

계류장–경매장–출구로 이어지는 이동경로

(도표 3)

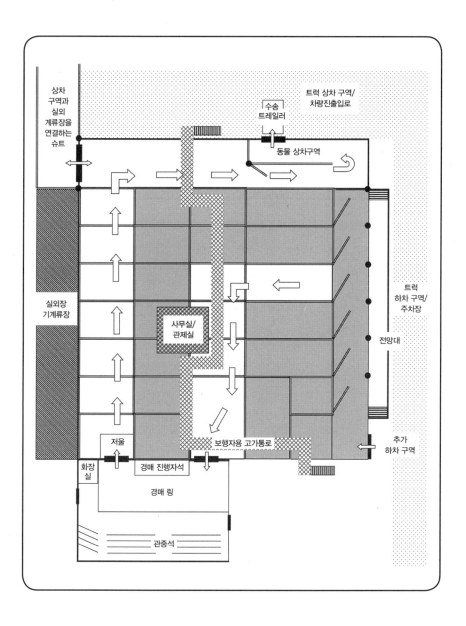

하차구역에서 계류장까지 이동경로

(도표 4)

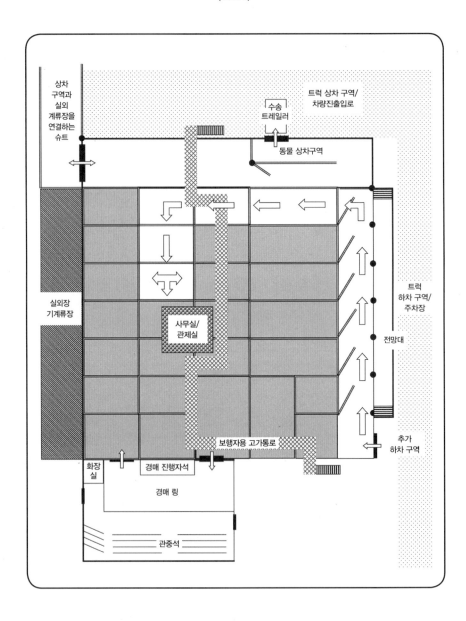

하차구역에서 장기계류장까지 이동경로

(도표 5)

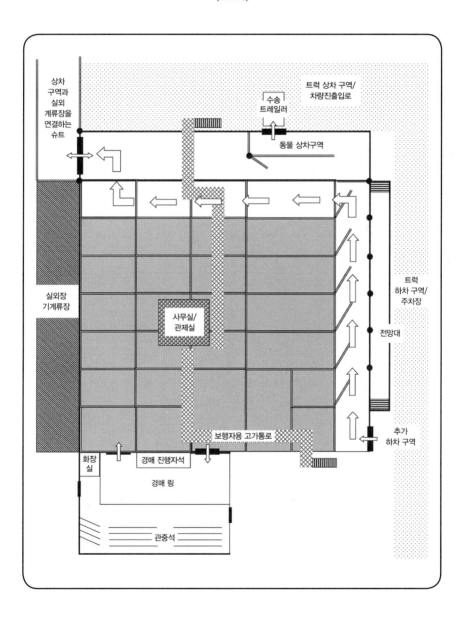

상차 구역과 실외 계류장을 연결하는 슈트

수송 트레일러

트럭 상차 구역/ 차량진출입로

동물 상차구역

실외장/ 기계류장

사무실/ 관제실

트럭 하차 구역/ 주차장

전망대

추가 하차 구역

보행자용 고가통로

화장실

경매 진행자석

경매 링

관중석

틱 재질의 봉으로 동물의 엉덩이, 옆구리, 얼굴을 때려 동물을 움직이게 만든다. 플라스틱 재질의 넓적한 몽둥이는 봉 끝에 끼워서 쓴다. 몽둥이 안에는 보통 방울이 들어 있어서 소리에 놀란 동물들이 앞으로 나아가게 하는 효과가 있다. 슈트를 통해 동물을 몰 때와 수송 트럭에 동물을 실을 때는 전기봉(전류를 흘려 동물에게 충격을 주는 막대기)도 자주 사용한다. 흥미롭게도 청중이 보고 있는 동안 링 안에 있는 동물에게 전기봉을 사용하는 경우는 한 번도 보지 못했다. 하지만 무대 뒤 계류공간이나 슈트에서 심하게 전기봉을 휘두르는 모습을 여러 번 보았다. 그나마 도구들을 이런 식으로 사용하는 것은 모든 상황이 순조로울 때다. 동물이 평소처럼 순조롭게 움직이지 않을 때, 가령 쓰러지거나 달아나는 경우에는 도구를 사용하는 방식이 달라진다. 동물이 쓰러지면 전기봉이나 고통을 유발하는 다른 도구를 사용해 동물을 억지로 일으킨다. 그래도 동물이 일어나지 못하면 대개 총으로 쏴버린다. 총기는 아주 극단적인 상황이 벌어졌을 때, 쓰러져서 일어나지 못하는 동물이나 경매 시작 무렵 탈출한 거세 수소처럼 달아나는 동물을 쏘기 위해 사용한다.

같은 날 또 다른 어미 소와 송아지 한 쌍이 링에 들어왔다. 경매 진행이 지연되었고 우리의 시선은 무대 뒤 계류장으로 쏠렸다. 경매홀로 진입하는 경사로의 나무 바닥을 두드리는 발굽 소리가 들렸고 인부들의 고함 소리, 어미 소의 울부짖는 소리, 그리고 가늘고 높은 송아지의 울음소리가 들렸다. 커다란 문이 열리면서 후면 계류공간과 슈트가 보이고 인부 하나가 홀스타인 암소의 얼굴을 손에 든 봉으로 때리면서 큰 소리로 고함치는 모습이 드러났다. 암소는 그래도 안으로 들어가려 하지 않았다. 송아지는 어미 뒤 경사로 위에 있었는데 어미가 송아지와 떨어지지 않으려고 버티는 중이었다. 어미 소와 송아지는 따로 경매에 내보낼 예정이어서 경매장 인부들이 각각 한 마리씩 맡아서 링 위로 몰고 나올 계획이었다. 결국 더 이상 경매가 지연되는 것을 피하려고 어미 소와 송아지를 함께 링 안으로 들여보냈고, 진행자는 두 마리를 따로 경매에 붙인다고 안내했다. 우선 송아지, 그 다음이 어미 소였다.

송아지는 아주 어렸다. 한 달도 채 안 된 송아지라고 진행자가 말했고 송아지는 즉각 135달러에 팔렸다. 링 안의 십 대들 중 하나가 어미 소의 주의를 끄는 동안, 다른 하나가 송아지 한 마리가 나갈 수 있을 정도로만 출구를 조금 열었다. 놀란 송아지가 열린 문틈으로 나가다가 문틈에 걸려 비틀거렸다. 문가에 서 있던 인부가 들고 있던 봉으로 송아지의 엉덩이를 세게 때렸고 송아지는 문 밖으로 펄쩍 뛰어나갔다. 문이 닫히고 송아지는 시야에서 사라졌다.

어미 소는 링 안을 빙글빙글 돌며 소리를 질렀다. 링 뒤편의 계류장에서 어미 소리에 반응하는 송아지의 울음소리가 들렸다. 어미는 1천6백 달러에 팔렸고 사람들이 어미 소를 문 밖으로 몰았다. 문이 닫히고 어미 소도 사라졌다. 하지만 뒤쪽 계류공간으로부터 서로 떨어져 수용된 어미 소와 송아지가 서로를 부르는 소리가 계속해서 들려왔다.

어미 소와 송아지가 팔려가는 모습을 지켜보면서 나는 생명을 상품화한다는 것은 이런 거구나라고 생각했다. 어미 소와 송아지 간의 유대와 그 둘을 갈라놓는 폭력이 과연 어떤 것인지 경매장을 가로질러 서로를 부르는 소리를 통해 구체적으로 체험할 수 있었다. 연구를 시작할 무렵 나는 살아있는 몸을 상품화할 때 실제로 어떤 일이 벌어지는지 알고 싶었다. 그중에서도 특히 이 경매장이라는 공간에 와서는 팔기 위한 상품으로 생명을 내놓는다는 것이 어떤 의미인지 알고자 했다. 당시 눈앞에 벌어진 광경은 생명을 도용하고, 사고파는 행위의 결과들 가운데 특히나 즉각 피부로 와닿는 부분, 인간에 의해 인간 외 동물의 가족 안에 형성된 정서적·육체적 유대가 끊어지는 순간이었다.[6] 하지만 그 순간의 상념에 너무 깊이 빠져들 틈도 없이 다음 동물이 링 안으로 들어왔다.

경매는 동물, 다시 말해 살아 숨 쉬는 존재를 파는 행위가 매우 중요한 의미를 지니는 동시에 단조로운 행위임을 불편한 방식으로 드러낸다. 객석에 앉아서 끊임없이 밀려들어와 링 위를 거쳐 팔려가는 동물 한 마리 한 마리를 계속 지켜보는 동안, 나는 언짢고 중요한 어떤 일이 그곳에서 벌어지고 있음을 절감했다. 그 일은 지금으로부터 50년, 백 년, 혹은 2백 년 후에는 생각조차 할 수 없는 일이 될지도 모른다. 감성이 풍부하고, 가족과 동료 간 유대가 강하고, 생명력과 감성이 충만한 존재들을 식품 생산을 위해, 즉 교배시키고, 우유를 빼앗고, 죽이고, 조리하기 위해 반복적으로 사고파는 행위는 어마어마한 규모의 주도면밀한 폭력을 동반한다. 동물의 생명을 인간의 목적을 위해 마음대로 이용하는 행위는 그저 우리에게 편리하다는 이유 때문에 하나의 규범으로 완전히 자리 잡았다. 그리고 축산업의 역사가 시작되고 1만여 년이 흐른 지금 동물들은 물 흐르듯 순조롭게 거래된다.

길에서 총에 맞아 죽은 거세 수소, 따로따로 팔려간 어미 소와 송아지, 그리고 그 두 마리가 링 위에서 마지막으로 함께 있었던 순간 보여준 격심한 고통, 아무 문제도 일으키지 않고 링 위에 올라왔다가 팔려간 소들……. 이들과의 만남은 내게 반드시 기억해야만 하는 순간처럼 느껴졌다. 모두 이 동물들의 삶의 여정에서 결정적인 순간들이었다. 단 1분의 거래가 앞으로의 그들 삶의 곡선을 완전히 결정해버렸기 때문이다.

나는 경매장의 추상적인 모습을 떠올려보았다. 동물들이 경매장 건물 안으로 끊임없이 흘러들어오고, 팔리고, 다시 백방으로 뿔뿔이 흩어지는 모습이다. 상품화와 그 흐름의 규모는 생각만으로도 압도적이었고, 특히 이런 경매장이 워싱턴주, 미국 서해안, 미국 전역 및 전 세계에 존재한다고 생각하면 더욱 감당하기 어려웠다. 앤설팜에서 동물의 분뇨를 트랙터로 긁어내는 모습을 보고 축산업이 지구 환경에 미치는 영향을 떠올렸던 순간처럼, 이제 경매장에서 나는 축산업 자체의 규모와 낙농 생산을 위해 수백만 마리의 소들이 날마다 겪는 폭력의 규모, 신체적 억압, 분리와 상품 생산의 규모에 압도되었다. 그들 하나하나를 기리기 위해, 철저한 상품화를 거치면서 그들 하나하나가 온몸으로 겪은 경험을 기리기 위해 나는 그날 링을 거쳐 간 소들 각각의 얼굴을 기억하려는 노력이라도 해야겠다고 생각했다.

물론 그것은 불가능하다. 소들이 (대개의 경우) 한 마리씩 팔리긴 하지만, 경매는 동물들을 추상화하는 데 강력한 힘을 발휘한다. 경매장의 단조로운 성격과 동물의 몸을 상품화하는 반복적이고 끊임없는 과정은 하나하나의 동물에 집중할 수 없도록 만든다. 각 동물은 저마다 고유한 (재)생산능력(우유, 송아지, 고기) 때문에 팔리지만, 그 능력은 시장가치로 환산되고, 따라서 값으로 계량화될 수 있다. 나아가 동물 하나하나는 전 세계 식품 생산이라는 정치 경제적 구조 안에서 그저 하나의 생산 단위일 뿐이다. 경매장은 동물이 (재)생산을 위해 노역에 시달릴 다음 장소로 팔려가며 재상품화하는 과정에 효율성을 부여함으로써 이러한 현실을 적나라하게 드러낸다. 경매장에서 하나하나의 소는 끊임없이 스쳐가는 소들의 흐름에 묻혀 보이지 않게 되고, 살아있는 자본의 반복되는 회전은 단조로운 일상이 된다.

소의 미래를 결정하는 무거운 장소가 경매장임을 고려할 때 매우 부끄러운 일이지만, 관객으로서 경매장 객석에 앉아있는 것은 정말 따분한 경험일 수 있다. 동물을 사러 왔거나, 친목을 위해 경매장을 찾는 사람들이라면 모르지만, 이방인이자 단순 관찰자에 불과한 내게 경매의 과정은 대부분 지루했다. 지루함을 느낀다는 것은 그 공간을 통과하는 개개의 생명체를 추상적이고 두루뭉술한 존재로 만들어버리는 경매장의 힘을 보여준다. 차례차례 팔리는 동물 하나하나는 특별하게 기억되지 않는다. 사람들이 보는 앞에서 쿡쿡 찔리고 얻어맞으며 빙글빙글 돌다가 값이 정해지고, 무게가 확인되면 출구 밖으로 사라진다. 그곳에서 그들은 다음 목적지로 향하는 운송수단을 기다린다.

나는 동물 하나하나의 얼굴을 기억하고 특징을 적어두려고(가령 홀스타인, 세 살, 경미한 절뚝거림, 꼬리 잘림, 상태 양호 등) 무진 애를 썼지만, 같은 날, 같은 주, 혹은 6개월 후 다시 노트를 펼쳐보면 기억에 남는 것은 없었다. 모두 어느 경매장, 어느 소에게나 볼 수 있는 일반적인 특징일 뿐이었다. 기억에 남는 것은 어떤 방식으로든 경매의 단조로운 흐름을 방해한 동물들이다. 그들은 죽었거나, 너무 비참한 상태여서 보다가 눈물이 났거나, 경매장을 통과하는 것조차 힘들 정도로 움직임이 불편했다. 나머지는 안타깝게도 쉽게 흐릿해졌는데, 어쩌면 그 얼굴 없는 동물들이 기억에 남는 소수보다 더 내 마음을 괴롭히는지도 모른다.

연구 과정 내내 나는 여러 경매장을 재차 방문했고, 그 다양한 장소에서 경험한 순간들을 이 책에도 실었다. 내가 경매장을 여러 번 찾은 것은 매우 현실적인 이유 때문이다. 경매장은 일반에게 개방된 장소이고, 따라서 축산업 내에서 반복해 돌아가는 상품화의 한 고리를 볼 수 있는, 그나마 접근이 용이한 장소이기 때문이다. 특히 농장, 도축장, 렌더링 공장을 비롯한 여타 축산업 관련 시설에 대한 접근이 어렵거나 불가능한 현실에서 경매장이 개방된 장소라는 점은 매우 고마운 일이었다. 하지만 경매장이 계속 마음에 걸리고 내가 반복해서 그곳을 방문한 이유는 그뿐만이 아니었다. 매번 경매장에 갈 때마다 축산 생산의 글로벌 네트워크 안에서 동물들이 몸으로 겪는 구체적인 경험을 조금씩 더 이해하게 되었기 때문이다.

무엇이 경매장을 특별한 장소로 만드는 걸까? 사육 동물들이 사고 팔리는 경매장은 동물의 생명과 몸이 어떻게 상품화되는지 매우 상세하게 보여준다. 그것은 어떤 면에서 그곳은 동물들이 상품으로서의 시장가치가 매겨지는 장소이기 때문이다. 축산업의 테두리 안에 있는 동물들은 수많은 장소에서 수많은 방법으로 상품화된다. 농장에서는 동물의 젖을 짜서 팔고, 그들이 갓 낳은 송아지를 팔아 우유 생산자로 키우거나 죽인다. 그들의 몸을 도축장에 보내 해체하고, 해체된 부분들을 포장해 고기로 판다. 사육 동물들의 삶과 죽음은 중요한 순간을 거칠 때마다 거의 매번 상품화된다.

그리고 모든 경매장에서 통상적으로 이루어지는 생명의 거래는 살아있는 존재를 상품화하는 단조로운 폭력을 여과 없이 그대로 드러낸다. 내가 방문했던 경매장에서 동물에 대해 법이 금지한 잔혹행위나 학대가 벌어지는 일은 거의 없었다. 하지만 위법행위보다 더 불편했던 것은 매일매일 통상적 관행대로 이루어지는, 동물의 몸에 가하는 반복적인 폭력 행위였다.

업계의 통상적 관행을 폭력이라고 부르는 것은 지나치다고 생각할 수 있다. 업계 내부에서는 이런 통상적 행위들을 절대로 폭력으로 간주하지 않는다. 경매는 그 자체가 농촌 사회의 구성원들이 모여 친목을 나누는 즐거운 행사인 경우가 많다. 하지만 경매를 비롯해 앞 장에서 묘사한 낙농 생산 내에서 벌어지는 통상적인 관행들은 폭력을 동반한다. 동물의 몸을 식품 생산을 위해 도용함으로써 동물의 몸에 가해지는 폭력과 동물이 자신의 삶을 이끌어갈 능력을 박탈하는 폭력이 모두 행해진다.

애초에 소를 사고파는 것을 가능케 하는 대상화의 논리에 의해 소 자신의 이해利害는 무시된다. 자신이 낳은 송아지를 키우고, 초원을 거닐고, 넓은 사회적 관계를 맺고, 인공수정, 착유 등의 침해를 당하지 않고, 자신의 몸에 대한 자유와 자율성을 갖고자 하는 소의 이해는 소를 우유와 고기로 변형시키는 과정에서 한쪽으로 밀려나고, 간과된다. 생명을 상품화하는 근간에 이미 어느 정도의 폭력이 작용한다. 앤설팜처럼 아무리 동물을 배려하는 환경을 갖춘 농장이라 해도 생명을 상품화하기 위해서는 자신만의 삶, 이해, 애착을 지닌 단일 존재로서의 동물보다 상품으로서의 동물을 우선시해야 한다. 소의 삶에 득이 되고 소에게 중요한 가치들은 상품화되면서 투자 또는 이익을 표시하는 숫자, 인간에게 어떤 편의를 제공할 것인지 따지는 계산에 가려 묵살된다.

상품화의 과정과 효과는 규모가 크고 산업화된 생산시설에서 더욱 강화되는 것이 사실이다. 하지만 소에 가해지는 근본적인 형태의 폭력들은 작은 생산시설 내에도 존재한다. 내가 굳이 워싱턴주의 이 경매장을 고른 것도 그런 이유 때문이다. 이 경매장을 거쳐 가는 대부분의 동물들은 한 번에 몇 마리씩만 파는 소규모 농장에서 왔다. 그중일부는 유기농 사료만 먹고 자란 '유기농' 소라고 해서 팔린다. 반면나중에 방문하는 캘리포니아 센트럴밸리의 경매에는 더 큰 규모의 농장들이 참여한다. 농장주들은 한 번에 수십 마리의 소를 대형 트럭에싣고 팔러 온다. 내가 이번 연구의 결과를 통해 분명히 밝히고자 하는점은 낙농산업의 단조롭고 일상적인 측면 안에 어느 정도의 폭력이존재한다는 사실이다. 이 폭력은 쉽게 눈에 띄진 않지만, 드러나지 않는 곳에 깊이 뿌리내린 채 지속적으로 재생산된다.

그날 경매장을 나오면서 아버지와 나는 매수자들이 새로 사들인 동물을 트럭에 싣는 모습을 보았다. 동물들은 새로운 상품화 현장으로 향할 것이고 그곳에서 교배, 착유, 다시 교배를 반복할 것이다. 그러다가 어느 순간이 오면 다시 경매장에 서게 되지만, 이번에는 이전과 다른 종류의 경매, 도태된 동물들을 처분하는 컬^{cull} 경매다. 그날 차를 멈추고 트럭에 실리는 동물들을 바라볼 때까지만 해도 나는 아직 컬 경매가 무엇인지 몰랐다. 경매장은 그날이 처음이었고, 나중에 안 사실이지만, 그날의 경매는 내가 본 가장 단조로운 거래 현장이었다. 그날의 동물들은 이후 내가 다른 어떤 경매장에서 본 동물들보다도 상태가 비교적 양호했다.

5

1389번
귀 인식표를 단 암소

○
○

위싱턴주의 낙농 경매에서 나는 몇몇 직원들이 일주일에 두 번 열리는 컬 cull(약한 동물을 무리에서 골라냄으로써 가축의 규모를 조절하는 것, 또는 그렇게 해서 도태된 동물) 경매에 대해 이야기하는 것을 들었다. 나는 즉각 관심이 생겼고 내가 보고 온 일반 낙농 경매와 컬 경매가 어떻게 다른지 궁금해졌다. 컬 경매에서는 무리에서 도태된 소들, 다시 말해 더 이상 생산도 못하고 경제적 가치도 없다고 판단되는 동물들을 판다. 컬 경매에서 팔리는 동물들은 바로 도축장으로 가거나 비육장이나 농장을 거쳐 우선 살을 찌운 후 도축장으로 가거나 둘 중 하나다.

낙농 경매를 보고 나서 몇 주 후 나는 가까운 친구이자 동료인 티시 로페즈에게 컬 경매에 함께 가달라고 부탁했다. 나와 마찬가지로 지리학자인 티시는 아이티의 보건 시민권 health citizenship과 원조의 군사화에 대해 연구한다. 티시는 나의 요청에 응했다. 당시에는 우리 두 사람 모두 알지 못했지만, 그때 컬 경매에 함께 참가한 것을 시작으로 우리는 이후 수많은 현장 조사 여행을 함께 다녔고, 나중에는 그런 동반 조사 방식에 '버디 시스템 연구'라는 애칭까지 붙였다. 이후 수년간 우리는 서로의 연구 활동에 전통적 의미의 공동 연구자로서가 아니라 '버디', 즉 여행 동반자처럼 참여해 정서적으로 부담스럽거나, 잠재적인 물리적 위험이 도사리고 있거나, 혼자서 마주하기 힘든 현장 조사나 분석 과정에 동행하는 방식을 적극적으로 실천했다.

우리는 다른 논문을 통해 대학과 '현장 조사 활동'을 주도하는 신자유주의적이고 남성우월주의적인 개인화 논리에 맞서는 방편으로서 버디 시스템을 소개했다. 아울러 같은 지면을 통해 불의와 구조적 폭력을 적발하는 데 주안점을 둔 연구들이 연구자의 정서에 깊은 영향을 끼치고 종종 트라우마를 야기할 수 있다는 점을 인정하고, 그러한 인식을 구체적인 행동으로 옮겨야 한다고 주장했다.[1] 컬 경매에 동행한 우리는 친한 친구이자 동료로서 직관적으로 느낌을 실행에 옮겼다. 나는 혼자 가기 불안해서 함께 가달라고 부탁했고 티시는 나의 안전을 걱정해 함께 가기로 결정했다.

컬 경매는 낙농 경매와 같은 장소에서 열렸다. 우리는 오후 2시 30분에 시작하는 경매 시간에 늦지 않으려고 정오 무렵에 출발했다. 2시 조금 넘어서 도착했는데 경매는 이미 시작한 후였다. 그날 팔아야 하는 '다 쓴' 소가 너무 많아서 시작 시간을 앞당긴 것이다. 뒤쪽 계류장에 동물을 보러 갈 시간이 없었지만, 들어가는 길에 우리에서 대기 중인 늙은 회색 말을 보았다. 우리는 바로 경매가 진행 중인 홀로 향했고 링 출구로부터 가까운 앞줄에 앉았다.

우리가 들어가서 자리를 잡는 동안 거의 모든 시선이 우리에게로 쏠렸다. 지난번 경매에서도 객석에 앉은 사람들 대부분이 남성이었지만, 그래도 여성과 어린이가 더러 섞여있었다. 백발의 일흔 살 백인 남성인 아버지와 동행한 나는 별로 시선을 끌지 않았다. 하지만 이번에는 여성이 우리밖에 없었고, 나머지는 '고기를 사러 온' 대여섯 명의 나이 든 백인 남성들이었다. 티시와 나는 단연 눈에 띄었다. 나는 청바지와 체크무늬(나중에 어느 친구의 평에 따르면 심지어 촌스러운 체크가 아니라 세련된 힙스터 체크였다고 한다) 셔츠에 발목까지 올라오는 캔버스 운동화를 신고, 특히나 도시에서 온 티가 나는 헤어스타일을 숨기기 위해 야구 모자를 쓰고 있었다. 티시도 청바지와 면 소재 셔츠 차림에 검은색 닥터마틴 부츠를 신고 있었다. 우리는 둘 다 문신을 가리기 위해 긴 소매를 입었고 티시는 얼굴 피어싱도 떼고 갔다. 사람들 틈에 섞이려고 노력할수록 우리가 경매장에 어울리지 않는 사람들이라는 느낌은 분명해졌고, 우리끼리 뭔가 이야기하려고 고개를 돌릴 때마다 객석의 남자들은 물론 경매 진행자까지 우리 쪽을 보는 시선을 느끼지 않을 수 없었다. 아무도 우리에게 말을 걸지 않았다.

나는 그 공간에 있는 것이 너무나 어색해서 링을 거쳐 가는 동물들에게 한동안 집중하지 못했다. 하지만 겨우 눈앞에 있는 동물에게 온전히 집중한 순간, 지난번 경매에 나온 동물들과는 상태가 확연히 다르다는 사실을 곧바로 알아차렸다. 컬 경매에 나온 소들은 모두 심하게 몸이 상해있었고, 대부분 흰색과 검은색 얼룩의 홀스타인이었다. 수년간의 낙농 생산으로 소들의 몸은 눈에 띄게 망가져 있었다. 그중

다수는 겨우 대여섯 살밖에 안 된 소들이었는데도 심하게 나이 들어 보였다. 엉덩이뼈와 갈비뼈 아래로 가죽이 축 늘어지고, 더러운 피부에는 진흙, 분변, 피부병의 흔적인듯한 딱지가 덕지덕지 붙어있었다. 또 대다수가 비쩍 마르고 심하게 다리를 절고, 꼬리는 잘려 나가고, 유방은 빨갛게 염증이 생기거나 늘어져 바닥에 끌렸다. 눈이 튀어나오고 흰자가 보이거나 입에 거품을 문 소도 있었다. 이것이 컬 경매였다. 겁을 먹고 쇠약해진 동물들은 죽음이 임박해 보였다.

요란하게 울부짖는 소리가 홀에 울려 퍼졌다. 나는 동물들이 겪는 고통의 크기에 곧바로 압도되어 동물 한 마리 한 마리에 집중할 수 없었다. 다들 황폐해진 몸이라 제대로 분별이 되지 않아 그 소가 그 소로 보였다.

티시와 나는 서로를 마주보았다. 여러 해 동안 우정을 쌓아 온 우리는 눈만 마주쳐도 서로의 마음을 읽을 수 있었다. 우리는 재빨리 서로에게서 시선을 거두었다. 우리 두 사람 모두 지금은 생각하거나 반응을 보일 때가 아니라 눈앞에 있는 동물에게 집중하면서 그저 지켜봐야 할 때라는 것을 알고 있었다. 우리는 경매가 끝난 동물들이 빠져나가는 출구 바로 옆 맨 앞줄에 앉아있었다. 그래서 매번 소들이 링을 떠날 때마다 소의 얼굴을 볼 수 있었다. 그 자리에 앉아 소 하나하나와 눈이 마주칠 때마다 나는 스스로가 인간이라는 사실이 너무나 부끄러웠다. 소뿐만 아니라 수많은 종들을 그렇게 체계적으로 교배시키고, 사육하고, 바닥까지 착취하고, 팔고, 죽이고, 소비하는 종의 한 구성원이라는 사실이 구역질나고 용납할 수 없을 정도로 싫었다.

그런 기분은 1389번 귀 인식표를 단 홀스타인 소가 절뚝거리며 링으로 들어왔을 때 더 강해졌다. 홀스타인치고는 체구가 작은 그 소의 몸에는 상품 생산의 도구로 살아온 흔적이 고스란히 남아있었다. 꼬리는 잘렸고, 엉덩이는 긁히고 쓸린 상처투성이였고, 옆구리에는 경매장에서 지급한 바코드 스티커가 붙어있었다. 여윈 몸에 갈비뼈와 골반이 앙상하게 드러났고, 한쪽 뒷다리는 체중을 지탱하지 못하고 절뚝거렸다. 바닥까지 늘어진 유방은 유선염으로 빨갛게 부어있었다. 잘 걷지 못하고 유선염을 앓는 소는 낙농업계에서 흔하다. 특히 컬 경매에서 그런 소들이 자주 보이는 이유는 두 가지 증상이 종종 소의 생산성 저하를 드러내는 신호이기 때문이다.

그날 경매에 나온 소들 대부분은 백 파운드당 50달러에서 60달러에 팔렸다(아직 살아있는 소들이 무게 단위로 팔리는 이유는 바로 다음 행선지에서 고기가 되어 해체된 몸으로 다시 팔리기 때문이다). 1389번 소가 링에 들어서자 경매 진행자는 백 파운드당 20달러라는 낮은 가격부터 부르기 시작했다. 아무도 응하지 않자, 호가는 15달러, 10달러, 그리고 마침내 5달러까지 빠르게 내려갔다. 아무도 나서지 않았다. 7백 파운드(약 3백20킬로그램) 무게의 소를 35달러에 내놓아도 사겠다는 사람이 없자 링 안의 십 대들이 소를 출구 쪽으로 몰기 시작했다. 내 눈으로 얼핏 봐서는 이제껏 지나간 소들과 크게 다를 바 없어 보였지만, 노련한 고기 상인들은 한눈에 그 소의 값어치를 알아차린 모양이었다. 갑자기 관중들이 입을 모아 "어어!" "어이쿠!" "어째 위태롭더라니!"라고 소리쳤다. 나 역시 링 안의 소에서 시선을 떼지 않았지만 닳고 닳은 상인들은 그런 나보다 먼저 상황을 파악했다. 소가 링 바닥에 쓰러졌다. 잠깐 조용한가 싶더니 진행자가 말했다. "자, 그럼 쉽게 넘겨야겠네요." 원활한 경매 진행에 방해를 받고 싶지 않다는 듯 쓰러진 소를 그대로 두고 경매가 속개되었다. 여러 마리의 소가 한 마리씩 링으로 들어와 한 바퀴씩 돌고 팔리고 출구로 나가는 동안 쓰러진 소는 바닥에 누워 입에 거품을 물고 힘겹게 숨을 쉬었다.

상황이 이어지는 동안 내 마음은 두서없는 생각으로 갈피를 잡지 못했다. 내가 저 소를 산다고 할까? 이제 와서 사기에는 너무 늦은 것 아닐까? 여기서 안 팔리면 저 소는 이제 어떻게 되는 거지? 혹시 내가 산다고 해도 어떻게 운반하지? 내 차 좌석을 한쪽으로 밀면 태울 수 있을까? 태워서 어디로 데려가지? 어디서 살지? 우리 집 뒷마당은 좁아서 이웃들이 금방 불평하겠지? 경매장에 재정 기부를 하면 윤리적인 문제가 생길까? 그럴 바에야 차라리 저 소를 사서 새로운 삶의 기회를 주는 것이 더 낫지 않을까? 링을 거쳐 간 소가 수십 마리인데 왜 유독 저 소만 마음이 쓰이는 거지?

나는 그때까지의 연구를 통해 이미 많은 '다우너(주저앉은)' 소들이 당장은 죽을 것 같다가도 수분과 음식을 공급해주고 쉬게 하고 기운을 차릴 수 있게 적절한 의료 조치를 취하면 다시 회복되는 경우가 있다는 것을 알고 있었다. 혹시 1389번 소가 그런 경우인지도 모르는 일이었다. 소 한 마리의 생명을 사는 데 35달러는 아무것도 아니었다. 경매장에 오기 위해 내 차에 기름을 넣을 때도 그보다 더 많은 돈을 썼다. 하지만 실제로 소를 사는 데 따르는 구체적 절차 때문에 엄두가

나지 않아서 나는 굳은 몸으로 앉아 그저 벌어지는 상황을 바라보기만 했다. 운송용 트레일러가 꼭 필요했고, 소를 바로 받아줄 수 있는 큰 동물병원과 동물피난처를 찾는 일도 큰일이었다. 거기에 소를 직접 돌본 경험이 없다는 생각까지 더해져 아무것도 하지 못하고 그저 그 자리에 가만히 앉아있었다.

마음속으로 같은 질문만 되풀이하고 있는 동안 새로 들어온 소 한 마리가 겁을 먹고 거칠게 링 안을 뛰어다녔다. 그 바람에 놀란 1389번 소가 겨우 비틀거리며 일어나 어찌할 바를 모른 채 있었다. 링을 담당한 십 대들이 달려와 1389번 소가 다시 쓰러지기 전에 출구 밖으로 몰아내려고 했다. 나는 링을 떠나 문 밖에서 저울에 올라갔다가 사라지는 소를 눈으로 쫓았다.

티시와 나는 이후 서른 마리 정도의 동물들이 링에 올랐다가 팔려가는 모습을 지켜보았고, 경매는 마무리되었다. 우리가 경매장을 나설 무렵, 경매로 팔린 소들은 이미 도살장으로 향하는 긴 수송용 트레일러에 실려있었다. 우리는 차를 몰아 자갈이 깔린 진입로를 되돌아 나왔다. 지방 고속도로로 진입하려는데 경매장 인부 하나가 소떼를 가두어 놓은 울타리 가로대 위에 올라서 있는 것이 보였다. 그는 굵은 금속 막대기를 들고 고함을 지르며 어떤 소의 머리와 등을 후려쳤다.

집으로 차를 몰면서 티시와 나는 경매장에서 본 광경을 이야기하며 울었다. 우리는 둘 다 스스로가 쓸모없는 사람 같았고 바깥 세계에서는 학자이지만, 경매장에서는 관찰자이자 방관자에 불과한 우리 자신의 한계를 뼈저리게 실감했다. 내 연구는 상품 생산을 위해 살고 죽는 몸이 된다는 것이 어떤 의미인지, 그 경험을 이해하는 데 집중한다는 점에서 이미 확실한 정치적 곡선을 품고 있었다. 내 연구의 접근 방식과 그 결과물에 정치적·윤리적 무게가 실리지 않을 리 없다. 그리고 사실 현장 조사를 진행할수록 동물과 인간의 관계에 대한 사람들의 기존 생각과 행동을 바꿀 수 있으리라는 희망을 품고, 학계와 대중들이 읽을 논문과 책을 쓰겠다는 내 결심은 확고해졌다. 학계 내에서(특히 수많은 인간 외 동물을 생명의학 연구 실험에 사용하기 위해 막대한 재정 지원을 끌어오는 워싱턴 대학 같은 기관 내에서는 더욱) 동물의 삶이 지닌 정치적·윤리적 측면을 전면에 내세우고, 인간 중심주의가 지배하는 대학의 근간과도 같은, 인간과 동물의 관계를 규정하는 가장 기본적인 전제에 반론을 제기하는 데에는 자주 위험이 따른다. 내 연구는 학문이라는 여러 갈래의 물길을 순항하며 인간과 다른 종 사이의 불균등한 힘의 서열관계에 문제를 제기하고자 그 근거를 찾아다니는 과정이고, 그런 작업은 그 자체만으로도 벅찬 임무처럼 느껴진다.

하지만 막상 동물 각자의 생명과 운명이 경매장을 거치는 짧은 순간에 결정되는 시급한 상황에 맞닥뜨리고 보니 내 연구 프로젝트는 작고 보잘것없었다. 특히 당장 뛰어들어 1389번 소를 살 것인가, 혹은 차를 세우고 소를 때리고 있는 남자에게 따질 것인가 하는 문제에 직면했을 때에는 더욱 아무런 힘도 발휘하지 못했다. 내가 연구를 마칠 때까지, 혹은 이 책을 쓰는 동안 얼마나 많은 소들이 저 경매장을 거쳐 도축장으로, 또는 새로운 낙농장으로 향하게 될까? 이 책이 아무 변화도 가져오지 못하는 동안 또 얼마나 많은 동물의 생명이 사라져

갈까?

    동물권리 보호운동가들 가운데는 1389번 소를 사거나 혹은 경매가 끝난 후 그 소를 위해 당당히 나설 사람들이 많을 것이다. 나는 수많은 활동가들로부터 본능적으로 상황에 뛰어들었고 그 다음 일은 나중에 고민했다는 이야기를 들었다. 그날 경매장에서, 그리고 돌아오는 차 안에서, 나는 그런 즉각적인 대응력, 빠른 판단과 결단력이 부러웠다. 학자로서 나는 늘 신중하고 비판적으로 생각하거나 관찰하도록 훈련받았다. 나의 삶은 늘 정신의 세계에 치중되어 있었고, 이는 내가 쉽게 결정을 내리지 못하고, 행동으로 옮기기 전에 특정한 방향을 선택함으로써 생길 수 있는 여러 가능한 결과들, 선택의 윤리적·정치적 의미와 현실적인 측면에 대해 깊이 고민한다는 뜻이기도 하다. 그날 그 순간, 그리고 이후의 며칠, 몇 주, 몇 개월간 나는 나의 그런(혹은 그렇게 되어버린) 부분 때문에 괴로웠다.

    그날의 경험으로 나는 또 목격의 정치성에 대한 의문을 갖게 되었다. 나는 다른 글이나 학술 연구에서 목격의 역할과 동물의 고통을 목격하고 일어나는 감정적 반응의 정치성에 대해 쓴 적이 있다. 즉, 폭력과 사회적 불의를 기록하는 정치적 행위로서의 목격은 인간과 인간 외 동물의 관계라는 맥락 안에서 오랫동안 중요한 역할을 해왔다.[2] 아울러 폭력과 고통을 목격하고, 가시적인 기록을 창출함으로써 근거를 제시하고, 사람들의 인식을 높이고, 가능하다면 정치적 변화까지 이끌어낼 수 있는 연구가 분명히 필요하다. 하지만 목격은 그저 지켜보고 기록하는, 말 그대로 목격일 뿐 폭력의 피해자를 위해 상황을 바꾸는 행동에 나서는 것이 목적이 아니다. 바로 그런 이유로 목격은 윤리적인 문제점을 안고 있고, 목격하는 과정에서 정서적 트라우마를 겪을 수도 있다. 나의 목격은 1389번 소를 위해 아무것도 하지 못했다.

경매를 보고 온 날 밤, 나는 악몽을 꾸었다. 1389번 귀 인식표를 단 암소의 모습들이 반복해서 등장했다. 암소의 몸이 힘없이 무너지고, 쓰러진 채 일어서지 못하고, 비틀거리며 출구를 빠져나가고, 소와 내 눈이 마주친 순간 시간이 정지하는가 싶더니 마침내 소가 문 밖으로 사라지는 그런 꿈이었다. 다음날 아침 나는 개장 시간에 맞춰 경매장에 전화를 걸어 1389번 소에 대해 물어보았다. 그 전날 경매에 참석했던 사람이라고 밝히고 끝까지 팔리지 않고 쓰러진 암소가 어떻게 되었는지, 아직 그 소가 경매장에 있는지, 지금도 살 수 있는지 물었다.

"안 돼요." 전화를 받은 남자가 무덤덤하게 말했다. "어떤 소인지 알아요. 아침에 가보니 죽어있었어요."

켤 경매에서 본 소들은 모두 도축장으로 끌려가 죽기 직전이었는데 왜 유독 1389번 소만 신경이 쓰이고 걱정이 되었는지(그리고 그 뒤로도 계속 신경이 쓰이는지) 모르겠다. 어쩌면 그 소의 고통이 바로 눈앞에서 지켜보던 나에게 너무 생생하게 전달되었기 때문인지 모른다. 또 어쩌면 낙농 생산 과정에서 너무 지치고 소진되어 도살되기 직전 마지막 경유지인 경매장을 자기 발로 걸어 나갈 수조차 없을 정도의 몸이었기 때문인지 모른다. 아니면 단지 쓰러졌다는 이유만으로 도축장으로 향하는 수많은 지친 소들 중에서 그 소만 유독 특별하게 기억에 남는 것인지도 모른다. 이유가 무엇이든, 1389번 소는 계속 나를 괴롭힌다. 몇 년이 지난 지금도 나는 눈만 감으면 그 소의 얼굴이 떠오른다. 그 1389번 소(그리고 그와 같은 처지의 동물 모두)가 바로 이 책의 제목이고, 내가 이 책을 쓴 이유이기도 하다.

1389번 소의 역설은 몸의 상태가 너무 안 좋았기 때문에 오히려 도축을 피했다는 것이다. 팔리지 않고 그날 밤 경매장에서 죽었기 때문에, 어쩌면 그날 경매로 팔린 다른 소들보다 덜 폭력적이고 덜 무서운 죽음을 맞았는지 모른다. 물론 탈수나 질병으로 인한 죽음이 도살당하는 것보다 반드시 덜 고통스럽다고는 말할 수 없지만 말이다.

컬 경매에서의 경험은 낙농업에 이용된 소들의 최후에 대해 두 가지 중요한 의문을 갖게 했다. 컬 경매를 거쳐 간 동물들은 어떻게 도축되는가? 또 1389번 암소처럼 도축장에 가기 전에 죽음을 맞는 소들의 몸은 어떻게 되는가?

지치고 소진된 소들은 컬 경매에 이어 도축장으로 향한다. 중간에 어딘가에 들러 살을 찌우기도 하고 바로 도축장으로 실려 가기도 한다. 애초에 낙농업에 관한 연구를 시작한 계기는 미국의 도축 행위 실태를 주제로 한 석사 논문을 마무리하기 위해서였다. 그래서 도축 절차나 도축 관련 법률에 대해서는 이번 연구에 착수하기 전부터 이미 잘 알고 있었다. 하지만 도축에 관해 연구했다고 해서 동물의 육신이 죽임을 당하는 모습을 실제로 마주했던 것은 아니다. 업계 사람들을 위한 교육 자료를 읽고, 동영상을 보고, 다양한 형태의 문서 연구를 통해 도축 과정을 이해했을 뿐이다. 이 모든 것을 염두에 두고, 나는 이제 도축, 그리고 뒤이어 렌더링으로 시선을 돌려 동물의 죽음에서 중요한 이 두 과정을 설명하려고 한다. 소의 전형적인 죽음의 궤적을 따라가 보면 소는 우선 도축장으로 보내진 다음, 도축 후에 남은(인간이 식용으로 소비할 수 없는) 부분은 렌더링시설로 보내져 다른 형태의 사용 가능한 상품으로 변형된다.

낙농업을 위해 사육된 소들의 도축

소들은 도축장 안에서 어떻게 죽임을 당할까? 이번 연구를 통해서 나는 도축 과정에 대해 제대로 쓰기 위해 직접 눈으로 보는 것이 반드시 필요할지 고민했다. 예상했던 대로 도축 현장에 접근하기는 어려웠다. 그래서 나는 많은 동료들과 이 점에 대해 이야기를 나누었다. 그중 한 동료는 이렇게 말했다. "이봐, 케이티. 도축에 대해서 참고할만한 자료는 수없이 많아. 동물을 죽이는 것이 어떤 점에서, 그리고 왜 윤리적으로 문제가 되는지 말하려고 그 현장을 실제로 볼 필요가 있을까? 꼭 그래야 돼?"

현실적으로 본다면 그 동료의 말이 옳다. 문서, 동영상, 오디오 자료 등의 형태로 도축을 기록한 정보는 풍부하다. 특히, 학자, 언론인 등이 도축장의 노동에 대해 직접 현장의 문화를 체험하고 기술한 글도 이미 나와있다. 또 업계에서 도축업무 '모범 사례'를 소개한 자료도 넘쳐난다. 업계 지침, 연방법과 주법, 정부에 기록된 관련 법규 위반 사례 등은 축산업계의 반복적인 업무로서의 도축에 관해 꽤 많은 정보를 제공했다.

　동물의 도축 현장을 직접 보는 데 따르는 어려움에 대해 고민할 무렵, 나는 이미 경매장에서 고통받는 동물을 바라볼 때 생겨나는 목격과 관음 사이, 윤리적으로 모호한 회색지대를 극복하기 위해 싸우고 있었다. 한 사람의 정치적 혹은 윤리적 가치관이 어떻든 동물이 폭력을 당하는 공간에서 아무것도 하지 않고 죽거나 죽임을 당하는 모습을 지켜보는 것만으로 어느 정도의 공모가 발생한다. 학계 내부에도 연구자들은 연구를 위해 도축 혹은 동물에 대한 다른 형태의 폭력을 목격해야 한다는 기대가 있고, 그 안에는 남성우월적인 인간 중심주의가 내포되어 있다. 이것은 무엇을 연구와 지식 생산으로 간주할 것인지에 관한 남성우월적인 시각에 대한 여성주의적인 비판과도 연결된다. 동물에 대한 폭력을 방조하거나 관찰 대상으로 여기는 학제간동물연구 분야에도 인간 중심주의가 스며있다. 동물이 인간보다 덜 중요하다는, 암묵적이면서도 드러내놓고 인정하기 꺼리는 믿음이 있기 때문에 (동물에 대한 폭력에 관해 글을 쓰고 지식을 공유한다는) 목적이 (폭력이 벌어지는 상황에 개입하지도, 폭력을 미연에 방지하거나 폭력에 맞서기 위한 행동에 나서지도 않고 관찰하기만 하는) 수단을 정당화할 수 있다는 생각도 가능하다. 나는 그런 생각을 가진 인간 연구자들이 모인 집단의 일원이고, 그래서 내 자신의 연구 행위들을 돌아보고 문제의식을 갖게 되었다.

　더불어 동물에 대한 폭력이 어떻게 실행되고 동물에게 어떤 영향을 미치는지 이해하려고 애쓰는 연구자나 기자들에게는 그런 지식이나 정보에 접근할 수 있는 방법을 찾는 것도 중요하다. 동물이 상품화되는 현장에 접근하면서 겪은 어려움을 토대로 나는 동물을 해치는 행위에 직접 가담하지 않고도 낙농 생산에 관한 지식을 쌓을 수 있는 방법이 수없이 많다는 것을 이해하게 되었다. 나는 직접 도살을 목격하지 않고 연구를 진행하기로 결심했다. 비록 의도치 않게 세 마리의 동물이 도살되는 현장을 전혀 다른 맥락에서 맞닥뜨린 적은 있었지만, 그 사건에 대해서는 나중에 따로 소개하겠다.

우선 오늘날 미국 내 대다수의 동물들이 도살되는 실태는 다음과 같다. 동물들이 트럭에 실려 농장 혹은 경매장을 떠나 도축장으로 향할 때, 수백 킬로미터 떨어진 도축장까지 먹이와 물을 제대로 공급받지 못한 채 이동해야 하는 과정 자체가 동물에게 큰 스트레스를 야기한다.[3] 해외 일부 지역에서는 살아있는 동물의 수출이 흔한 일이고, 동물들은 산 채로 선박 화물칸에 실려 며칠, 경우에 따라서는 몇 주 동안 이동해야 한다(호주 양모업계는 중동지역에서 도살될 양들을 배에 실어 수출하는 등, 살아있는 동물을 수출하는 관행 때문에 조사를 받았다).[4]

미국 내에서 사육 동물들은 트럭으로 운송하는 경우가 일반적이지만, 간혹 기차로 운송하기도 한다. 트럭이나 기차 내부에서 동물들은 극도의 더위나 추위에 노출되어 운송 중 더위에 지치거나 얼어 죽는 경우가 많다. 운송 트레일러들은 종종 동물들을 과밀하게 싣고 운행하기 때문에 폐쇄된 공간이 야기하는 스트레스와 트레일러 내의 환경으로 인해 많은 동물들이 물리적, 정신적, 정서적 고통을 겪을 수 있다.[5]

미국과 캐나다에 걸쳐 주간州間 고속도로를 운행하는 동물 운송 트레일러의 충돌 사고는 드문 일이 아니다. 2016년 11월, 텍사스주 러벅에서 일어난 트레일러 사고로 운전자가 부상을 입었고, 수십 마리의 소들이 다치거나 죽었다.[6] 2015년 6월 오하이오주에서는 2천2백 마리의 새끼 돼지들을 싣고 사우스캐롤라이나주에서 인디애나주의 농장으로 향하던 트레일러 사고에 대한 언론 보도가 있었다. 보도에 따르면 사고 현장에서 3, 4백 마리의 새끼 돼지들이 죽었고, 이보다 더 많은 돼지들이 다쳤다.[7] 이런 사고들은 미국, 캐나다 전역의 뉴스에 등장하지만 종종 한 주에서 다른 주로 이동하는 운전자들에게 장시간의 교통 정체나 도로 통제 등을 경고하는 교통정보 형태로 전달된다. 이런 사고는 도축장까지의 이송환경과 마찬가지로 동물복지와 직결된다.

미국 내 도축은 대부분 대규모 공장식 시설에서 이루어진다. 농업계 전반에서 확대되고 있는 통합이 도축 분야에도 영향을 미치고 있어서, 소규모 도축시설들은 동물을 더 산업화되고 기계화된 방식으로 죽이는 시설들에 밀려 문을 닫는 실정이다. 가령 닭을 도축하는 경우 닭을 컨베이어벨트 위에 거꾸로 매달고, 전동 날로 목을 자르고, 끓는 물에 담가 털을 뽑는 거의 모든 과정이 자동화되어 있다.[8] 소를 도축하는 시설도 점점 기계화되고 있어서 공장의 조립(해체) 라인 모델을 기반으로 설계된, 죽이고 난도질하는 공정들이 단일하고 반복적인 노동자들의 작업으로 세분되어 있다.[9] 역사적으로도 유명한 시카고 식육공장지대의 동물 해체 작업을 보고 그 효율성에 감탄한 헨리 포드가 여기에서 얻은 영감으로 자동차 조립 라인을 개발했다는 일화도 있다.

소들은 도축장에 도착해 킬링 플로어^{killing floor}, 즉 도살 작업장으로 이어지는 슈트를 통과한다. 축산학 박사인 템플 그랜딘은 도축장이라는 공간 안을 옮겨 다녀야 하는 동물들의 괴로움을 조금이라도 덜고자 육류업체들과 협력해 도축장을 재설계했다. 그랜딘은 동물들이 세상을 경험하는 방식을 이해하기 위해 자폐증 환자였던 자신의 경험을 이용했다고 말한다.[10] 그랜딘은 자신만의 독특한 시각으로 도축장(그중에서도 동물이 아직 살아있을 때 머무는 공간)을 재설계하여 죽음을 향해 가면서 동물들이 겪는 공포를 줄이려고 하였다. 한 예로, 소들을 관찰한 그랜딘은 소들이 특정한 물체, 빛, 움직임 등을 보면 머뭇거린다는 점을 알아챘다. 그래서 도축장의 이동통로를 곡선으로 만들어 소들이 앞에 무엇이 있는지 보지 못하도록 했다.

많은 사람들은 그랜딘이 동물복지에 기여하고 동물들이 편안하게 죽음을 맞이하도록 배려했다고 칭송한다. 사실 그랜딘의 작업은 동물들이 더 나은 경험을 하도록 하는 데 그치지 않았다. 도축을 앞둔 동물들이 보이는 두려움의 반응을 줄이면 작업이 지연되는 일 없이 동물들을 더 많이 죽일 수 있고, 그 결과 도축 작업의 효율이 더욱 향상된다. 또 동물을 먹기 위해 죽이는 데 따르는 소비자들의 불편한 심리도 누그러뜨릴 수 있다.

도축에 관해 석사 논문을 준비하는 내내, 심지어 이 책을 쓰면서 낙농업에 대한 연구를 마무리 짓는 동안에도, 나의 친구, 가족, 지인들은 내 연구 주제와 관련해 그랜딘의 도축장 설계를 자주 화제에 올렸다. 그랜딘이 그렇게 자주 언급되는 이유는 어쩌면 클레어 데인즈가 주연한 HBO 드라마 〈템플 그랜딘〉 때문인지 모른다. 2010년에 나온 이 드라마가 대중매체를 통해 자주 언급되면서 템플 그랜딘은 유명인이 되었다. 하지만 그랜딘의 작업에 대해 내가 이야기하고 싶은 것은 그랜딘이 설계한 도축장이 (시야를 통제하고, 슈트의 설계를 적절히 바꿈으로써) 도축 직전의 부정적 경험을 완화한다고는 해도, 동물들은 어차피 도륙당할 것이고, 앞서 죽임을 당한 동물들의 피 냄새를 맡고 그들의 비명소리를 들어야 하는 것은 마찬가지라는 사실이다.

도살 작업장에 도착한 동물들은 '기절 상자knocking box'에 들어간다. 기절 상자 안에 들어간 동물은 몸을 움직이지 못하는 상태에서 노커knocker라고 불리는 작업자가 쏜 가축용 기절 총(최근 들어 많이들 선호한다)을 맞고 의식을 잃는다. 이 총은 보통 공기압축기를 이용해 동물의 이마에 강철 볼트를 쏘는 방식으로 작동한다. 도축 라인의 다음 단계에서는 또 다른 작업자가 한쪽 뒷다리에 사슬을 묶어 동물을 컨베이어벨트 위에 거꾸로 매단다. 컨베이어벨트 위에 매달린 소는 목이 베이고 방혈된다. 이렇게 소들의 몸은 한 번에 한 단계씩 효율적으로 해체된다. 그랜딘의 권고에 따르면 최상의 경우 노커가 쏜 첫 발에 동물이 의식을 잃어야 한다. 하지만, 때때로 여러 번 시도해야 하는 경우도 있다. 다리를 묶이고, 거꾸로 매달리고, 목이 베이는 동안 동물의 의식이 깨어 있는 경우도 드물지 않다. 작업 라인은 매우 빠른 속도로 돌아가는데 이는 동물이 살아있는 상태에서 가죽이 벗겨지거나, 의식이 남아있는 상태로 몸의 일부가 제거될 수도 있다는 뜻이고, 몰래 촬영되어 온라인으로 배포된 동영상들은 실제로 그런 일이 벌어지고 있음을 보여준다.

도축 작업의 투명성과 관련 정보에 대한 접근성은 사육 동물들의 상황을 개선하려고 힘쓰는 학자와 활동가들이 반복해서 제기하는 주제다. 도축장은 대개 농촌지역에 있고, 창문이 없는 창고인 경우가 많아 멀고 접근이 어렵다. 따라서 실제 도축 과정은 일반인들의 눈이 닿지 않는 곳에서 이루어진다. 티머스 패키릿은 도축장의 실태를 다룬 《육식제국》에서 이처럼 보이지 않는 곳에서 이루어진다는 점 때문에 도축 과정이 도축장 노동자와 동물 모두에게 미치는 폭력의 효과가 잘 드러나지 않는다고 말한다. 그는 동물을 죽이는 행위에 직접 가담할 필요가 없다는 점이 어떻게 소비자들로 하여금 육식의 폭력성을 망각하게 하는지도 일목요연하게 보여준다. 논문 준비를 위해 네브래스카의 도축장에서 5개월간 일한 경험이 있는 패키릿은 노동자들 역시 동물을 죽이는 행위에 무덤덤해진다고 말한다. 실제로 죽이는 행위에 가담하지만 그 과정에서 노동자들은 착취당하고 폭력에 노출된다.

패키릿은 시각의 정치성 politics of sight 에 대해서 이야기한다. 우리가 무엇을 어떻게 보는지, 즉, 무엇이 은폐되고 드러나는지에 따라 도축장에서 작용하는 것과 같은 제도화된 폭력이 힘을 발휘한다는 것이다. 패키릿이 도축장에서 수행한 작업 중 하나는 품질관리였는데, 그 덕분에 패키릿은 도축장 내의 여러 구역을 돌아다니며 작업이 진행되는 거의 모든 과정을 볼 수 있었다. 품질관리 이외에 살아있는 동물들이 기절 상자로 들어가는 슈트를 통제하기도 하고, 냉장실 안에서 소의 간을 매달기도 했는데, 이런 경험을 바탕으로 그는 시각의 정치성이 얼마나 복잡한지를 알기 쉽게 설명한다. 그것은 단순히 특정한 작업 실태를 보여주느냐 마느냐의 문제가 아니라 은폐와 감시라는 보다 다면적인 정치성의 작용에 의해 일어난다.[11] 한편으로, 그는 도축과 같은 과정들을 보이게 만드는 행위가 사회적·정치적 변화를 불러올 수도 있음을 인정한다(그리고 그것이 사실상 그가 책을 출간한 목적이기도 하다). 하지만 항상 그렇지만은 않다. 패키릿은 "사회적·정치적 변화를 도모하기 위한 의도적 행위라고 할지라도, 감추어진 것을 드러내는 행위는 효과적인 은폐의 수단이 생겨나는 계기가 될 수도 있다. 우리는 이미 도축장의 품질을 관리하는 노동자의 경우를 통해 모든 것을 완벽하게 볼 수 있는 조건에서도 얼마든지 소외와 격리가 가능하다는 것"[12]을 깨달았다고 말한다.

도축장 내부는 여러 가지 면에서 경매장과 마찬가지로 작업 효율을 높이도록 설계되었다. 상품화된 살아있는 동물, 죽어가는 동물, 이미 죽은 동물들이 끊임없이 공정 라인을 따라 흐르는 공간에서 동물을 상품화와 죽이는 행위의 의미에 대해 깊이 생각할 여유를 갖기는 힘들다. 패키릿의 책에서 가장 유용한 부분 중 하나는 도축장의 도면들이다. 이 도면들은 도축장 내부에서 벌어지는 노동의 분화를 시각화해서 보여준다. 노동의 분화로 인해 소의 간을 거는 작업자는 그 간이 불과 얼마 전까지 살아 숨 쉬는 개별 생명체의 일부였다는 사실을 잊는다. 어찌 보면 식품 생산의 기계화와 자동화를 통해 도축장에서 작동하는 작업의 분화야말로 소비자들이 농장, 경매장, 도축장, 렌더링 공장을 일부러 외면하고, 그런 곳들로부터 거리를 둘 수 있게 만드는 장치일 것이다. 하지만 패키릿도 지적했듯이 중요한 점은 도축 과정을 완벽하게 혹은 완벽에 가깝게 볼 수 있다 해도, 공간의 설계, 작업 라인의 속도, 전반적인 상품화의 문화가 눈에 보이는 것도 제대로 볼 수 없게 우리의 시야를 가린다는 것이다.

시야를 가리는 효과와 관련해, 경매장에서 나도 경험한 부분이지만, 패키릿의 연구가 부각시키는 것은 도축장 노동의 단조로움, 즉 한때 살아있었던 존재를 해체하는 작업의 반복성과 여기서 느끼는 극도의 지루함이다. 그 지루함이 도축장 노동자들과 경매를 지켜보는 관찰자에게 작용하는 방식은 매우 중요하면서도 주목할 만한 부분이다. 지루함과 단조로움은 눈앞에서 벌어지는 현실을 대수롭지 않은 것으로 호도하는 작용을 한다. 지루함과 단조로움은 특별한 방식으로 마음과 감각을 무디게 한다. 경매장에서 지루함을 느낀 나는 집중하지 못했다. 그래서 동물의 수를 세거나 그들의 상태를 기록하면서도 정작 나는 그들을 제대로 보고 있지 않았다. 어서 경매가 끝나기만을 기다렸고, 무엇보다 각각의 동물을 파는 행위의 무게, 그 파는 행위가 링위를 거쳐 가는 개별 소들에게 주는 의미를 느끼기가 힘들었다.

도축장에서 발생하는 단조로움이 어느 정도로 심각한지를 설명하기 위해 패키릿은 단조로움이 단순히 소들로부터 주의를 분산시키는 것에 그치지 않고 그 자체가 노동자들에게 특별한 폭력으로 작용한다고 말한다. 반복사용스트레스증후군repetitive stress injury(같은 동작을 반복하는 물리적인 행위 때문에 발생하는 질환)이나 작업 라인의 속도에 맞추려고 서두르다가 발생하는 부상처럼 신체에 미치는 영향과, 극심한 지루함이 정신에 미치는 영향 등이 바로 그런 폭력이다.

내 친구이자 동료인 욜란다 발렌시아는 대학에 오기 전, 멕시코에서 이주해 온 직후 도축장에서 일한 적이 있다. 도축장 일은 욜란다가 선택할 수 있는 일자리 가운데 가장 벌이가 좋았다. 워싱턴 동부의 계절 노동(가령 과수원 작업)과 달리, 도축장은 일 년 내내 자리가 있어서 수입이 안정적으로 들어왔다. 욜란다는 작은 체구의 여성이어서 무엇보다도 작업 속도를 맞추고 몸을 많이 써야 하는 점이 가장 힘들었다고 털어놓았다. 무거운 고기를 옮기고 다음 작업자에게 고기가 넘어가기 전에 자기가 맡은 부분을 처리하려면 온 몸을 던져 일해야 했다. 처음 일을 시작하고 몇 달 간은 작업 전에 손을 물에 담그지 않으면 손이 펴지지도, 손가락이 움직이지도 않았다. 반복적인 작업이 욜란다의 몸을 너무 고통스럽게 했다. 일단 작업 라인 앞에 서면 눈앞의 고기가 어디에서 온 것인지는 생각할 수 없다. 자기가 맡은 부분을 잘라내면서 다치지 않고 작업 속도를 맞춰야 한다는 생각뿐이었다. 일자리를 잃거나, 일을 제대로 못해서 동료들에게 신세를 지게 될까 봐 두려웠기 때문이다.

도축장 노동자들은 대부분이 소득 잠재력이 낮은 사람들, 다시 말해 소수 인종, 전과자, 불법 이민자로 모두 사회적으로 매우 취약한 계층이어서 가장 힘들고 위험하고 더러운 직종으로 내몰린 사람들이다. 도축장 내에서 노동자와 동물에게 가해지는 폭력은 이 폭력을 생산하는 시스템에 대한 구조적 비판이 왜 중요한지를 보여준다. 자본주의 경제가 성장과 자본 축적을 지속하기 위해서는 동물을 상품화하고 인간 노동력을 뽑아내야 한다. 동물에 대한 폭력 혹은 노동자에 대한 폭력 중 어느 한 군데에만 집중한다면 구조적인 문제들이 모든 관련 당사자에게 야기하는 폭력의 효과를 제대로 이해할 수 없다.

하지만, 인간, 동물, 생태계에 가해지는 뿌리 깊은 형태의 착취에 자본주의가 어떻게 관여하는가에 대해 깊이 고민하는 것보다, 노동자 개인 혹은 일부 개별 악덕 기업을 비난하는 편이 훨씬 간단하다. 마찬가지로, 더 올바른 물건을 사기만 해도 정의로운 세계를 만들 수 있다고 믿어버리면 마음이 편하고, 그래서 소위 인도적으로 생산된 동물 유래 식품 시장이 그처럼 성장하고 있는 것이다. 소비자 주도의 비건주의(인간 중심주의와 종차별주의를 원칙적으로 거부하는 정책 및 윤리로서의 비건주의가 아니라 단순히 소비 성향의 라이프스타일에 치중한 비건주의)조차도 '좋은 소비가 더 윤리적인 삶으로 가는 길'이라는 믿음에 기반한다.

동물권리운동의 지도자들 가운데에도 이런 덫에 걸린 사람들이 있다. 에너지를 한데 모아 '소비자가 가진 돈의 힘'을 보여준다면서 그 돈을 창출하고, 요구하고, 정작 다시 순환시키는 시스템 자체의 근본적인 문제점을 외면하고 있다. 자본주의는 근본적으로 사회적 관계를 기반으로 하는 채굴 시스템이다. 자본주의 시스템 자체를 지탱하고 있는 인간과 동물의 신체를 착취함은 물론 그들로부터 노동과 에너지를 뽑아낸다. 경제 사다리를 오르면 오를수록 자본주의 체제의 채굴적 본성에 의해 착취당하는 일이 적어지고, 그러면 개체는 자신의 개인적인 특출함 때문에 자신이 지금의 위치에 오른 것이라 생각하기 쉽다. 아메리칸 드림은 이런 상향이동에 대한 믿음, 즉, 누구나 성실함과 재능과 의지만 있으면 사다리의 중층 혹은 중상층까지 갈 수 있다(다시 말해, 이론적으로는 누구나 적극적인 소비자로서 좋은 차, 더 큰 집, 더 비싼 가전제품을 구입함으로써 지속적인 경제 활성화에 이바지할 수 있다)는 생각을 전제로 한다. 하지만 자본주의가 자본 축적을 가속화하기 위해서는 거대하고 적극적인 노동력(마르크스가 말한 프롤레타리아)이 필요하고, 이 글로벌 노동력은 성적·인종적으로 편중되어 있어서, 여성과 소수 인종은 미국 사회에서 보수가 가장 적고 착취가 가장 심한 직종을 차지한다. 비록 도축장에서 일하는 남성의 비중이 여성보다 더 많기는 하지만(도축장 노동자의 74.3퍼센트가 남성이다), 도축장 역시 이 점에서 예외가 아니다.[13]

자유시장자본주의의 작동 방식이 갖는 착취적 측면에 대한 대응은 종종 소규모의 대안적 식품 생산의 형태로 나타난다. 작은 농장과 소매점 형태의 도축장이 산업화된 생산에 대한 윤리적 대안으로 적극적으로 홍보된다. 나는 이런 대안들이 어떻게 운영되는지에 관심이 쏠렸다. 식품산업 통합으로 지역의 도축 수요를 충당할 수 있는 시설이 사라졌다. 식용으로 동물을 사육하는 작은 농장주들은 동물들을 점점 멀리까지 데리고 가서 도축해야 한다. 따라서 작은 농장에서 자란 동물이라도 여전히 장거리 운송에 따른 스트레스와 산업화한 도축 현장을 경험한다. 그나마 대규모 도축시설들이 농장당 최저 도축 마릿수를 미리 정해놓는 경우가 점점 많아져서 이 하한선을 채우지 못하는 작은 농장주들은 어쩔 수 없이 대안 시설을 찾아야 한다.

이 밖에 식용으로 팔리는 동물(조류는 제외)은 미국 농무부 승인을 받은 시설에서만 도축해야 한다는 규정 역시 작은 농장주들이 도축 과정에서 맞닥뜨리는 어려움 가운데 하나다. 미국 농무부 승인을 받기 위해서는 장비와 인력 등 고가의 자원을 투입해야 하고, 이런 것을 작은 규모의 농장들이 갖추기에는 턱없이 많은 돈이 든다. 이런 문제를 해결하기 위해 저렴한 비용으로 소규모 도축을 처리해주는 이동식 도축시설이 등장했다.[14] 이동식 도축시설은 화물 적재 공간을 작은 도축시설로 개조한 트럭이다. 작은 농장들을 방문해서 소수의 동물들을 도축하는데, 미국 시장에서 고기를 팔기 위해 꼭 필요한 농무부 승인도 받을 수 있다. 이동식 도축시설은 태평양 연안 북서부 지역을 비롯한 여러 곳에서 점점 인기가 높아지고 있으며, 동물들이 농장을 떠날 필요가 없기 때문에 동물복지 향상에 기여하는 한편 산업화한 농업 환경에서 농부들이 어느 정도 통제권과 자율성을 회복하는 데 도움을 준다는 평가를 받고 있다.

따라서 이론적으로 이동식 도축시설은 식품을 얻기 위해 동물을 죽이는 데 있어서 어느 정도 개선된 방법을 제공한다고도 할 수 있다. 운송 과정을 없애는 것이 작지 않은 변화일 수 있고, 소규모 도축 역시 동물을 더 배려하는 도축 방식으로 해석할 수 있다. 이런 이동시설의 등장으로 동물들이 공장식 시설까지 힘든 운송 과정을 겪지 않아도 된다면 그것은 확실히 커다란 발전이다. 하지만 실제 도축이 일어나는 현실을 감안할 때, 이동식 도축시설이 다른 형태의 도축과 확연히 다른 대안이라고 할 수는 없다는 것이 내 연구의 결론이다.

태평양 연안 북서부의 어느 구름 낀 오후, 나와 내 파트너 에릭은 워싱턴주 스탠우드에 있는 동물피난처 피그피스 생크추어리에서 나무 조각을 삽으로 퍼 옮기고 있었다. 우리는 피난처 내의 TLC^{Tender Loving Care}(다정한 보살핌)구역에 있었는데, 이곳은 특별한 보살핌이 필요하거나 일반 구역에서 다른 동물들과 지내면 다칠 위험이 있는 동물들이 따로 지내는 곳이다. 우리가 일하는 동안 돼지들이 TLC구역 주변에서 쉬고 있었고 우리의 작업에 호기심을 느낀 몇몇 돼지들이 등을 긁어달라는 시늉을 하며 곁으로 모여들었다.

TLC구역은 피난처 부지의 남쪽 끝에 있는데 바로 옆은 좁은 1차선 도로다. 길 건너편에는 작은 가족 농장이 있었고, 그곳에서는 식용으로 동물을 사육한다. 피그피스를 여러 해 동안 방문하면서 나는 건너편 농장에서 다양한 종의 동물들이 풀을 뜯는 모습을 보았다. 농장에서는 간혹 고기용 거세 수소나 돼지를 키우기도 한다. 과거에는 긴 헛간 모양의 축사에 닭들이 꽉 차 있었던 때도 있다. 문제의 그 구름 낀 오후, 에릭과 나는 커다란 흰색 트럭이 좁은 1차선 도로를 달려와 정차하고 나서 트레일러 문이 열리는 것을 보았다. 우리가 작업을 계속하는 동안 트럭 운전사와 함께 내린 다른 한 명이 농부 두 명과 웃으면서 이야기했다. 우리는 그때까지도 그 트럭이 이동식 도축시설인지 몰랐다.

농장에서 나온 돼지 세 마리가 꽥 소리를 지르면서 트럭으로 끌려가는 모습에 우리는 일손을 멈추었다. 남자들 중 한 명이 트럭에서 총을 꺼내더니 트럭 뒤편 노상에서 돼지 한 마리의 머리를 겨누고 쏘았다. 총을 맞은 돼지는 죽지도 의식을 잃지도 않았다. 다른 두 마리는 겁에 질려서 달아나려 했지만 농부들이 거칠게 막았다. 총을 든 남자가 또 한 발을 발사했다. 돼지는 아까보다 더 격렬하게 비명을 질렀고, 우리가 작업하고 있던 TLC구역의 돼지들도 소리를 지르며 구역 가장자리로, 죽어가는 돼지와 멀리 떨어진 방향으로 달려갔다. 남자는 재빨리 세 번째로 총을 쏘았고 총을 맞은 돼지가 조용해졌다. 남자는 나머지 두 마리 돼지들에게 연이어 총을 쏘았고 둘 다 한 번에 죽었다.

죽은 돼지들은 한 마리씩 트럭 뒤쪽으로 끌어올려졌고. 그곳에서 피가 뽑히고, 내장이 제거되고, 몸이 해체되었다. 우리는 방금 목격한 광경에 충격을 받아 꼼짝도 못하고 서서 지켜보았다. 첫 번째 돼지는 두 번의 총상으로 괴로워하다가 죽었고, 나머지 두 마리는 함께 있던 돼지가 눈앞에서 고통스러운 죽임을 당하는 모습을 지켜보는 공포로 괴로워하다가 역시 한 마리씩 죽임을 당했다. 소위 최상이라고 평가받은 형태의 도축이지만, 서툰 솜씨 때문에 고통당하는 한 마리를 우리는 목격했다. 3분의 1의 확률이다. 그 사람들은 도축 전문가들이었다. 시간에 쫓기지도 않았다. 흠잡을 데 없는 모범 사례의 조건을 다 갖추고 있었다.

이동시설을 이용한 도축 현장을 보면서, 나는 세 마리 모두 한 번에 정확히 총을 맞았더라면 상황이 크게 달라졌을지 생각해 보았다. 첫 번째 돼지가 겪은 긴 고통을 단축시키고, 같은 돼지가 눈앞에서 고통스러워하는 모습을 지켜보는 트라우마를 줄였을지는 모른다. 하지만 그날의 경험으로 나는 동물을 잡아먹기 위해 키우고 죽이는 행위에 대한 더 근본적인 의문을 가졌다. 어쩌면 우리는 인간이 고기를 먹기 위해 어떻게 동물을 죽여야 하는지 그 방법에 대해서가 아니라, 애초에 먹기 위해 동물을 키우고 죽이는 것 자체가 타당한지에 대해 더 많은 이야기를 해야 하는 것은 아닐까 하는 의문이었다.

이것은 우리가 농장에서 사육종들에 대해 갖는 가장 근본적인 믿음을 뒤흔드는 중요한 의문이다. 농장에서 식용으로 동물을 키우는 것은 1만 년도 넘는 가축화domestication의 역사로부터 나온 것이다. 동물의 가축화에 대해 우리에게 익숙한 서사들은 가축화가 인류 진보와 진화의 가장 중요한 국면이고, 동물에게도 축복이었다고 주장한다. 이런 주장에 따르면, 생명을 위협하는 환경에서 살아남아야 했던 종들은 새로이 가축이 되면서 보호를 받았다.[15] 재레드 다이아몬드 같은 학자가 《총, 균, 쇠Guns, Germs, and steel》를 통해 널리 퍼뜨린, 가축화가 동물과 인간 모두에게 유익했다는 주장은 사람들에게 강력하게 어필했고, 지금 시대에 재생산되어 가축화의 상식처럼 여겨지는 서사를 창조한다. 즉, 인간이 동물을 먹기 위해 교배시키고 사육하지 않는다면 그 동물들은 아예 멸종할 것이므로, 사육은 동물들의 생존을 보장한다는 서사다.

데이비드 니버트는 자신의 책 《동물 억압과 인간 폭력: 동물성 모독, 자본주의, 국제 분쟁Animal Oppression and Human Violence: Domesecration, Capitalism and Global Conflict》에서 동물의 가축화에 대해 이와는 상반된 의견을 제시한다. 즉, 가축화는 자본주의 경제 조성의 전제조건이었고, 근본적으로 동물과 인간 타자들을 폭압하고 지배한다는 것이다. 가축화의 과정과 가축화의 일환으로 이후 수천 년 동안 인간이 유익하다고 여기는 형질을 얻기 위해 동물을 선택 교배하고, 우유, 고기, 달걀이라는 형태의 생명자원을 추출하고, 인간이 전적으로 질과 크기를 결정하는 제한된 공간 안에 동물을 가두어 수용한 행위는 동물 삶의 중요한 부분을 결정하고 전용轉用한다. 도축은 동물의 삶을 빼앗는 가장 최종적인 기제다. 암소가 더 이상 상품으로서의 우유 혹은 송아지를 생산하는 기능을 하지 못하면, 암소를 도축장으로 운반해 그곳에서 죽임으로써 암소의 마지막 남은 생명 에너지를 고기라는 또 다른 형태의 상품으로 전환한다. 암소가 생전에 한 번도 소유하지 못했던 삶은 죽음의 순간 다시 한번 빼앗긴다.

하지만, 죽음이 상품화의 끝은 아니다.

렌더링

도축장을 거친 후, 식용으로 팔 수 없는 동물의 잔여물들은 렌더링시설로 옮겨진다. 1389번 암소처럼 도축장에 가기 전에 죽은 (그래서 인간에게 식품으로 공급될 수 없는) 동물의 유해 역시 대개 렌더링시설로 바로 보내진다. 렌더링 공장에서는 동물의 몸을 부위별로 나누어 팔고, 새로운 상품으로 변형시킨다. 새로운 상품에는 비료, 애완동물 사료, 가축 사료, 바이오 연료, 비누, 세제, 윤활제, 약품, 치약, 페인트 등 다양한 일상용품이 포함된다.

컬 경매에서 1389번 암소를 만난 후, 나는 1389번 암소의 유해가 향하는 종착점이 어디인지 이해하기 위해 렌더링에 대해 더 알아보고 싶어졌다. 조사 결과 시애틀의 내 거주지에서 멀지 않은 곳에 렌더링 공장이 있다는 사실을 알아냈다. 몇 년간 수없이 차로 지나다니던 길가의 건물이지만, 그 건물 안에 무엇이 있는지는 모르고 있었다. 나는 렌더링 공장에 전화를 걸었고, 친절하고 협조적인 남성과 통화했다. 어반렌더링의 케빈이라는 사람이었다.[16] 나는 내 연구 과제를 설명하면서 사육당하고 죽은 동물 사체의 렌더링 과정에 대해 더 알고 싶다고 말했다. 케빈의 설명에 따르면 그의 공장에서는 소위 전신 렌더링 작업은 하지 않았다. 어반렌더링은 도시지역의 렌더링 공장이기 때문에 예전부터 부분 렌더링 작업만 해왔다고 말했다. 근래에는 주로 식당에서 나오는 재생 식용유를 취급한다고 했다. 하지만 케빈은 도움을 주고 싶어 했고, 그래서 자신이 아는 사체 수거업자의 전화번호를 알려주었다. 그 사람은 트럭을 몰고 농장을 돌아다니며 동물의 사체를 수거해서 렌더링 공장에 넘기고 수수료를 받는 사람이었다.

데이브라는 이름의 사체 수거업자는 처음에는 무뚝뚝하게 전화를 받았다. "그렇소, 내가 데이브요."[17]

"안녕하세요, 데이브. 저는 케이티 길레스피라고 합니다. 어반렌더링의 케빈이 한번 연락해 보라고 해서요. 저는 워싱턴 대학의 연구원인데, 지금 낙농업에 대해 연구하고 있어요. 렌더링 과정에 대해 알고 싶은데, 농장에서 동물이 죽으면 어떤 과정을 거치는지 궁금합니다. 케빈은 당신이 기꺼이 이야기를 해줄 거라던데요."

"아, 케빈, 그 친구 좋은 사람이지." 데이브의 목소리가 부드러워졌다. "렌더링에 관심이 많다고요? 내가 많이 알지는 못하는데. 어디, 내가 얘기해 줄 수 있는 부분이 뭔지 한번 봅시다." 그는 말끝을 흐렸다. 그러더니 생각을 정리한 듯, "나는 주로 죽은 말을 수거해요. 말처럼 큰 동물이 농장에서 죽으면 대부분 처리하기가 힘들죠. 말이나 소, 가끔은 돼지의 경우도 처리하려면 프런트로더(주로 건설 현장에서 자재를 들어 올려 덤프트럭 등에 싣는 중장비)가 있어야 해요. 그렇게 큰 동물들을 매장하는 것은 실용적이지 않으니까 보통 렌더링 공장이 가장 쉽고도 최선의 선택이지요. 나 같은 수거업자들이 돈을 받고 죽은 동물을 수거해서 렌더링 공장으로 운반하죠."

"소도 수거하나요?"

"보통은 안 해요. 가끔 죽은 소가 있긴 하죠. 하지만 대부분은 죽은 말 때문에 연락을 받아요. 하지만 소나 말이나 아주 비슷해요. 차에 싣고, 옮기고, 공장에 내려주고."

"렌더링 공장에서 어떻게 일하는지도 아세요?"

"아니, 대개는 공장에서 오래 머물진 않아요." 그는 허허 웃더니 잠시 멈추었다가 다시 큰 소리로 웃었다. "솔직히 젊은 아가씨가 렌더링에 관심이 있다니 좀 이상하네요! 렌더링은 험한 일이라. 웬만한 남자들도 거기 한번 들어갔다 나오면 밥맛이 떨어진다오. 냄새가……."

그는 잠시 뜸을 들이더니 적절한 단어를 골랐다. "강력하지."

사실 나는 과거에 렌더링 일을 했거나 그 분야에 대해 잘 아는 사람들과 나눈 대화에서도 같은 정서를 경험했다. 예를 들어 윤리심의 과정에서도, 심사위원 중 하나가 일대일 면담에서 자신이 워싱턴에 있는 렌더링 공장에서 몇 달간 일했었다며 당시의 경험을 이야기해주었다.

"여름이었어요. 냄새가 정말 지독해서 매일 출근하면 토하는 게 일이었어요. 시간이 좀 지나니 결국 매일 맡는 냄새에 적응하긴 했지만, 그래도 아침에 공장에 들어설 때마다 내 감각기관은 충격을 받았죠. 오래 버티지 못했어요. 몇 달 다니다 말았죠."

케빈, 데이브와 이야기를 나눈 후 나는 계속해서 렌더링시설과 접촉하면서 동물의 사체가 어떻게 새로운 제품의 재료로 변화하는지 그 과정을 보여줄 수 있는지 물었다. 렌더링은 거대한 글로벌 기업들이 지역별로 공장을 운영하는 초국가적 산업이다. 가령 달링인터내셔널은 북미, 남미, 유럽, 아시아, 호주에 다수의 브랜드와 영업망을 소유한 국제적 기업이다. 달링인터내셔널의 북미 거점 중 하나가 워싱턴주 타코마(시애틀 남쪽 인근)에 있다.[18] 케빈이 근무하는 렌더링 공장은 알고 보니 지역 기반의 작은 시설들 중 하나였다. 하지만 태평양 연안 북서부 지역의 렌더링 업계에는 달링인터내셔널 같은 대기업도 있고 국내 혹은 지역 기반의 회사들도 있다.

나는 어느 지역 렌더링 회사의 관리자인 커트와 이야기를 나누었다.[19] 결국 커트는 경영진으로부터 나의 방문 허가를 얻어주진 못했지만, 렌더링에 관해 최선을 다해 정보를 제공했다. 그는 업계에서 나온 정보를 공유해주었고, 그 자료들은 렌더링 관련 일반 통계는 물론 렌더링이 어떻게 이루어지는지를 설명해주었다. 그는 또 나의 상세한 질문에도 대답해주었다. 나는 렌더링 업체들이 농장이나 도축장에서 죽은 동물의 사체뿐 아니라, 도로에서 사고를 당해 죽은 동물과 심지어 동물보호소에서 안락사시킨 (개, 고양이 같은) 동물들을 처리할 때도 있다는 것을 이런저런 대화를 통해 들어 알고 있었다. 나는 커트에게 그의 회사가 이런 일도 맡느냐고 물었다.

커트는 "우리는 주나 시 당국과 일하고 도로에서 사고를 당한 특정 동물들을 받아들입니다. 단 사슴, 엘크, 농장 동물에 한해서만 받지요. 동물보호소에서는 받지 않아요. 다른 렌더링 공장으로 가는지는 잘 모르겠어요. 내가 아는 한 대부분의 경우는 애완동물 화장터에서 화장돼요."라고 대답했다.

"렌더링 공정을 거친 재료가 사람이 먹는 식품 생산에도 사용되나요, 아니면 가축과 애완동물 사료나 식품을 제외한 품목에만 사용되나요?" 나는 렌더링이 끝난 재료가 정확히 어떻게 사용되는지에 관해 상반되는 정보를 들은 후였다.

"렌더링 제품들은 먹을 수 없고 사람이 먹는 식품에는 들어가지 않아요. 동물 사료로만 사용됩니다." 커트는 미국 렌더링산업협회 등 정보를 얻을 수 있는 웹사이트를 몇 개 알려 주었다. 렌더링을 거친 재료의 사용처는 물론 렌더링이 어떻게 이루어지는지를 더 자세히 알 수 있는 정보였다.

렌더링에 대해 완전히 이해하는 것은 이 책의 연구 범위를 넘어서는, 훨씬 큰 프로젝트다. 하지만 나는 적어도 낙농업의 주변 산업으로서 렌더링이 어떻게 운영되는지를 개괄적으로나마 알고 싶었다.[20] 1389번 귀 인식표를 단 암소에 대해 생각하면서 그 소의 몸이 사후에 어떻게 처리되고, 변형되고, 상품화되었는지 궁금했기 때문이다.

커트가 보내준 자료를 읽고, 업계의 사람들과 이야기를 나눈 뒤 내가 깨달은 사실은 사체 수거업자인 데이브 같은 사람들이 꽤나 소름 끼치는 산업으로 묘사하긴 했어도, 렌더링은 사람들이 잘 모르지만 사회가 유지되는 데 없어서는 곤란한 분야 가운데 하나라는 점이다. 렌더링은 도축 전에 죽은 농장 동물의 유해, 도축하고 남은 동물의 부위, 그리고 경우에 따라서 도로에서 죽임을 당한 동물의 유해(통상 로드킬이라고 부르는데, 주에 따라서는 이렇게 죽은 동물들로 비료를 만드는 등 다른 방식으로 활용하기도 한다)를 변형시킨다. 렌더링이 없다면 사람이 살고 있는 이 땅은 순식간에 사육 동물들과 여타 동물의 죽음으로 발생하는 대량의 폐기물로 넘쳐날 것이다. 미국 렌더링산업협회에 따르면 미국과 캐나다의 렌더링 공장이 매년 560억 톤의 폐기물을 처리하는데, 이것은 "만약 렌더링 제품을 모두 매립한다면, 4년 내에 가용 공간이 없어져 버릴" 정도로 많은 양이다.[21]

도축된 소의 몸에서 대략 절반 정도, 즉 사람이 먹을 수 없는 부위로 간주되는 뼈, 혈액, 지방, 일부 내장기관 등이 렌더링 공장으로 보내진다.[22] 농장이나 경매장에서 죽는 동물도 4.5퍼센트라는 꽤 의미 있는 비중을 차지한다. 렌더링 재료의 절대 다수는 도축 공정이 끝나고 남는 부분이다.[23]

렌더링 공정은 우선 '원자재'에서 시작한다. 죽은 동물의 온전한 사체나 해체되고 남은 부분, 지방, 뼈 등이다. 렌더링 공장에 도착한 동물의 조직은 우선 쿠킹(열처리) 공정에 알맞은 크기로 분쇄된다. 미국 내 대부분의 렌더링 공장은 연속-흐름식 쿠킹 공정을 이용하는데, 쿠킹 공정을 거치면서 고기, 달걀, 낙농산업으로부터 유래한 대량의 부산물이 재처리되고 각기 다른 상품으로 재분리된다. 보통 40분에서 90분이 소요되는 증기 쿠킹 공정은 지방을 녹여 뼈와 단백질로부터 분리하는데, 쿠킹 공정이 끝나면 체조직에서 대부분의 수분이 제거된다.[24] 그 다음에는 스크류프레스라는 장비로 지방을 추가로 더 분리, 저장했다가 비누 등의 바디 케어 제품의 원료로 판다. 나머지 지방, 미네랄, 단백질은 모두 분쇄와 분리 과정을 거친 후 동물 사료, 육분, 골분, 혈분 및 기타 제품으로 재처리되어 저장, 운송된다.[25]

렌더링은 도축 후 남은 부위와 폐기물 처리 외에 동물 유해에서 발견되는 잠재적으로 해로운 박테리아를 제거하는 역할도 한다. 렌더링 처리 이전의 유해에서 발견되는 박테리아는 살모넬라, 리스테리아, 캄필로박터 등인데 이런 미생물은 고열의 렌더링 공정을 거치면서 죽는다. 동물의 유해, 특히 소의 부산물을 동물 사료로 재처리하면서 소위 광우병이라고 알려진 소해면상뇌증BSE 확산에 관한 심각한 우려를 낳았다. 이 병은 감염된 소에서 유래한 사료를 다른 소에게 먹임으로써 확산된다. 기괴하게 들리겠지만 경제적 효율과 원가절감을 추구하다 보니 사육 동물에게 다른 사육 동물의 유해를 가공한 사료를 먹이는 관행이 일반화되었다. 현행의 렌더링 공정으로는 소해면상뇌증을 유발하는 병원균을 확실히 죽이지 못하기 때문에 미국 식약청은 소량이라도 소를 비롯한 반추동물의 부산물을 다른 반추동물에게 먹이는 행위를 금지하고 있다.[26] 소해면상뇌증을 비롯해 사육 동물에 감염되고, 심지어 동물에서 사람에게로 옮겨가는 질병(가령 조류독감)들은 축산업이 집약화하면서 시급한 문제로 떠오르고 있다. 점점 더 많은 동물을 좁은 공간에 가둬 사육하면서 질병이 걷잡을 수 없이 번지기 때문이다. 질병 전파의 가능성은 동물이 죽고 사체를 처리하는 동안 확대되기 때문에, 사체 처리 방식은 윤리적인 측면은 말할 것도 없고 보건의 측면에서도 중요한 문제로 떠오르고 있다.

식품체계 안에서 태어나고, 노동하고, 도축되는 동물의 수가 어마어마하기 때문에 렌더링은 한때 살아있었던 수많은 동물의 사체를 처리하는 중요한 산업이 되었다. 렌더링은 산업 그 자체로는 눈에 잘 보이지 않지만, 식품 생산을 위해 전 세계적으로 매년 수십억 건씩 발생하는 동물의 죽음과 그 처리 과정을 감추는 중요한 장치다. 따라서 렌더링은 동물의 사체를 처리하고 활용하는 필수적인 역할을 담당하는 한편, 낙농업처럼 식품 생산을 위해 동물을 사육하고, 상품화하고 죽이는 산업들과 연관되어 있다.

동물을 죽이고 처분하는 도축과 렌더링 산업은 미국에서 사육 동물들의 가치가 어떻게 매겨지는지 그 불편한 진실을 보여준다. 사육 동물은 고유의 생명을 지니고, 애도할 만한 죽음을 맞는 유일무이한 존재가 아니라, 기르고, 사용하고, 상품화하고, 식품 생산을 위해 죽이고, 죽은 후 사체까지 상품화하여 마지막 남은 경제적 가치를 뽑아낼 수 있는 가능성에 따라 가치가 정해지는 육체에 불과하다. 경매장에서 본 1389번 암소를 비롯한 사육 동물들은 대개 이런 식으로 개념화된다. 컬 경매는 이런 개념화를 무엇보다도 두드러지게 보여준다. 컬 경매장에 앉아있는 동안, 그 어느 때보다 이 사실이 피부에 와닿았다. 그곳이 누가 봐도 효율적인 경제 교환을 우선적으로 추구하는 공간이고, 그런 효율성이 동물을 죽이고 그 사체를 처분하는, 사육의 최종 단계를 용이하게 만들기 때문일 것이다. 또 그곳에서 군더더기 없이 효율적으로 생명을 거래하고, 원활한 상품화의 흐름에 힘입어 업자들이 고기가 될 소를 수십 마리씩 한꺼번에 사들이고, 소들이 여위고 너덜너덜해져 산송장 같은 모습으로 링을 통과하는 모습을 보았기 때문일 것이다.

죽고 죽이는 것, 처분하고 폐기하는 것에 대한 생각으로 복잡해진 마음을 안고 나는 다음 현장 조사지인 동물피난처로 향했다.

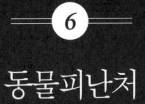

6

동물피난처

○
○

       한 달 내내 경매장이며 농장이며 정신적으로 힘
든 공간에서 시간을 보내서인지, 캘리포니아의 팜생크추어리와 애니
멀플레이스, 두 곳의 동물피난처를 찾아가기 위해 5번 주간 고속도로
를 타고 혼자 남쪽으로 차를 모는 동안은 마음이 편안했다. 피난처 관
계자들은 동물피난처를 회복의 장소, 동물 돌봄의 장소, 다른 종들과
함께 살아가는 대안적 방법을 배우는 교육의 장소라고 소개한다. 경
매장, 농장, 이동식 도축시설의 도살행위들로부터 점점 멀어질수록 내
마음은 더 가벼워졌다. 나는 동물피난처를 돌아보며 그곳에서 살고
있는 동물에 관해 배우고 그곳 사람들과 이야기하면서 한 주를 보낼
기대에 부풀었다.

    유월의 캘리포니아 센트럴밸리에는 벌써 한여름의 열기가 느껴졌
다. 팜생크추어리는 아몬드 농장과 낙농장 여러 곳을 지나는 큰 도로
에서 안쪽으로 좀 들어간 곳에 있었다. 동물피난처에 도착하기 직전
나는 웨커먼데어리를 지났다. 과거 낙농장이던 웨커먼데어리는 이제

다른 농장의 동물들이 풀을 뜯을 수 있도록 땅을 임대해준다. 동물피난처 부지와 또 다른 경계를 맞댄 곳은 목장이었는데 거세 수소들이 무리를 지어 풀을 뜯고 있었다. 피난처의 동물 관리 직원인 라이언에 따르면 가끔 목장 동물들이 울타리를 뛰어넘어 피난처로 들어오기도 하고, 수지(피난처의 일반 소들 가운데 한 마리)도 건너편 목장으로 넘어가곤 했다.[1] 암소들은 원래 가두어놓기가 쉽지 않고, 약간의 동기만 있다면 1.8미터 높이의 울타리를 뛰어넘거나 스스로 생각해낸 기막힌 방법으로 울타리를 빠져나간다.

"울타리를 넘어오는 동물들은 어떻게 되나요? 이곳에서 계속 지내게 되나요?" 나는 순진하게도 이렇게 물었다.

"안타깝지만, 다시 돌려보내야 해요." 라이언이 대답했다. "우리는 이웃들과 좋은 관계를 유지해야 해요. 그래야 주변 농장주들이 자기들 땅으로 넘어간 우리 동물들을 돌려보내 주거든요."

나는 겨우 울타리 하나를 사이에 두고 전혀 다른 세계가 펼쳐진다고 생각했다. 보기에는 단순히 영역을 표시하는 장치, 소유지의 경계를 따라 친 선일 뿐이지만 얼기설기 엮은 철사와 나무가 풍경을 가르면서, 갈라진 경계를 기준으로 땅의 주인이 다르고, 동물의 몸을 소유하는 방식이 각기 다르다. 한쪽에서는 우유와 고기를 생산하기 위해 동물을 번식시키거나 밖에서 사 온다. 동물의 일상은 전적으로 그들을 소유한 농부들의 생계를 책임지기 위해 꾸려진다. 다른 쪽에서는 동물의 삶이 전혀 다른 방식으로 이해된다. 이쪽 세계의 동물들은 상품화의 순환고리에서 완전히 벗어나 각각 다른 사연을 거쳐 피난처까지 오게 되었고, 그들을 돌보는 사람들의 목표는 가능한 그들이 해를 입지 않고 살아갈 수 있는 환경을 조성하는 것이다.

목가적 아름다움은 울타리 양쪽이 크게 다르지 않다. 완만하게 비탈진 목초지, 옹기종기 모여있는 농장 건물들, 한가로이 거니는 동물들이 있는, 누구나 상상하는 가족 농장의 모습을 갖추고 있다. 사실, 수 도널드슨과 윌 킴리카는 다수의 동물피난처가 목가적인 가족 농장의 풍경과 미학적으로 유사하다는 점이, 동물들은 원래 농장에서 자라는 것이 자연스러우며 사육이라는 전제 하에 동물을 돌보는 일반적인 방식이 동물에게 이롭다는 관념을 미묘하게 강화한다고 우려한다.[2] 무심한 방문객이나 관찰자라면 울타리 하나를 사이에 두고 사육 동물을 개념화하는 방식이 극단적으로 다르다는 것을 눈치채지도, 이해하지도 못할 것이다. 하지만 동물을 다르게 이해하는 물리적 조건들이 만들어지는 데에는 소위 '상징 권력(사람들로 하여금 특정한 시각으로 세상을 보고 본 것을 믿게 만들어 신념을 재생산하는 권력 효과)'이라는 것도 작용한다고 인류학자 일런 애브럴은 말한다.[3]

팜생크추어리는 동물 보호와 재활, 교육과 지역 봉사, 법령 제정과 기업 개혁을 목표로 하는 비영리 기관이다. 뉴욕주의 왓킨스글렌, 캘리포니아주의 올랜드와 액튼에 이어 가장 최근 뉴저지에 문을 연 피난처를 운영하고 있으며, 사육 동물을 위한 피난처로는 미국 내에서 최대 규모다. 1986년 진 바워와 로리 휴스턴이 팜생크추어리를 설립하고 처음 받아들인 동물은 힐다라는 양이었다. 힐다는 펜실베이니아주 랭커스터 식육공장지대 뒤편의 '사체 더미'에서 발견되었다. 바워와 휴스턴이 죽은 동물들의 사체 더미를 검사하던 도중 힐다가 머리를 들고 두 사람을 쳐다보았다. 그들은 황급히 힐다를 수의사에게 데려갔고, 그곳에서 힐다는 기운을 차렸다. 물과 음식과 기본적인 보살핌만으로 완전히 회복한 것이다. 힐다는 팜생크추어리의 뉴욕 피난처에서 11년간 살다가 노령으로 사망했다.

처음 힐다를 데리고 온 바워와 휴스턴은 힐다를 버린 사람을 추적해서 찾아냈다. 이것을 흉악한 동물복지 위반 사례로 확신하고 직접 식육공장에서 증거를 수집한 바워와 휴스턴은 고발을 준비했다. 하지만 그들은 곧 그러한 공장의 행위가 '통상적인 축산업 행위'에 속한다는 사실을 알게 되었고, 펜실베이니아주 일반적인 농업행위에 대한 면책 원칙에 따라 힐다에 대한 공장의 조치가 주 잔혹행위방지법 적용 대상에서 제외된다는 것도 알게 되었다. 그 결과, 새로 설립된 팜생크추어리는 더 철저한 조사를 진행했고 랭커스터 식육공장 반대 캠페인을 벌였다. 반대 시위를 조직하고 랭커스터 공장으로 하여금 팔 수 없을 정도로 쇠약하거나 병든 동물은 안락사시키는 '노 다우너[no downer]' 규정을 채택하도록 했지만, 시간이 흐르자 점차 회사는 다시 동물복지에 대해 안일한 예전의 관행으로 돌아갔다.

팜생크추어리는 동물복지법을 강제할 권한을 갖기 위해 펜실베이니아주 동물학대방지협회로 정식 인가를 받았다. 다른 인도주의 기관과 법집행기관이 식육공장에 대해 아무 조치도 취하지 않으려 했기 때문이다. 팜생크추어리에서 파견한 조사원이 식육공장의 걷지 못하는 소에 대해 보고한 후, 팜생크추어리는 식육공장을 잔혹행위 혐의로 고발할 수 있었다. 이번에는 팜생크추어리가 이겼고 식육공장은 동물에 대한 잔혹행위로 유죄판결을 받은 미국 최초의 사례가 되었다.

물론 앞서 언급했듯이 사육 동물의 복지에 관한 법은 수십 년이 지난 지금도 여전히 적용 범위가 불충분하고 제대로 집행도 되지 않는 등 문제점을 드러내고 있기 때문에 팜생크추어리와 애니멀플레이스 등의 기관이 주안점을 두는 임무 가운데 하나는 법 개혁이다. 동물피난처들은 주와 연방의회가 사육 동물에 대한 보호를 강화하는 법을 통과시키도록 힘쓰고 있다. 동시에 이들 기관은 비건주의에 대해 교육하고 지원하는 일에도 참여하고 있다. 대중들에게 사육 동물들이 겪는 고통에 대해 알리고, 사람들을 피난처에 있는 동물 '대표들'과 만나게 하고, 방문객들이 비건주의를 체험하고 유지할 수 있도록 유용한 자료를 제공하며 권장한다.

일부 동물권리운동가들과 이론가들은 동물해방운동의 이른바 '비건 전환' 전략이 대규모 변화를 불러오는 데 그다지 효과가 없다는 견해를 보인다. 문제와 해결을 개인의 차원으로 끌어내릴 뿐 아니라 많은 사람들이 채식주의나 비건주의를 시작했다가도 다시 육식으로 돌아가기 때문에 이런 식으로는 그들이 직면한 거대한 구조적 문제들에 대응할 수 없다는 주장이다.[4] 하지만 수년간 수많은 방문객들을 만나온 이런 동물피난처들은 사람들이 스스로의 소비 행태를 크게 변화시키고, 동물과의 돌봄의 관계가 나아갈 방향에 대해 예전과는 다른 폭넓은 시야를 갖는 데 영감이 되어 줄 수도 있다.

사육 동물들을 위한 피난처는 (대개 구조라는 큰 틀 안에서 이루어지는) 보호, 교육, 권리 옹호라는 3단계 활동에 중점을 둔다. 그 결과 대부분의 일반 농장에서 내가 겪은(혹은 겪어보지 못한) 경험과는 대조적으로, 피난처들은 나의 방문과 모든 질문을 기쁘게 받아주었다. 팜생크추어리와 애니멀플레이스 같은 대규모 피난처들은 인턴 프로그램을 운영하고 있어서 인턴들이 한두 달가량 피난처에 머물면서 동물 돌봄, 교육, 지역 봉사와 권익보호활동에 자발적으로 참여하게 한다. 인턴 프로그램은 다음 세대의 동물권리운동가들을 양성하는 데 도움이 된다는 점에서도, 피난처 활동을 널리 홍보하고 피난처가 오랫동안 명맥을 유지하면서 지속적으로 활동할 수 있다는 점에서도 피난처 활동의 중요한 부분이다. 피난처는 오랫동안 활동을 지속할 수 있는 책임감 있는 인력이 필요하다. 헌신적인 돌봄 인력은 초기 설립자들이 사망하거나, 늙고 병들어 일상의 업무를 수행할 능력이 없어졌을 때 피난처를 유지하기 위해 꼭 필요하다. 제도적인 인프라가 부족하고 직원이 부족하거나 아예 없는 소규모 피난처들은 주요 인물이나 관계자들이 다치고, 병들고, 사망했을 때 특히 위태로워진다.

동물피난처에 관한 연구를 시작하기 전에, 나는 피난처의 주된 임무가 동물의 재활 치료와 돌봄일 것이라고 생각했다. 그런 경우도 분명히 있다. 교육과 동물권리운동이 활동 범위에 포함되지 않거나 덜 중요한 부분인 경우도 있기 때문이다. 하지만 팜생크추어리와 애니멀플레이스에서 동물의 입양은 그들이 고려해야 하는 여러 문제 가운데 일부에 불과하다. 두 기관의 관계자들도 동물 돌봄에 주안점을 두어야 한다는 점과 돌보고 있는 동물들을 위한 안전한 공간 조성의 중요성을 인정했다. 하지만 동시에 광범위한 변화는 단지 피난처를 제공하는 것만으로는 이룰 수 없다는 점도 인식하고 있었다.

팜생크추어리의 라이언은 "식품산업의 굴레 안에 있는 수많은 동물들을 전부 구해내는 것은 무리입니다. 개별적인 구조 활동은 더 큰 문제의 해결이라는 맥락에서 볼 때 그릇에 떨어진 물방울 하나 정도의 의미도 없습니다. 하지만 우리가 받아들이는 동물 하나하나의 삶이 변화한다면 그 동물들은 각각 자신의 종과, 피난처에 오지 못하는 다른 모든 동물들을 대변하는 존재가 될 것입니다."라고 지적했다.

팜생크추어리의 인턴인 앤 역시 동물권리 옹호라는 큰 그림을 강조했다. "동물을 돌보는 데에만 모든 시간과 에너지를 사용하는 것은 무책임한 처사입니다. 더 큰 그림에서 보면 그 밖에도 할 일이 너무 많기 때문입니다. 물론 우리는 이곳 동물들을 돌보고, 되도록 고통은 최소화하면서 그들에게 최상의 삶을 보장하려고 애씁니다. 하지만 우리는 동시에 그러한 고통을 야기하는 구조에 진정한 변화를 가져오려면 돌보는 것만으로는 부족하다는 점도 인식하고 있습니다."[5]

나는 그들이 피난처에서 돌보고 있는 동물들을 염려하는 동시에 구조적 측면에 대해, 나아가 사육 동물의 상품화를 유지하는 자본주의 경제 논리의 문제점에 대해 인식하고 있다는 사실에 놀랐다. 이런 실리적 태도는 축산업의 규모에 대한 이해, 피난처가 보유한 자원(공간, 돈 등)의 한계성에 대한 인식, 개별 동물들의 경험이 자본주의, 전통, 종 계층구조의 구조적 권력관계와 깊이 연관되어 있다는 지식이 있기에 가능하다.

내가 팜생크추어리에서 처음 만난 동물은 태어난 지 겨우 몇 달밖에 안 된 노먼이라는 작은 송아지였다. 노먼은 나무가 우거진 그늘 아래 작은 외양간에 격리되어 있었고 피난처 관계자들이나 방문객들이 자주 노먼을 보러 왔다. 리빙스턴 시의 단속반Animal Control이 도축을 목적으로 노먼을 기르던 남자로부터 노먼을 구출했다. 구출 당시 노먼은 보살핌을 받지 못하고 방치되어 있었다. 피난처에 올 때 생후 1개월이었던 노먼은 저체중에 폐렴까지 앓고 있었다.

낙농업계에서 태어난 수컷 송아지 노먼은 낙농업의 부산물 취급을 받았다. 이 '부산물'에서 최대한 이윤을 뽑아내려는 노력의 일환으로 노먼 같은 송아지들을 4개월에서 6개월 정도 사육한 후 빌 고기용으로 도축하거나 18개월에서 20개월 정도 사육한 후 일반 쇠고기용으로 도축한다. 내가 만난 노먼은 젖병으로 수유를 하고 폐렴으로부터 순조롭게 회복하는 중이었지만 아직 완치가 확인되지 않아 만일을 위해 격리 중인 상태였다. 나중에 들은 소식에 의하면, 노먼은 이후 완치되어 남부 캘리포니아에 있는 농장 동물 입양 네트워크Farm Animal Adoption Network의 어느 회원과 영구적인 가족이 되었다. 팜생크추어리와 애니멀 플레이스 같은 피난처들은 새 가정에서 성공적으로 적응해 살아갈 수 있을 것 같은 동물들에게는 되도록 입양 가정을 찾아주려고 애쓴다.

라이언은 돼지들이 건초를 깐 바닥에 누워있는 축사 안을 보여주었다. 천장에 부착된 산업용 거대 선풍기가 실내 온도를 시원하게 유지했다. 축사를 둘러본 다음 우리는 염소들이 있는 구역으로 옮겨갔다. 염소들은 호기심이 많았고 우리가 축사에 들어가자 몇 마리는 가까이 다가왔다. 그 다음에는 칠면조, 오리, 닭들을 만나러 갔다. 나는 라이언에게 닭이 낳는 달걀은 어떻게 되냐고 물었다. 그는 달걀을 삶아 껍질째 으깬 다음 닭들에게 먹인다고 말했다. 달걀을 매일 하나씩 낳을 경우 암탉의 몸에 부담이 되고 몸에서 꼭 필요한 영양소가 빠져나간다. 암탉에게 달걀을 먹이는 것이 달걀을 낳느라고 잃어버린 영양소를 보충해주는 가장 간단한 방법이라고 라이언은 설명했다. 산란계 암탉은 연중 거의 매일 알을 낳는다. 달걀 생산을 위해 수 세대 동안 닭을 육종한 결과다. 가장 알을 잘 낳는 닭들을 골라 번식시키고, 다음 세대에서 다시 가장 알을 잘 낳는 개체를 골라내 교배시키기를 반복한 것이다.

나도 한때는 알을 많이 낳는 것이 특정한 종의 자연스러운 형질일 것이라고 막연히 생각했다. 하지만 곰곰이 생각하고 책도 찾아보면서 그것은 말이 되지 않는다는 것을 깨달았다. 어떤 새가, 아니 어떤 동물이 일 년에 3백 번 넘게 배란을 한단 말인가? 대부분의 새들은 한 번에 몇 개씩, 일 년에 기껏해야 두 번 알을 낳는다. 인간의 배란은 한 달에 한 번이다. 그러므로 닭이든 다른 동물이든 하루에 한 번씩 배란을 하는 것은 끊임없이 몸을 혹사시키는 일이다.

이처럼 동물의 생체 주기를 교란시키는 것은 낙농업에서도 마찬가지다. 암소들 역시 육종을 통해 우유 생산량의 급격한 증가를 경험했다. 가령 2007년에서 2016년 사이, 미국에서 암소 한 마리가 생산하는 우유의 양은 13퍼센트 증가했다.[6] 더 장기적으로 보면 증가세는 더욱 뚜렷하다. 미국에서 소 한 마리가 하루에 생산하는 우유의 양은

1930년에 대략 5.4킬로그램 정도였지만, 2016년에는 약 30킬로그램까지 늘었다.[7]

팜생크추어리는 애니멀플레이스와 마찬가지로 종에 따라 동물들을 나누어 수용하고 같은 종 안에서도 분리한다. 양쪽 모두 '일반 소'와 '나이 든 소'로 구분해서 나이 든 소들이 젊은 소들로 인해 다치는 일이 없도록 예방한다. 내가 방문한 애니멀플레이스의 경우 돼지들을 '큰 돼지(식용으로 사육된 종)'와 '배불뚝이 돼지'로 구분한다. 역시 작고 약한 동물들의 안전을 위해서다. 피그피스의 주디 우즈는 이와는 달리 모든 종의 돼지들(그리고 양, 라마 같은 소수의 다른 동물들)이 함께 생활하도록 한다. 한번은 피그피스에 갔다가 이렇게 물어보았다. "큰 돼지들 때문에 작은 돼지들이 다치는 일은 없나요?"

"크기는 권력과 무관해요."라고 주디는 설명했다. "작은 돼지가 큰 돼지에게 주도권을 행사해서 권력을 휘두르는 일도 있어요. 동물들도 나름의 서열을 만들고 친구도 사귑니다. 내가 뭐라고 그저 크기가 같다는 이유만으로 너는 저 돼지하고만 사귀고, 같이 지내야 한다고 말할 수 있겠어요?"

대신 피그피스에서는 돌봄의 필요에 따라 동물들을 나누고 영역을 분리한다. 가령 주디는 의학적 격리구역과 TLC구역을 따로 운영한다. 일반적인 바닥보다 더 평평한 바닥에서 지내야 하는 돼지들을 위한 TLC구역은 주디의 집 가까이에 있어서 그들의 상태를 늘 눈여겨볼 수 있다. 그렇다고 구역을 철저하게 분할하지도 않는다. 그래서 때때로 돼지들 간에 싸움이라도 벌어지면 돼지들을 옮기거나 분리시켜야 한다. 또 의학적인 보살핌을 위해 한 마리만 옮겨야 할 경우 무리 안에서 돼지들 간에 형성된 사회적 관계도 고려한다. 보통은 치료가 필요한 돼지와 그 돼지의 가장 가까운 단짝을 함께 옮긴다.

도널드슨과 킴리카는 대부분의 피난처에서 동물들을 여전히 종별로 분리한다고 지적한다.[8] 물론 나름의 이유와 동물 돌봄에 대한 저마다의 가치관에 기인한 것이다. 도널드슨과 킴리카에 따르면 "더 자세히 들여다보면, 동물의 분리는 개별 동물의 필요와 욕구에 대응하기 위해서라기보다 인간의 관념(혹은 편리성)을 기준으로 이루어진다."[9] 그들은 또, 버몬트의 바인생크추어리처럼 서로 다른 종들이 같은 공간에서 생활하는 피난처들의 경우, 서로 다른 종 사이에도 관계가 생겨나고, 종이나 크기가 다른 동물들을 같은 공간에서 지내게 함으로써 발생할 수 있는 위험도 "충분한 휴식과 은신 공간을 제공함으로써" 개선할 수 있다고 지적한다.[10]

이 책이 출간되기 직전, 마침 버몬트를 여행할 기회가 생겨서 바인생크추어리를 방문한 적이 있다. 수년 전부터 바인생크추어리에 대해 듣고 읽었기 때문에 과거 농장에서 사육되었던 동물들을 위한 피난처를 설립할 때 그곳 사람들만의 독특한 접근방식이 사용되었다는 것도 알고 있었다. 언덕 위 숲속에 자리 잡은 바인의 수많은 동물 거주자들은 나무가 울창한 지역에서 한데 어울려 지냈다. 바인의 인간 거주자들은 다양한 종이 서로 공유하는 공간에서 동물 거주자들의 요구와 조건을 만족시키려고 새로운 형태의 주거와 휴식 공간을 설계했다. 지형조건 자체가 다양하기 때문에(대부분은 숲이고, 숲보다 개방된 지형이 있고, 풀 또는 바위로 덮인 지형도 있다), 인간 이외의 거주자들은 누구와 어떻게 살 것인지 선택할 수 있는 범위가 넓다. 가령 어떤 병아리와 수탉들은 밤에 닭장에서 휴식하는 것보다 나무 위에 앉아서 쉬는 편을 더 선호한다. 바인의 공동 설립자인 패트리스 존스와 미리엄 존스는 닭의 이런 생태를 보고, 각자 다른 필요와 욕구를 지닌 동물 거주자들에게 의미 있고 견딜만한 삶을 제공하기 위해 자신들이 어떤 역할을 해야 할지 깊이 고민하게 되었다.

이처럼 피난처들은 동물이 살기 적합한 공간을 창조하기 위해 탈규범적 방법들을 가능성으로 제시한다. 한때 농장에서 사육되던 동물들을 위해 종을 분리하는 사육모델, 농장 기반의 돌봄 관행, 돌보는 인간과 동물 거주자 사이의 불균등한 권력관계를 재생산하지 않는 환경을 제공하기 위해서다. 물론 피난처 내에서도 어느 정도의 권력관계는 생겨날 수 있다. 다양한 방식으로 부정적인 효과를 완화시켜도 여전히 동물들은 사람들에게 사로잡혀있는 존재이기 때문이다.

사람들에게 잡혀있는 상태가 일으키는 부정적 효과를 완화하고 사육당하는 종들의 돌봄에 대한 지식을 변화시키는 한 가지 방법은 동물을 의사 결정 과정에 참여시키는 것이다. 패트리스 존스는 중요한 결정이 어떻게 내려지는지 한 가지 사례를 소개했다. "우리는 축사 안에 서 있고, 주변에는 피난처의 동물 거주민들이 우리를 둘러싸고 있습니다. 중요한 결정을 내릴 때는 이런 방식을 선호합니다. 미리엄과 나는 동물들에 대한 결정은 가능하면 동물들과 협의해서 내려야 한다고 믿습니다. 이 방법이 불가능하다면 차선책은 의사 결정에 의해 영향을 받게 될 동물들을 물리적으로 가까이 두고 결정을 내리는 겁니다. 그래야 동물을 추상적인 대상으로 취급하는 오류를 범하지 않습니다."[11]

피난처라는 환경에서조차 개별 동물을 추상화된 대상으로 취급하고, 동물 돌봄과 관련한 결정을 내림에 있어서 일반화한 규범을 따르는 오류를 범할 수 있다. 하지만 피난처에서는 동물 돌봄을 완전히 새롭게 재구상할 수 있는 가능성이 얼마든지 있다. 시간을 들여 동물 하나하나에 대해, 그들에게 무엇이 필요한지를 파악할 수 있고, 각각의 동물이 피난처 내의 다른 존재들과 관계를 맺는 특별한 방식도 알아갈 수 있기 때문이다. 일런 애브럴은 "피난처는 더 나은 미래를 위한 투쟁을 독려하는 상징적 가치에 머무르지 않고, 바로 그런 미래를 드러내 보여주기 위해 고난과 역경을 헤쳐나가는 매우 중대한 임무를 수행한다. 인간과 동물 간의 관계에 더 급진적인 변화를 이루기 위해서는 반드시 이런 실질적인 수고가 필요하다."[12]라고 쓰고 있다.

다시 팜생크추어리 이야기로 돌아가자. 돼지, 염소, 닭, 칠면조, 오리를 보여준 라이언은 나를 건물 뒤로 데리고 갔다. 우리는 아픈 동물들이 있는 구역을 지나갔다. 피그피스에서 의료적 이유로 격리가 필요한 동물들의 공간을 전면과 중앙, 즉 방문자들이 볼 수 있는 곳에 배치한 것과는 대조적으로, 팜생크추어리에서는 아픈 동물들의 공간이 방문자들의 시선이 닿지 않는 건물 뒤편에 있다.

이처럼 대조적인 결정은 동물 돌봄의 측면에서도, 방문자들을 위한 배려 측면에서도 흥미롭다. 두 경우 모두 병약한 동물의 위치 선정에 나름대로 타당한 이유가 있다. 피그피스에서 주디는 아픈 동물들을 자신의 거주 공간과 가장 가까운 곳에 두어 하루에도 여러 번 그들 곁을 지나면서 상태를 확인할 수 있도록 했다. 전직 응급실 간호사인 주디는 증상의 심각성에 따라 치료 우선순위를 정하는 응급실의 논리를 응용하여 피그피스의 공간을 배치했다. 가장 급하게 돌봐야 하는 동물들을 가장 가까이에 두고, 급한 조치는 필요하지 않지만 주기적으로 매일 돌봐야 하는 동물들은 그보다 조금 멀리, 인간의 손길을 가장 덜 필요로 하는 동물들은 일반 무리에서 지내도록 했다. 주디의 이런 결정은 순전히 돼지들만의 독특한 필요를 고려한 것이다. 피그피스는 여름 몇 달 동안만 외부 방문객을 받는다. 따라서 방문자들의 체험은 의사결정 시 고려해야 할 조건들 가운데 낮은 순위를 차지한다.

팜생크추어리에서 약한 동물들을 배후에 둔 것은 동물들과 동물들을 적극적으로 돌보는 피난처의 인력들이 방문객들의 방해를 받지 않도록 보호하기 위함이다. 하지만 약한 동물들을 눈에 띄지 않는 곳에 배치함으로써 방문객들에게도 특별한 경험을 제공할 수 있다. 건강한 동물들이 행복하게 살아가는 공동체를 보여줌으로써 그곳이 진정한 피난처라는 인식을 강화할 수 있는 것이다.

라이언과 나는 일반 암소들과 거세 수소들이 낮 시간을 보내는 목초지 깊숙이 걸어 들어갔다. 소들은 커다란 연못 주변에 자란 풀을 뜯고, 목초지가 누렇게 마르는 여름 동안 풀 대신 먹이기 위해 매일 배달되는 건초를 썹었다. 암소 몇 마리는 붙임성이 좋고 호기심이 많아서 우리가 목초지에 들어서자 곧장 다가왔다. 나는 소들이 다가오는 것을 보고 숨을 멈췄다. 소들은 엄청나게 컸다! 울타리를 사이에 두지 않고 소들과 가까이 대면한 것은 그때가 처음이었는데 소들은 내 머리 위로 우뚝 솟아있었다. 소가 울타리 너머에 있을 때는 그들이 그렇게 큰지 깨닫지 못했었다.

"발밑을 조심해요." 라이언이 주의를 주었다. "4백 킬로그램이 넘는 무게가 밟고 지나가면 발이 으스러져요."

나는 캔버스 운동화를 내려다보고 겨우 몇 센티미터 앞에 있는 거대한 발굽에서 멀리 발을 치웠다. 내가 아래를 보는 동안, 암소 한 마리가 얼굴 가까이에 있는 파리를 쫓으려고 머리를 흔들었고, 나는 소의 머리에 내 어깨가 쏠리는 것을 느꼈다. "머리를 흔들 때도 조심해야 돼요!" 라이언이 한 발 뒤로 물러섰다. 나도 따라 물러서서, 멀찍이 거리를 두고 한 마리씩 소의 목과 귀 뒤를 긁었다.

라이언은 많은 동물들의 사연을 이야기해주었다. 그중에는 우리 주변에 둘러서 있는 올리버, 엘니뇨, 해리슨과 피난처에 새로 들어온 저지 거세 수소 삼총사 피버스, 블레이크, 식서의 이야기도 있었다. 저지 수소 세 마리는 다른 두 마리와 함께 들어왔는데 나머지 두 마리는 애니멀플레이스에서 받아주었다. 일반 무리에 있는 거세 수소 대부분은 낙농장이 아닌 캘리포니아의 다양한 농장 출신이다. 농장을 나온 후에는 업계의 통상적인 방식대로 이용되거나, 감독기관이 공식적으로 학대와 방치라고 인정하는 열악한 상황에 노출되었다. 동물들 일부는 우리와 거리를 두었고, 우리가 다가가자 물러섰기 때문에 우리도 억지로 다가서지 않았다.

일부 동물들이 과거의 경험 때문에 갖게 되는 트라우마는 내가 방문한 모든 피난처에서 공통적으로 발견되었다. 팜생크추어리, 애니멀플레이스, 피그피스 같은 피난처에서 안전하게 지내고 정성어린 따뜻한 보살핌을 받고 있긴 하지만, 많은 경우 이들이 인간을 신뢰하기까지는 기나긴 치유와 학습의 과정이 필요하다. 어떤 동물은 죽을 때까지 인간을 경계하고, 동종의 다른 동물(또는 인간 외 종들)하고만 함께 있고 싶어 하거나 자신을 돌보는 극히 소수의 인간에게만 곁을 허용한다. 이 책을 집필한 계기인 세이디도 그랬다. 마지 비치를 비롯해 자신을 돌봐준 사람들과는 서로 사랑하고 아끼는 긴밀한 관계를 맺기도 했지만, 10여 년간 애니멀플에이스에서 지낸 후에도 여전히 대다수의 사람을 경계하고 두려워했다.

내가 팜생크추어리에 도착한 시각은 정오 무렵이었다. 시설 견학을 마치고 나는 그날 밤 묵게 될, 언덕 정상에 있는 오두막 열쇠를 받았다. 오두막은 침대, 거실, 작은 부엌과 식사할 수 있는 공간을 갖춘 큰 방 하나로 이루어졌고 별도의 화장실도 있었다. 오후 늦게 방을 나온 나는 시내로 나가 식료품을 사고 저녁식사를 했다. 저녁에 피난처로 돌아오자 공기가 약간 선선해져 있었다. 나는 해질녘 옅은 어둠 속에서 주변을 거닐며 동물들을 살펴보았다. 소들은 파리를 쫓으려고 꼬리를 휘둘렀고 도마뱀들이 내 앞을 가로질러 달려갔다.

교육센터와 기념품 판매점을 겸한 피플 반People Barn이 오두막 바로 옆에 있었다. 나는 건물 주변을 돌아보며 방문객들에게 사육, 특히 점점 더 산업화한 공간에서 동물을 기르는 방식이 왜 폭력적인지를 알리는 게시물들을 읽어보았다. 동물을 가두는 일반적인 장치를 본뜬 모형들이 있어서 방문자들이 보고, 만지고, 그런 장치 안에서 산다면 어떨지 상상할 수 있었다. 송아지 상자, 암퇘지를 가두는 임신 우리, 닭들을 가두는 밀집형 닭장 등이었다. 피플 반은 문을 닫은 시간이어서 주변에는 아무도 없었다. 그곳에 혼자 서 있으려니 파도처럼 비애가 몰려왔고, 눈앞의 장치들 가운데 하나에 갇혀 산다는 것이 어떤 의미인지 생각하자 피부에 소름이 돋았다. 팔을 뻗을 수도, 몸을 돌릴 수도, 다른 이들과 상호작용을 할 수도 없을 것이다. 이것이 모형 전시의 목적이다. 동물과 만나고 그들의 개성을 배우고 난 직후, 방금 만난 (이름이 있고, 저마다 다른 개성을 지닌) 동물들이 이런 장치에 갇혀 지내는 상상을 하면 우리의 몸은 본능적으로 반응하게 된다. 예를 들어 눈앞의 송아지 우리를 보고 있으려니 낮에 본 홀스타인 송아지 노먼이 그 좁은 우리에 갇혀있는 모습과, 그 극도로 좁은 장치가 노먼의 삶, 행복, 정신에 미쳤을 영향 등에 대해 저절로 생각이 난다.

인간 방문객으로서 혹은 자원봉사자로서 피난처에서 시간을 보내고, 그로부터 깊은 치유를 얻고 희망을 경험하는 방법은 많다. 피그피스를 처음 방문했을 때(내가 처음 경험한 동물피난처이기도 했다), 내가 원하던 바로 그런 곳이라는 강렬한 느낌을 받았다. 동물들이 종 특유의 본성대로 자유롭게 행동할 자유를 만끽하고, 같은 종의 다른 개체들과 공동체를 이루며, (어느 정도) 원하는 방식에 따라 시간을 보내는 모습을 보는 것은 의미 있고 중요한 일이다. 하지만 피난처는 방문객에게 정서적 고통을 주기도 한다. 산업화한 축산업의 폭력에 의해 사육당하는 세상 거의 모든 동물들이 무엇을 잃고 사는지를 일깨워주는 생생하고 가시적인 증거이기 때문이다. 피난처의 동물 하나하나는 그들과 다르게 살아가는 수백만(혹은 수십억) 동물들을 대변한다. 오두막으로 돌아가면서 나는 그 불편한 깨달음에 대해 생각했다.

그날 밤 지친 몸으로 침대에 누운 나는 어둠 속에서 땀을 흘렸다. 참을 수 없을 정도로 더워서 젖은 수건으로 머리라도 식힐까 하고 불을 켠 뒤 바닥에 발을 딛는 순간, 세 마리의 거대한 갈색 거미가 내 눈앞에서 바닥을 잽싸게 기어갔다. 나는 조심스럽게 거미를 피해서 싱크대에 수건을 적시러 갔는데, 부엌 냉장고 바로 옆 벽에 특유의 붉은 모래시계 무늬를 한 거대한 검은과부거미 blackwidow가 붙어있었다. 나는 수건과 휴대폰을 움켜쥐고 달려가 침대에 몸을 던지고 담요를 바닥에 닿지 않도록 끌어당겼다. 그리고 내 파트너 에릭에게 전화를 걸어 겁에 질린 목소리로 내가 어떤 곤경에 처했는지 설명했다.

많은 사람들이 그렇겠지만, 나도 거미를 조금 무서워한다. 하지만 동시에 거미를 비롯한 벌레들도 사람들이 보기에 무섭다거나, 징그럽다는 이유로 함부로 죽임을 당하지 않고 살아갈 수 있어야 한다고 믿는다. 집에서 거미를 발견하면 보통 조심조심 유리컵에 담아 종이로 입구를 막은 후 집 밖으로 내보낸다. 하지만 그곳이 동물피난처이고 수많은 다양한 생명체들의 안전한 보금자리라는 점이 나를 망설이게 했다. 거미들에게는 그 오두막이 집일 텐데 겨우 하루 이틀 묵으러 온 방문객에 불과한 내가 함부로 쫓아내는 것이 어쩐지 부당하게 느껴졌다. 단지 피난처에 머무른 것뿐인데 공간에 대한, 그리고 그 공간의 주인이 누구인가에 대한 기존 사고의 틀이 깨졌다. 내가 거미들을 내보내면 그것은 자신의 집에서 누구의 방해도 받지 않고 자신의 삶을 살아갈 거미들의 권리를 침해하는 일이 되어버린다. 그래서 나는 담요로 내 주변을 성벽처럼 두른 채 침대 한가운데 누워 잠들 때까지 에릭과 통화했다.

내가 처음부터 거미를 무서워한 것은 아니다. 거미에 대한 두려움은 학습의 결과다. 아주 어린 시절 나는 밤이면 침대에 누워 침실 천장을 기어가는 거미들을 지켜보곤 했다. 그때는 거미가 하나도 무섭지 않았다. 거미에 대한 공포가 자라난 것은 그 후의 일이다. 내가 언제부터 어떻게 거미를 무서워하게 되었는지는 모르겠다. 버지니아 시골 마을 고모할머니들 집에서 보낸 여름방학 때문이었는지도 모른다. 고모할머니들의 집은 말 농장이 모여있는 지역 한 가운데에 있었다. 그 집은 요새 같았다. 한여름에도 늘 문을 꼭 닫고 에어컨을 틀었고, 언제나 담배 냄새가 났다(할머니들 중 한 분이 창문도 열지 않고 실내에서 담배를 피우셨다). 바깥에 잠깐이라도 나가려고 하면 개미, 진드기, 거미(최소한 검은과부거미 급의 독거미), 뱀이 나온다고 할머니들이 엄청나게 겁을 주셨다. 나는 버지니아 농장 밖은 무서운 곳이고, 무슨 수를 써서라도 피해야 한다고 믿으며 자랐다.

우리 집에서는 가끔 어머니가 정원 손질을 같이 하자며 나와 여동생을 불러내곤 하셨다. 나는 지금도 어머니가 검은과부거미를 발견하고 우리를 부르며 하던 말을 기억한다. "얘들아, 나와서 이거 좀 봐. 정말 예쁘지 않니?" 그러면 나는 어쩔 줄 몰라 당황했다. 거미는 정말 아름다웠지만, 또 한편으로는 거미가 얼마나 무서운지 아냐고 겁을 주던 할머니들의 목소리가 귓가에 생생했기 때문이다.

간혹 그 할머니들은 자갈이 깔린 진입로에 난 잡초를 박멸하겠다며 분사기를 등에 메고 나가 잡초가 흠뻑 젖을 때까지 제초제를 뿌리곤 하셨다. 깡통스프레이 한 통을 다 써서 뒷문 발코니에 있는 개미집을 초토화시키기도 했다. 차고는 할머니들이 인간 이외의 생명체를 얼마나 두려워했는지를 그대로 보여주었다. 할머니들이 자신들만의 작은 땅이라고 생각하는 영역을 감히 침범할지도 모르는 생명체들에게 대항하기 위한 무기들이 캐비닛 하나에 가득 들어있었다. 제초제와 살충제, 쥐덫, 쥐약, 파리 끈끈이, 모기 퇴치용품 등이었다.

요새와도 같은 농가 주방 식탁에 고모할머니들과 함께 둘러앉아 있을 때면, 할머니들은 농사짓던 시절 치른 동물들과의 전쟁 무용담을 들려주셨다. 적군은 주로 텃밭을 망쳐 놓는 마멋과 토끼, 늘 눈에 거슬리던 사슴(사실 사슴들은 수목 한계선 근처에서 풀을 뜯고 있었던 것뿐인데), 그리고 할머니들이 총으로 쏘아버렸다고 주장하는 여우들이었다. 심지어 한때 키우던 작은 개에 대한 추억에 잠기기도 하셨는데 개똥이 너무 싫어서 개가 집에 돌아올 때마다 엉덩이를 살균 세정제로 문질러 씻었다는 이야기도 해주셨다.

돌이켜보면 그곳의 환경이 우리에게 적대적이었던 것이 아니라, 오히려 고모할머니들이 주변 환경에 적대적이었다. 그럼에도 불구하고 할머니들의 이야기와 경고에 겁을 먹은 나와 동생은 시골에서 보낸 대부분의 시간 동안, 시원하지만 담배 연기 자욱한 실내에 틀어박혀 얼룩 하나 없이 새하얀 거실 카펫 위에 앉아 달콤한 아이스티를 마시면서 카드게임이나 하며 지냈다.

어쩌면 그때 버지니아에서 여름방학을 보내면서 거미에 대한 공포가 자랐는지 모른다. 아니면 대부분의 곤충과 소위 '해충'이라고 간주되는 생명체에 대해 대체로 적대적인 세상에서 자라난 것이 원인일 수도 있다. 원인이 무엇이든, 벌레, 쥐, 비둘기 등 종종 오해받고 멸시당하는 이 세상의 생명체에 대한 나의 느낌, 그 느낌에 따른 행동 방식을 이제는 스스로 바꾸고 싶다는 것을 그날 밤 분명히 느꼈다. 피난처 오두막의 거미를 내 마음대로 내보내지 않은 것부터가 변화의 시작이었다. 그리고 그 최초의 변화 이후 집에 돌아와서도 거미나 그 밖의 생물들과 이전과는 다른 방식으로 상호작용하게 되었다. 또 이전에는 나의 집이라고 불렀던 공간을 나와 내 동거인이 인간이 아닌 수많은 다른 종들과 공유하는 공간이라고 달리 생각하게 되었다.

사람들은 거미나 쥐를 보면 징그럽다거나 무섭다고 느낀다. 이것은 종의 범주화가 어떻게 인간으로 하여금 다른 종의 삶과 죽음을 조정하고 재단하는지 이해하는 데 중요한 단서가 된다. 종을 계층과 범주로 나눔으로써 우리는 쥐나 거미를 해충으로 분류해 죽일 수 있고, 똑같은 논리를 근거로 소를 체계적으로 낙농업에 이용한다. 하지만 동물을 해로운 동물, 식용동물, 애완동물, 실험동물로 나누는 이러한 범주화는 더 근본적인 '동물'이라는 범주가 존재하기 때문에 가능하다. 동물이라는 범주는 인간 이외의 육체들을 (그리고 종종 인간의 육체마저도) 열등하고, 종속적인 지위로 강등시켜 착취를 정당화한다. 인간도 동물이면서, 인간과 다른 모습을 지닌 동물이라는 범주를 만들어 폭력과 지배하에 둔다.

동물피난처는 이 지배적인 범주화의 논리들을 변화시키고 종종 식품으로 치부되는 종들의 체화되고, 정서적인 생활세계 lifeworld(과학적이고 객관적인 세계와 대비되는, 주관적인 틀 안에서 매일매일 즉각적이고 직접적으로 경험하는 세계)를 제대로 이해하는 것이 어떤 의미를 가질 수 있는지 생각하게 만든다. 인간 외 동물들과 우리의 관계를 변화시키기 위해서는 인간이 다른 종들과 공간을 공유하고 그들을 개념화하는 방식에 대한 근본적인 변화가 필요하다.

하지만 피난처의 동물들도 완벽하게 고통 없는 삶을 사는 것은 아니다. 피난처로 온 많은 동물들은 과거에 받았던 학대와 산업화된 생산체계 내에서 겪은 착취, 그들이 나고 자라온 과정으로 인해 계속해서 고통받는다. 세이디도 다리와 골반 골절로 인해 만성적으로 다리를 절었고, 피난처에서 오래 지내는 동안 몇몇 인간과 다른 소들을 신뢰하는 법을 배웠다고는 하나, 이전에 만났던 인간들 때문에 겪은 외상과 공포로 인한 정서적 고통을 완전히 극복하지는 못했다. 세이디가 어릴 적에 겪은 일들은 피난처에서 10여 년을 산 뒤에도 여전히 세이디의 삶에서 지워지지 않았다.

피난처 동물들이 가장 흔하게 앓는 질병은 대부분 축산업의 육종 관행으로부터 기인한다. 팜생크추어리의 관계자들은 종종 오리와 칠면조를 돌보는 데 어려움을 호소한다. 선택 육종의 결과 오리와 칠면조가 제대로 서 있지 못한다는 것이다. 고기를 많이 생산하기 위해서 몸을 빠르게 성장시키는 바람에 자신의 무게를 감당할 수 없을 정도로 무거워졌기 때문이다. 축산업에서 행하는 육종으로 동물들은 몸이 빠른 성장속도를 버티지 못하거나, 제대로 걷지 못하는 결함을 안고 태어나는 등의 부작용을 겪는다. 게다가 피난처에서는 동물들이 나이를 먹기 때문에 노화로 인해 몸이 하루하루 달라지는 것을 감당해야 한다. 따라서 동물의 고통을 가능한 최소화하는 것이 피난처 업무의 중요한 부분이다. 그 결과 더 이상 고통을 줄여줄 수 없는 경우에는 때때로 안락사라는 힘든 결정을 내리기도 한다.

팜생크추어리의 줄리는 동물들이 피난처에서 어떻게 살다가 죽을지를 결정하고 그 책임을 진다는 것이 윤리적으로 어떤 의미인지에 대해 언급한 적이 있다.

가끔 궁금할 때가 있어요. 이렇게 불편한 몸을 가지고 목숨을 연명하게 하는 것이 그들을 위하는 일일까? 그래도 되는 걸까? 동물들이 들려주는 이야기는 세상에 큰 보탬이 돼요. 여기 발렌티노(거세 수소)를 보면 알 거예요. 발렌티노도 원하는 것이 있고, 자신만의 의견이 있어요. 여기 동물들 모두 저마다의 이해와 가치가 있는 개별적인 존재예요. 나는 이 동물들도 살아있어서, 여기서 자신의 삶을 살 수 있어서 행복해한다고 생각해요. 그리고 우리는 고통스러워하는 동물들을 위해 가능한 모든 조치를 취할 수 있어요. 우리는 동물들이 자신의 몸으로 가능한 한 편안하게 살아가도록 할 일을 하고 있어요. 나는 동물들이 살아있어서 행복했으면 좋겠지만, 그들에게 물어볼 수는 없어요. 우리가 여기서 하는 일

이 그들이 원하는 바와 완전히 일치하는지 아닌지 알 길이 없어요.[13]

동물의 삶과 죽음에 대한 판단과 동물을 바라보는 시각은 장애를 대하는 복잡한 태도, 이종 간 의사소통의 문제 등과도 연관이 된다. 수나우라 테일러는 자신의 책《짐을 진 짐승들 Beasts of Burden》에서 축산업에서 장애가 있는 동물을 어떻게 개념화하는지를 기록하고 있다. 이 책을 통해 테일러는 사육당하는 다양한 종들이 어떻게 장애를 가지고 태어나고, 상품 생산을 위한 육종이 동물의 성장 과정에 어떤 문제점을 야기하는지 논하는 한편, 동물들이 겪게 되는 다양한 상해와 부상(예를 들어 집약적인 우유 생산방식으로 인해 암소들에게 나타나는 유선염이나 다리 절기)에 대해서도 이야기한다.

같은 맥락에서 테일러는 산업이(그리고 소비자가) 고기가 되기 위해 도축당하는, 소위 정상적인 동물을 오염시킨다는 이유로 식품산업의 고리 안에 있는 장애 동물들을 처리 혹은 처분(대개 살처분)해야 할 문제로 다루는 실태를 파헤친다.[14] 피난처에서 동물을 돌보는 관리자들은 농장에서의 육종(그리고 관리 태만과 학대 등)으로 동물들이 다리를 절고 수명도 단축된다는 점을 잘 파악하고 있다.

하지만 여기에서 작용하는 장애 정책 역시 단순하지 않다. 엘리 클레어는 자신의 책《멋진 불완전 Brilliant Imperfection》에서 체화, 돌봄, 다름에 관한 규범적인 관념을 반박하며 정상적이고 자연스럽다는 것에 대한 우리의 고정관념 자체가 무너져야 한다고 주장한다. 클레어는 장애를 가진 사람을 묻지도 따지지도 말고 치료해야 하는 대상으로 보는 견해를 불편해한다. 클레어는 치료라는 관념을 완전히 반박하지 않으면서도 "나는 나 자신과 지인, 친구, 동료, 이웃, 가족, 연인, 활동가, 문화계 종사자 등 내 주변에 장애를 가진 모든 사람들에 대해 생각한다. 희극, 시, 행위예술, 열정적인 활동, 성적인 영화, 중요한 생각, 훌륭한 대화, 재미 등 우리가 세상에 제공하는 것들에 대해서 생각한다. 나는 우리가 누구인지, 우리들만이 가진 몸과 마음의 특별한 조합이 우리를 어떻게 형성해왔는지에 대해 생각한다. 장애가 없었더라면 우리는 과연 어떤 사람이었을까?"[15] 라는 질문을 던진다.

테일러와 클레어의 책은 우리로 하여금 이런 질문을 하게 만든다. 동물들의 장애가 그들의 삶과 관계를 어떻게 형성하는가, 육종과 업계의 일반적인 관행들(이 관행들은 해를 끼친다는 점에서 마땅히 심각한 윤리적 우려의 대상이 되어야 한다)이 동물에게 장애를 야기하는 경우가 얼마나 빈번한가, 그리고 우리가 어떻게 새롭게 생각의 틀을 바꾸어 장애를 무조건 없애야 할 대상으로 보지 않고, 또 다른 형태의 체화로서 한 개인의 정체성과 이 세상 안에서 살아가는 방식을 지극히 아름답고 예상치 못한 방식으로 결정한다는 점을 인식할 수 있을까.

앞서 줄리가 분명하게 이야기했듯이, 자신이 돌보는 개개의 동물들과 명확하게 소통하는 것도 쉽지 않은 상황에서 어떻게 동물을 돌보는 것이 최선인지를 파악하는 것은 더 어려울지 모른다. 하지만 동시에 피난처 관계자들은 동물들이 말 없이도 다양한 방법으로 소통하며, 동물들이 종종 자신이 다루어지는 방식과 주변에서 벌어지는 일들에 대한 느낌을 꽤 분명하게 전달한다고 말한다. 연결, 체화, 소통의 형태에 대해 더 창의적이고 넓게 생각한다면 피난처 내에서 동물과 더 깊이 소통하는 형태의 돌봄이 자라나고, 그러한 공간 안에 존재하는 관계도 변화할 것이다.

돌봄, 장애 정책, 연결 등의 문제를 염두에 두고 바라보면, 피난처 내에도 인간이 동물에 대해 행사하는 다양한 형태의 권력과 신체 구속이 존재한다는 점과 그로부터 야기되는 복잡한 윤리적 문제점이 눈에 들어온다. 피난처의 동물은 여전히 구속을 받는다. 동물을 '구조'하는 행위에는 피난처가 동물에게 그 어떤 대안보다 나은 선택이라는 인간의 판단이 개입한다. 피난처의 많은 동물은 불임 수술을 받는다. 대다수의 피난처는 시설 내에서의 번식을 허용해서는 안 된다는 입장이다. 축산업으로부터 구출된 다른 동물을 위한 자원을 최대한 확보하기 위해서다.[16]

피난처에 거주하는 대다수 동물들은 또 다양한 수의학적 보살핌과 처치를 받는다. 비록 동물복지를 염두에 두고 제공하는 것이지만 동물들이 반드시 선택하지 않았을 수도 있는 조치들이다. 또, 건강 악화, 부상, 노령 등의 이유로 동물의 복지가 위협받을 경우 인간 관리자들은 종종 피난처 내에서의 안락사를 선택한다. 인간이 피난처 내의 동물에 관한 수많은 결정을 내리는 상황에서 인간 관리자와 동물 거주자 간의 권력 불균형은 윤리적인 문제점을 내포한다. 바인생크추어리의 공동 설립자인 미리엄 존스는 농장에서 사육 동물을 보살펴야하는 자신의 입장에 대해 양면적 감정을 드러낸다.

우리는 일부러 "가능한 한 자유롭다."라고 말합니다. 울타리, 인간이 정해놓은 반복적인 일과, 비자발적인 의학 조치와 사료 제한, 강제 불임 시술에서 강제 사료 주입에 이르는 모든 운영방침, 이 밖의 여러 강제 조치들은 당하는 입장에서는 도저히 자유로운 삶의 요건이라고 볼 수 없는 것들입니다. 동물피난처 운동에 참여하는 우리들은 우리가 돌보는 (그리고 통제하는) 동물들에 관해 계속해서 판단과 결정을 내립니다. 그런 결정은 한 개인의 입장에서 볼 때 심각한 윤리적 문제점을 안고 있습니다. 누군가 다른 개별 존재의 생식능력을 빼앗는 행위를 어떻게 정당화할 수 있습니까? 알을 품고 싶어 하는 암탉에게서 부화할지도 모르는 알을 빼앗거나, 다쳤으니 휴식이 필요하다며 활동적인 암소를 외양간에 가두는 행위는 또 어떻습니까? 답은 간단합니다. 우리가 이런 행위를 정당화하는 이유는 그에 대한 대안을 용인할 수 없기 때문입니다. 우리는 특정한 종의 구성원을 구조해야 하는 세상에 살고 있습니다. 우리가 구하지 않으면 우리 종에 속하는 다른 구성원이 그들을 해치고 죽일 것이기 때문입니다. 우리는 꼭 해야만 하는 일들을 현실이 허용하는 범위 안에서 가능한 윤리적인 방식으로 처리해야 합니다. 우리는 또 사육당했던 동물들을 가까이에서 지켜본 사람들로서 그 동물 대다수가 혼자서는 살아남을 수 없는 상태라는 것을 잘 알고 있습니다.[17]

나는 이러한 복잡한 윤리적 문제를 생각하며 올랜드의 팜생크추어리를 떠났다. 그리고 두 시간 동안 남쪽으로 차를 몰아 애니멀플레이스가 있는 그래스밸리에 도착했다. 그래스밸리 주변의 풍경은 올랜드와는 사뭇 달랐다. 그래스밸리에 가까워질수록, 도로 주변의 우거진 숲으로부터 점점 서늘한 공기가 느껴졌다. 애니멀플레이스의 부지 자체가 숲과 광활한 초원으로 이루어져 있다.

진입로로 들어서자 밭에서 일하는 사람들이 보였고 그들은 나를 예전 농가였던 낡은 건물로 안내했다. 지금은 직원 사무실로 개조해 쓰고 있다. 그곳에서 나는 애니멀플레이스의 교육 책임자 마지 비치를 만났다. 우리는 들판의 소들도 만나고 내부도 둘러볼 채비를 했다. 마지는 긴 덧장화를 신더니 내 얄팍한 캔버스 운동화를 흘낏 보고는 어딘가로 사라졌다. 잠시 후 마지는 방울뱀 보호대라는 것을 가지고 왔다. 질긴 섬유 재질 내부에 뭔가 딱딱한 물체를 넣은 보호대는 종아리부터 두른 다음 발등까지 내려 덮고 버클로 고정시키는 구조였다. 마지는 예상치 못한 방울뱀의 공격에 대비하는 것이라고 설명했다. "방울뱀이 있나요?" 나는 일부러 아무렇지 않은 듯 물었다. 하지만 아마도 내 눈은 접시처럼 동그래졌을 것이다.

"네, 여기는 방울뱀이 나와요. 그렇게 자주 나오진 않지만, 안전해서 나쁠 건 없죠!" 마지가 쾌활한 목소리로 말했다.

"네! 그럼요." 나는 정강이 주변에 보호대의 버클을 채우며 다른 종들(아무리 무서운 종들이라도)과 더 포용적이고 보살피는 태도로 교감하겠다는 그 전날 밤의 다짐을 되새겼다.

피난처 내부로 걸어 들어가는 길에 채소밭을 지났는데 마지가 밭을 가리키며 말했다. "우리의 새로운 프로젝트예요. 비건들을 위한 작은 농장." 마지는 비건 농법 또는 비거닉 농법이 거름, 골분이나 어분

비료, 동물 기반 토양 첨가제 등 동물 제품을 사용하지 않는 농사법이라고 설명했다.[18] 동물 제품 대신 모든 종류의 식물성 재료로 토양을 비옥하게 만든다. 이런 농법은 환경에 미치는 영향이 적고, 완전히 식물성 재료만을 사용하며 지속가능하다.[19]

"하지만 여기 동물들한테서 나오는 거름이 아주 많지 않나요?" 내가 물었다. "동물에서 유래한 토양첨가제나 토양을 비옥하게 하는 제품들을 사지 않는 것이 동물 착취 시스템을 지원하지 않기 위해서라는 것은 알겠지만, 여기 동물들이 배출하는 배설물은 어떻게 하나요?"

"여기서는 거름 사용에 대해 윤리적으로 반대하지는 않습니다. 어차피 동물들은 상관하지 않으니까요." 마지는 얼굴에 붙은 파리를 손으로 쫓았다. "하지만 다른 작은 농장이나 개인들에게 본보기가 되고 싶어서 거름을 사용하지 않기로 한 겁니다. 동물을 이용하지 않고도 성공적인 식품 생산시설을 갖추는 것이 가능하다는 것을 보여주고 싶어서죠. 자, 농장 안을 두루두루 다녀보세요. 근대, 케일, 콩, 딸기 뭐든 다 잘 자랐어요. 나갈 때 원하는 대로 따 가셔도 돼요."

"감사합니다. 횡재했네요." 내가 대답했다. "사실 저는 동물, 윤리, 식품에 대해 강의해요. 학생들은 어떻게 해야 동물을 이용하지 않고도 지속가능한 농장 경영에 성공할 수 있는지 자주 질문하죠. 이곳이야말로 학생들이 참고할만한 사례군요."

"네, 그것이 바로 우리가 기대하는 바예요. 사람들은 고기를 왜 먹지 않는지에 대해서는 쉽게 이해해요. 고기는 동물을 죽여야만 얻을 수 있으니까요. 유제품과 달걀도 마찬가지예요. 결국 동물들이 죽임을 당하고 여러 가지 부작용이 따른다는 점을 이해하죠. 하지만 거름의 경우는 바로 연결시키지 못해요. 사람들은 거름이 실제로 어디서 오는지, 거름을 만들어내는 돼지 농장 같은 곳에 갇힌 동물들이 얼마나 끔찍한 대우를 받는지 깨닫지 못하죠. 그래서 모든 것을 처음부터 새롭게 인식시켜야 해요."

애니멀플레이스는 1989년 킴 스털라와 네드 부유크미치가 공동으로 설립했다. 처음에는 캘리포니아 배커빌에 6에이커(약 2만 4천 평방미터) 면적의 땅을 구해서 시작했다. 그곳은 건물 하나 없는 빈 땅이었기 때문에 그들은 처음에는 트레일러 안에서 생활했다. 아무것도 없는 맨땅에 동물피난처를 세운 것이다. 스털라와 부유크미치가 동물피난처를 연 것은 사람들이 사육 동물들과 관계를 맺는 방식 안에서 단절을 발견하고 안타까웠기 때문이다. 부유크미치는 동물 안과의사 겸 캘리포니아 대학 데이비스 캠퍼스 교수였고 스털라는 개와 고양이를 위한 지역 보호소에서 일했다. 두 사람 모두 사람들이 사육 동물들과 소통하고, 그들에 대해 배울 수 있으면서, 동물의 이용을 목적으로 하지 않는 공간을 만들고 싶었다. 새로운 부지로 이사하고 얼마 후 스털라가 일하던 동물 보호소로 농장에서 사육하던 돼지 한 마리가 들어왔고, 사람들은 돼지에게 젤다라는 이름을 지어주었다. 보호소는 젤다를 입양할만한 적당한 가정을 찾아주려고 했지만 젤다를 잡아먹지 않을만한 곳을 찾을 수 없었고, 결국 스털라와 부유쿠미치가 젤다를 애니멀플레이스의 첫 주민으로 받아들였다.

수년에 걸쳐 애니멀플레이스는 규모도 커지고 지원도 받아 마침

내 그래스밸리에 6백 에이커(2.4평방킬로미터) 넓이의 부지를 확보했다. 세월이 지나 그래스밸리 애니멀플레이스는 약 3백 마리의 동물들이 상주하는 피난처로 성장했고, 이제는 방문자 교육과 견학에 주안점을 두고 있다. 배커빌의 원래 시설은 레스큐랜치라는 보호소가 되었다. 새로 구조된 동물들을 맡아서, 농장 출신의 동물을 입양할 책임감 있는 사람들이 동물을 데려갈 수 있도록 다리를 놓아준다.

나는 마지를 따라 피난처를 둘러보면서 많은 동물을 만났다. 토끼, 닭, 칠면조, 거위, 돼지, 염소, 양, 그리고 암소까지. 우리가 숲 사이로 난 길을 걸어가고 있을 때 커다란 산토끼jackrabbit(북미 지역의 몸집이 비교적 큰 토끼로 귀와 뒷다리가 길다)가 우리 앞을 가로질러 지나갔다. 나는 그때 산토끼를 처음 보았는데, 커다란 토끼가 강력한 뒷다리 힘을 이용해 가볍게 껑충껑충 뛰는 모습이 매혹적이었다. 잠시 멈춰서 우리를 보던 산토끼는 위성안테나처럼 커다란 두 귀를 부르르 떨고 코와 수염을 씰룩거리더니 껑충거리며 덤불 속으로 사라졌다.

들판을 가로질러 세이디가 엘사, 하위와 함께 지내는 곳으로 노령소들을 보러 가는 동안 마지가 세이디의 이야기를 들려주었다. 이 책 첫머리에 나오는 이야기다. 세이디, 엘사, 하위는 풀이 높이 자라난 들판에 서로 몸을 가까이 한 채 누워있었다. 아마도 넓은 초원을 헤매는 대신 함께 모여 쉬기로 한 것 같았다. 마지는 세이디와 엘사의 이야기를 해주면서 두 마리를 번갈아 긁어주었다. 주로 귀 뒤쪽과 소들이 직접 건드리기 힘든 부분들이었다. 세이디와 엘사 모두 낙농장에 있었지만 둘의 사연은 매우 달랐다. 두 마리는 마지를 몹시 좋아하는 것 같았다. 마지가 긁어주고 토닥여주는 동안, 소들은 마지의 손에 코를 비비고 가슴에 머리를 기댔다.

엘사는 몸집이 작은 저지 암소였는데 성격이 온순했다. 월도프 학교 농장에서 15년간 살면서 인공수정으로 송아지를 낳고 정기적으로 착유를 당했다. 마지는 엘사가 구체적으로 어느 곳의 월도프 학교에 있었는지는 말해주지 않았다. 월도프는 독일 슈투트가르트에서 시작한 어린이 대상 교육프로그램으로 지적·실용적·창의적 기량 함양을 목표로 한다. 일부 월도프 학교는 교육 체험의 일환으로 농장을 운영한다. 아이들은 그곳에서 식용 작물을 기르고, 동물을 사육하는 데 필요한 실용적인 기술을 익힌다. 학년이 올라갈수록 학생들이 농장에서 맡는 역할과 책임도 늘어나고 동물 돌보기와 농사일에 대한 참여도도 늘어난다. 워싱턴주 포트해드록에 있는 선필드 팜을 예로 들면 2학년과 3학년 때에는 각자 닭들을 한 무리씩 맡아서 돌보고, 8학년과 9학년이 되면 소처럼 더 큰 동물을 돌본다.

송아지들이 태어나자마자 어미에게서 분리하는 전통적인 농장과는 달리, 월도프에서 엘사의 송아지들은 젖을 먹는 동안 어미와 함께 지내다가 팔려갔다. 저지 암소들은 월도프의 교육 농장에서 선호하는 종이다. 체구가 작고, 돌보기 쉽고, 순하고 아이들이 좋아하기 때문이다. 엘사가 열다섯 살이 되자 더 이상 임신이 되지 않았고, 짐수레 말을 네 마리 구입한 직후였던 월도프 측은 새끼도 낳을 수 없는 엘사를 계속 먹이고 돌보는 비용이 지나치다고 판단했다. 그들은 엘사를 경매로 팔 계획이었는데 학교 관계자 중 누군가가 애니멀플레이스에 연락해 엘사를 받아줄 수 있는지 물었다.

보통 동물피난처는 사람들이 편의를 위해, 혹은 필요가 없어져서 처분하는 동물은 받지 않는다. 피난처는 공장식 농장에서 일어날 수 있는 가장 긴급하고 명백한, 법이 학대, 방치, 잔혹행위로 간주하는 사례를 우선순위로 두려고 한다. 이런 맥락에서 잔혹행위, 학대, 방치에 대한 이해는 매우 다양하고, 이런 결정들은 보통 피난처의 직원들이 건별로 판단해서 내린다.

엘사 같은 동물을 편의상의 이유로 내버리는 것은 방치로 이해될 수 있다. 방치는 보살핌을 받지 못하는 상태이고, 동물을 돌보던 사람이 보살핌을 중단하고 동물을 도축장에 보낸다면 그것은 돌봄 단절로 이어진다. 학교는 이 결정을 방치로 보지 않을 것이다. 사람에게 필요 없는 동물을 처분하기로 한 것은 규범화한 전통을 따른 행위이다. 하지만 피난처의 직원들은 엘사를 돌보는 책임에 대해 이와 다르게 이해했다.[20] 애니멀플레이스는 엘사를 받아들이는 데 동의했다.

애니멀플레이스에 온 첫날 밤 엘사는 밤새도록 울부짖었다. 다음 날 엘사를 소들에게 처음 소개하면서 직원들은 엘사가 마지의 표현대로라면 '도도한' 성품임을 깨달았다. 엘사는 다른 암소와 거세 수소들에게 고압적이고 무례했다. 그들을 머리로 들이받고 자기보다 몸집이 큰 하위를 위협해서 하위는 세이디 뒤에 숨어야 했다. 하지만 세이디는 엘사에게 맞섰다. 그로부터 몇 년 후 내가 노령 소 무리에 있는 그들을 만났을 즈음, 소들은 서로의 차이점을 인정하게 된 것 같았다. 그들은 기꺼이 서로를 가까이 한 채 그곳에 누워 되새김질을 했다.

풀밭에 서서 이야기를 나누며 마지는 이렇게 말했다. "15년간 사람들을 믿고, 사람들에게 사랑받으면서, 엘사라는 이름까지 얻은 소를 도살장에 보내려고 했던 걸 생각하면 너무 가슴 아파요. 축산업에는 온갖 종류의 배신이 일어나지만, 이런 종류의 배신에는 화가 나요. 15년간 사랑한다고 했던 동물을 정말로 배신하는 거니까요."

더 이상 생식능력이 없다는 이유로 도축장에 팔려갈 뻔한 엘사를 생각하니 정말 가슴이 아팠다. 또 학생들에게 우유 짜는 방법을 가르치려고 계속해서 인공수정을 통해 송아지를 낳았을 것을 생각하니 언짢았다. 암소를 사육하고, 생식능력이 소진될 때까지 이용하다가 결국에는 도축장에 보내는 어른들을 보며 아이들은 정확히 무엇을 배웠을까? 생식능력과 몸에 대해서는? 어떤 몸은 생산의 도구로서만 가치를 가진다는 점을 배웠을까? 늙어가는 몸에 대해서는? 사랑하는 이들이 나이가 들면 노화와 죽음이라는 불편한 현실에 대처할 필요가 없도록 도축장과 요양원에 보내 죽음을 맞게 해야 한다고? 동물은 우리가 사랑하고 기억할지라도 원래 인간에게 유용하고 편리한 동안만 가치가 있으니, 쓸모없어지면 버려도 된다고? 월도프 학교 관계자 중 누군가의 전화 한 통으로 엘사가 컬 경매 대신 동물피난처에 가게 되었다는 사실은 아이들에게 어떤 교훈을 주었을까? 소는 쓰고 버리는 존재라는 사고의 틀에 혼란이 오지는 않았을까?

마지와 애니멀플레이스에서 시간을 보낸 후 나는 교육에 대해 많은 의문을 갖게 됐다. 또 한편으로는 피난처가 어른들과 아이들 모두에게 교육의 장이 되어 사육 동물과 인간의 관계에 대한 새로운 윤리를 가르칠 수 있다고 생각하니 마음이 벅찼다. 사육 동물들도 저마다의 풍부한 내면세계를 가지고 있다는 것, 상품의 생산과 소비라는 인간의 이해를 최우선에 두는 논리가 동물의 삶을 결정하도록 내버려 두어서는 안 된다는 것, 적당한 장소가 주어질 때 다른 동물, 그리고 그들을 책임감 있게 돌볼 인간들과 훌륭하게 공존할 수 있고 실제로 공존하고 있다는 것 등이 피난처가 새롭게 가르칠 윤리다. 동물은 인간이 먹고, 입고, 실험에 사용하고, 애완용으로 기르면서 즐거움을 얻으라고 존재하는 것이라고만 가르치는 사회 안에서 동물피난처는 다양한 종이 섞여 살아가는 세상 안에서 동물의 자리가 어디인지 기존의 개념을 대체할 대안을 구체적으로 보여준다.

긴 시간 집을 향해 차를 몰면서 나는 애니멀플레이스, 팜생크추어리, 피그피스, 바인생크추어리 같은 시설들의 역할에 대해 생각했다. 또 그들이 맞서 싸우고 있는, 교육이 동물에 대해 취하고 있는 지배적인 양식에 대해서도 생각했다. 우리는 과연 어떤 교육을 받았기에 인간이 동물을 이용하는 것이 정상적인 행위라고 생각하게 된 걸까. 그 질문에 대한 답을 얻는 것이 다음 현장 조사의 목표였다.

7

낙농업의
이중사고

○
○

이 책과 관련한 연구를 하는 동안 내 동료 하나가 자신의 아이가 시애틀에 있는 사회정의 중점 초등학교에 다닌다며 학교에 같이 가달라고 부탁했다. 아이의 학급 친구들 앞에서 왜 자신의 가족이 동물원에 가지 않는지 이야기하기로 했다는 것이다. 그날은 아이의 학급이 동물원으로 현장학습을 가는 날이었고, 출발 전에 내 동료는 아이들에게 동물원과 구속의 윤리에 대해 이야기하는 시간을 가졌다. 교내 일정이 끝나고 우리는 보호자로서 동물원으로 따라갔다. 동물원은 거의 15년 만에 처음이어서 나는 시애틀의 우드랜드파크 동물원이 어떻게 생겼는지, 또 예전에 내가 보았던 동물원과는 어떻게 다른지 궁금했다.

현장체험학습이었기 때문에 동물원 소속의 강사가 우리를 동물원 여기저기로 안내했다. 가장 기억에 남는 것은 사육 동물 구역에 들어갔을 때였다. 우리는 작은 건물에 들어갔고 그곳에서 강사는 원모가 어떻게 생겼고 양의 털이 어떻게 펠트나 털실을 만드는 양모로 바뀌는지 보여주었다. 그는 양털 몇 조각을 돌아가며 보여주고 아이들에게 냄새를 맡아보라고 했다. 그러더니 자신의 코를 잡고 이렇게 말했다. "아유, 냄새! 양은 정말 냄새가 고약하죠, 여러분?" 그러자 그의 말에 아이들도 코를 잡고 토하는 시늉을 했다. 그렇게 아이들은 인간 외의 종들이 풍기는 자연스러운 향은 역겹다는 것을 학습한다. 만약 강사가 "꼭 양털 냄새를 맡아보세요. 신기한 냄새가 나지 않나요? 흙냄새도 나고 여러 가지가 섞인 묘한 향기가 나죠?"라고 말했다면 그 짧은 순간 아이들이 체험으로부터 얻는 교육의 효과는 크게 달라졌을 것이다.

우리는 계속해서 양에 대해 공부한 다음 동물들과 관련한 전시품을 둘러보았다. 각 전시구역 앞에서 강사는 아이들에게 사육 동물들에 대해 질문했다. 외양간 앞에서 그는 "소는 무엇을 위해 쓰일까요?" 하고 물었다.

아이들은 입을 모아 소리쳤다. "우유!"

"맞아요! 우유." 강사가 말했다. 물론 쇠고기나 유제품의 실상에 대해서는 언급하지 않았다.

양 구역 앞에서 그가 물었다. "양은 우리에게 무엇을 주죠?"

아이들이 다시 한목소리로 외쳤다. "양털!"

"맞아요! 양털!" 강사가 빙그레 웃었다.

닭 구역 앞에서 강사가 물었다. "닭은요? 닭은 우리를 위해 무엇을 주나요?"

"달걀!" 아이들이 즉각 대답했다.

강사도 아이들의 말에 맞장구쳤다. 마침내 돼지우리 앞에 왔을 때 나는 생각했다. '올 것이 왔군. 돼지고기 이야기를 어떻게 하나 보자.'

하지만 강사는 고민하지 않았다. 그는 한 치의 망설임도 없이 아이들에게 물었다. "돼지는 우리를 위해 어떤 일을 하죠?"

아이들은 조용했다. 아무도 대답하지 못했다.

강사는 잠시 기다리더니 말했다. "청소! 돼지들은 우리가 버리는 음식물 쓰레기를 깔끔하게 치워주는 청소부예요."

그리고 우리는 사육 동물들을 뒤로 한 채 다음 장소로 이동했다. 동물 사육에 관한 그날의 교육도 그것으로 끝이었다. 고기 이야기를 빠트리지 않았더라도 궁극적으로 달라질 것은 없었다. 동물원 강사가 아이들에게 돼지가 베이컨, 핫도그, 포크찹 같은 음식이 된다고 말했어도 결과는 마찬가지였을 것이다. 도축의 상세 과정, 아울러 인간을 위해 다른 종들을 종속시키고 이용한다는 면에서 도축 행위가 갖는 본질을 이야기하지 않는다면 아이들은 여전히 중요한 의미는 모른 채 그저 사실만을 받아들였을 것이다.

대부분의 어른들은 불편하거나 거북한 진실을 미화하는 데 아주 능하다. 사실 우리가 계속해서 제정신으로 살아가기 위해서는 그런 능력이 적어도 조금은 필요하다. 우리가 세상에 어떤 영향을 끼치며 살고, 그저 적극적인 소비자로 살아가는 것만으로 우리가 끼치는 고통과 파괴의 규모가 얼마나 되는지, 그 고통스러운 진실 가운데 적어도 일부만이라도 잊거나 무시하지 않는 한 우리들 중 다수는 제대로 살아갈 수 없을 것이다. 우울, 불안, 고통의 의미에 대한 실존적 위기를 경험할 것이기 때문이다. 그래서 우리는 무시하고, 덮어버리고, 애써 잊는다.

많은 사람들은 먹기 위해 동물을 사육하는 데 수반되는 폭력에 관한 고통스러운 진실로부터 자신과 아이들을 보호하려 한다. 이렇게까지 적극적으로 눈을 감고 잊으려 애쓰면서 우리는 다른 종과 관계를 맺는 법을 배운다. 적극적인 무관여와 더불어 주술적 사고도 동원한다. 폭력에 대해 생각하지 않는다면 폭력이 없던 일이 되어 버린다든가, 동물에 대해 생각하지 않으면 동물들이 어딘가에서 고통받는 일도 없다는 식이다. 사실 대부분의 경우 일부러 떠올리고 싶을 만한 생각은 아니다. 그래서 우리는 이런 생각을 적극적으로 머리에서 지워버린다.

조지 오웰은 디스토피아적 소설 《1984》에서 이러한 과정을 이중사고doublethink라고 불렀다. 오웰은 이중사고를 현실을 부정해가는 과정이라고 설명한다.

알면서도 모르는 것, 진실을 완전히 꿰고 있으면서 공들여 지어낸 거짓말을 하는 것, 두 가지의 상반된 의견을 견지하면서, 그들이 서로 모순인 것을 알면서도 둘을 똑같이 옳다고 믿는 것, 논리에 논리로 맞서는 것, 자신은 윤리적이라고 주장하면서 다른 한편으로 윤리를 거부하는 것. (…) 잊어야 할 것은 무엇이든 다 잊고 필요해질 때만 다시 기억으로 소환했다가 재빨리 다시 잊는 것. 그리고 가장 중요한, 이 모든 과정을 과정 그 자체에 적용하는 것이다. 바로 거기에 절묘함이 있다. 의식적으

로 무의식 상태가 되고, 그 다음에는 다시 방금 시행한 최면행위마저 의식하지 않는 것이다.[1]

꽤나 익숙할 것이다. 우리는 늘 이중사고를 하기 때문이다. 뭔가를 모르는 척하거나 부정할 때마다 우리는 늘 이중사고를 한다. 뭔가를 모르는 척하거나 부정하기 위해서는 우선 그 뭔가가 존재한다는 사실을 알아야 하고, 그것이 무엇인지도 어느 정도는 알아야 한다.[2] 무시와 부정은 무시하거나 부정할 대상이 무엇인지 의식하고 있다는 것을 전제로 한다. 모임에서 누군가를 무시하려면 그 무시할 대상이 그곳에 있다는 것을 알아야 하고, 그들이 누구인지도 우선 알아야 한다. 배우자가 알코올 중독이라는 사실을 부정(또는 진실을 거부)하기 위해서는 우선 배우자의 알코올 의존 행동을 인지해야 한다. 그래야 배우자의 행동에 다른 이유를 갖다 댐으로써 알코올 중독이라는 사실을 부정할 수 있다.

이중사고의 1단계는 진실 혹은 앞으로 부정할 대상이 존재한다는 사실을 인지하는 것이다. 1단계 사고는 2단계에서 지워버릴 대상을 확인한다. 오웰이 지적하듯 지워버릴 대상에는 지운다는 사실 자체도 포함된다. 그러기 위해서는 어떠한 무시도, 부정도, 망각도 없었다고 부정함으로써 잊어버려야 한다. 하지만 부정한다고 해서 진실이나 존재가 완전히 제거되는 것이 아니다. 진실과 현실은 우리 마음 한구석에 끈질기게 버티고 있다가 어느 정도 시간이 지나면 다시 지워지기를 반복한다. 그래서 뭔가를 마음 편히 무시하려면 오웰의 말대로 "세

심하게 꾸며낸 거짓말"을 끊임없이 되풀이해야 한다.

동물 도축에 대한 소비자 인식은 이중사고가 흔하게 발생하는 지점이다. 성인이라면 대부분 잠깐만 생각해봐도 고기가 죽은 동물에서 나오고 동물들은 그 고기를 생산하기 위해 죽임을 당한다는 사실을 알 수 있다. 죽인다는 것은 당연히 살아있는 동물에 대한 폭력과 기본권리의 침해를 동반한다. 하지만 소비자들은 이 폭력에 대해서 생각하지 않는 것에 능숙한 전문가들이다. 어떤 사람들은 고기가 어디서 생기는지 기억하는 것 자체를 감쪽같이 잊거나, 상품으로 고기를 준비하고 생산하는 데 따르는 고통에 대한 더 깊은 사유를 뒤로 미룬다. 인도적인 도축이라는 관념 자체가 이중사고에서 나온다.

인도적 도축이라는 개념을 받아들이려면 도축이 폭력이라는 사실을 먼저 인정해야 한다. 그런 다음 일정한 규제를 두거나 특정한 방식으로 행한 도축은 폭력이 아니라 인도적인 도축이라는 생각으로 진실을 대체한다. 이런 이중사고를 중심으로 제정된 법이 바로 연방인도적도축법이다. 고기 생산을 위해 동물을 죽여야 한다는 진실에 대해 소비자들이 느끼는 불편함을 해소하고 고기는 그저 고기일 뿐 무해하다며 법적으로 엄호하려는 의도다. 대다수의 사람들이 불편한 현실을 의식하지 않고 고기를 소비하게 만드는 데에 이러한 이중사고가 중요한 역할을 한다.

낙농업 역시 이중사고에 의존한다. 낙농 생산이 폭력(인공수정, 송아지의 분리, 낙농산업과 빌 고기와 쇠고기 산업의 연계, 과도한 착유와 그에 따라 소들이 일상적으로 겪는 만성피로)을 동반한다는 사실을 인정하는 대신, 동물을 이용하는 낙농업의 현실을 포장하기 위해 '젖소는 행복하다'는 허구를 만들어낸다. 낙농업은 동물에게 무해하다. 암소의 몸은 본래 아무 때나 우유를 만들어 낼 수 있다. 암소의 젖은 반드시 짜주어야 한다. 암소를 낙농업에 이용하지 않는다면 암소는 존재하지 않을 것이다. 소들이 자신들의 이익을 위해 스스로 가축화를 선택했다. 모두 우유 생산의 실제 과정에 대한 의식적인 인식을 지우거나 흐리게 하는 데 도움을 주는 서사들이다.

이중사고는 학습된다. 우리는 태어날 때부터 이중사고를 하는 것이 아니라 이중사고를 하도록 교육받는다. 우리는 어떤 동물(소, 돼지, 닭, 칠면조 등)은 인간에게 먹히기 위해 존재한다고 배운다. 멜라니 조이는《우리는 왜 개는 사랑하고 돼지는 먹고 소는 신을까》에서 이런 지배적인 신념 체계를 '육식주의 carnism'라고 칭한다. 이것은 특정 종의 동물을 먹는 것은 용인 가능하다는 믿음을 의미한다. 이러한 신념 체계는 대를 이어 영원히 지속된다. 어린이들에게 그렇게 사고하도록 가르치기 때문이다.

물론 아이들은 호기심이 많아서 어느 시점이 되면 대개 고기, 유제품, 달걀이 어디서 생겨나는지 궁금해한다. 식품 생산으로부터 단절된 공동체 안에서 지내는 많은 어린이들은 고기가 살아있는 동물이었다는 사실, 즉 치킨너겟은 닭에서, 햄버거는 낙농업에 이용되던 암소에서 나온다는 사실을 알게 되면 충격을 받을 것이다. 하지만 내 경험에 따르면 부모들은 이 문제에 대해 아이들과 자세한 대화를 나누는 대신 아이들에게 트라우마를 남기지 않는 모호한 방식을 택하는 것 같다. 아마 농장의 사육 동물들은 나이 든 맥도널드 아저씨의 동물농장에서 행복하게 살다가 때가 되면 고기가 된다는(상세한 설명이 빠진 추상적인) 이야기로 대신할 것이다. 아니면 부모들은 동물이 먹힌다는 사실에 대해 걱정하는 아이들에게 동물은 원래 잡아먹히는 것이 당연하다고 말할지도 모른다. 즉, 멜라니 조이가 지적하듯 "그건 원래 그런 거란다."라고 간단히 설명해버리는, 흔한 방법을 사용한다.

이런 종류의 이중사고, 즉 유제품이나 고기, 달걀 소비에 대한 소비자들의 이중사고에 대해서는 이미 잘 알고 있을 것이다. 하지만 동물 사육이 일상인 사람들은 어떨까? 그들은 이중사고로부터 자유로울 것이라고 생각하기 쉽다. 식품 생산의 실상과 늘 대면하기 때문이다. 하지만 내가 조사한 바에 따르면 농업에 종사하는 사람들에게는 일반 소비자와는 다른 양상의 이중사고가 요구된다. 따라서 차세대 농업 인력을 키워내는 특별한 형식의 훈련도 필요하다.

애니멀플레이스의 암소 엘사는 15년간 월도프 학교에서 살았다. 엘사의 사례를 통해 우리는 농촌에서 자라지 않은 어린이들에게 농업을 가르치려는 목적의 특별한 이중사고 훈련법이 존재한다는 것을 알 수 있다. 이 어린이들은 식품으로 쓰일 동물을 기르고, 육종하고 도축하는 데 꼭 필요한 작업을 이해하도록 배운다. 동시에 그들은 더욱 근본적인 부분까지 한 걸음 더 들어가 인간에 의해 이용되는 것이 사육 동물들의 존재 이유라고 학습한다. 이것은 우들랜드파크 동물원의 농장 견학 시간에도 드러났다. "소는 무엇을 위해 쓰일까요?" 사육 동물의 '쓰임'은 당연한 규범이고 이 규범은 특정 종에 대한 어린이 교육

안에서 재생산된다.

4H: 사육 동물에 대한 교육

월도프와 마찬가지로 4H를 비롯한 어린이 농업 교육 프로그램은
차세대 축산인의 교육과 사기 진작을 목표로 한다. 4H는(두뇌Head, 마
음Heart, 손hand, 건강Health) 세계적인 어린이 청소년 교육 모델이다. 미국
내 4H 프로그램은 공통적으로 새로운 세대의 어린이를 위한 농업교
육에 주안점을 둔다. 4H 프로그램은 특히 어린이와 동물 간의 친밀
감을 높이는 훈련을 실시한다. 아이들은 한 번에 한 마리의 동물과 친
밀한 유대관계를 맺고 자신이 맡은 동물을 훌륭하게 돌보는 법을 배
운다.

캘리포니아의 동물피난처를 둘러보고 돌아온 나는 4H 낙농교육
프로그램에서 공통적으로 사용하는 자료를 찾아보았다. 그리고 4H
교육을 받은 사람들이 동물과 관계를 맺을 때 그런 자료가 어떤 영향
을 미칠 수 있는지 알아보기로 했다. 4H 프로그램을 깊이 다루는 것
은 이 책의 범위를 넘어서지만(별도의 책이 한 권 나올 만한 주제다) 나
는 4H 낙농 교육과정에 대한 문서를 분석했고, 가능하면 어린 시절
4H프로그램에 참여했던 사람들과도 만나 이야기를 나누고 싶었다.
그래서 해당 경험이 있는 성인들을 인터뷰하기로 했는데 4H 교육이
어떻게 구성되어 있고, 성인이 된 후 사육 동물과의 관계 형성에 어린

시절 받은 4H 교육이 얼마나 중요한 역할을 했는지가 나의 주된 관심 사였다.

이 부분이 중요한 이유는 사람의 품성과, 그 사람이 타인 및 다른 동물과 맺는 윤리적인 관계의 틀을 형성하는 것이 4H 교육 프로그램의 기획의도이기 때문이다. 다시 말해, 4H 교육은 직업윤리, 돌봄 윤리, 타인을 의식하는 태도를 함양한다. 그래서 변화에 대해 알아보기 위해서는 현재 프로그램에 참여하고 있는 어린이들보다는 교육을 수료한 어른들을 인터뷰하는 것이 더 적합할 것이라고 생각했다. 성인들은 교육이 자신들을 어떻게 변화시켰는지를 이야기할 수 있을 정도로 시간적 전후관계에 대한 인식과 성찰 능력을 갖추고 있기 때문이다. 4H에 대한 더 깊이 있는 연구를 위해서는 성인과 어린이, 그리고 4H 강사 모두를 인터뷰하는 것이 프로그램과 그 영향에 대한 더 생생한 그림을 그릴 수 있다는 점에서 바람직할 것이다. 결국 나는 어린 시절 4H 교육을 수료한 성인 네 명의 인터뷰로 문서 분석을 보완했다. 네 명 중 하나는 원래 알던 사람이었고 나머지 세 사람은 동료들과 연구 지원실을 통해 소개받았다.

4H에 관해 처음으로 인터뷰 한 사람은 공교롭게도 학제간동물연구 분야의 동료 연구원 앨리 노백이었다. 앨리는 어린 시절 노스다코타주에서 4H 교육을 받았던 경험에 대해 이야기해주기로 했다.[3] 우선 앨리가 학제간동물연구 학자라는 사실은 중요한 의미를 갖는다. 이것은 우선 앨리가 학자로서 오랜 시간 동안 인간-동물 관계에서 발생하는 윤리적·정치적 문제에 대해 생각해왔다는 것을 의미한다.

커피숍에서 나와 마주 앉아 차를 마시면서 앨리는 어린 시절 자신이 알던 대부분의 아이들과 함께 4H 프로그램에 참여했던 경험을 이야기했다. 앨리는 우선 4H에서 송아지를 키운 적은 없고 다른 동물들을 키웠다는 말로 인터뷰를 시작했다. 앨리의 언니는 테디라는 이름의 거세 수소를 키웠는데 언니를 비롯한 온 가족이 테디에게 매우 정이 들었다. 4H 프로그램의 규정대로 앨리의 가족은 결국 테디를 도축업자에게 팔았다. 그날은 마지막 발표회 날이었는데, 어린이들은 교육을 마무리하면서 자신이 키우던 동물을 경매에 내놓았고 성적이 우수한 참가자에게는 상으로 리본을 달아주기도 했다. 가족들이 테디에게 작별인사를 할 때, 앨리의 어머니는 "다시는 안 할 거야."라고 말했다. 동물과 너무 가까워진 것이다. 친해지고 정든 테디를 도축장에 팔려니 마음이 무너졌다. 앨리는 거세 수소들이 "그냥 동물이 아니었다."라고 회상했다. 사람처럼 생각하고, 느낀다는 것이 너무 뚜렷해서 사람 친구처럼 여겨졌다는 뜻이다.

하지만 앨리는 다른 동물로부터도 같은 느낌을 받았다. 앨리가 4H에서 처음 키운 동물은 양이었고 당시 앨리는 여덟 살이었다. 앨리는 양에게 스키틀즈라는 이름을 지어주었다. 앨리와 스키틀즈는 여름 내내 가까이 지내면서 서로 정이 들었다. 스키틀즈는 앨리의 집 근처 농장에서 지냈고 앨리는 매일 스키틀즈를 돌봐주고 데리고 나가서 함께 산책도 했다. 스키틀즈는 앨리가 갈 때마다 어디든 앨리를 따라다녔고 앨리는 스키틀즈가 자신을 얼마나 사랑하는지 사람들 앞에서 뽐내기를 좋아했다고 회상했다. 늦여름에 4H 경진대회가 열리는데 대회 일정 중에는 축사에서 동물들과 함께 낮잠을 자는 시간도 있었다. 하지만 그 경진대회가 끝나고 나면 어떤 일이 벌어지는지 4H 활동이 처음이었던 앨리는 알지 못했다. 여름 막바지에 부모님은 앨리가 스키틀즈와 정이 많이 들었다는 것을 깨닫고 여러 가지 대안에 대해 앨리와 의논했다. 그들은 스키틀즈를 지역 동물원에 보내는 방법도 알아보았지만 동물원에서는 스키틀즈를 언젠가는 사자 먹이로 줄 것이라고 말했기 때문에 동물원에는 보내지 않기로 했다. 결국 그들은 다른 4H 회원들이 기른 동물들과 마찬가지로 발표회 날 경매에서 스키틀즈를 팔기로 했다. 경매는 지역사회의 행사였고 지역 주민들이 모여 아이들의 4H 프로젝트 성과를 응원하는 날이기도 했다. 앨리는 귀여운 여자아이가 동물을 팔러 나오면 주민들이 일부러 높은 가격을 불러 아이가 좋은 가격에 동물을 팔 수 있게 해준다고 말했다.

스키틀즈를 경매 링 안으로 데리고 들어가던 기억을 떠올리는 앨리의 눈에 눈물이 맺혔다. 앨리는 그것을 유체이탈 같은 경험이었다고 회상했다. 경매 링 안에서의 순간들은 스키틀즈와의 마지막 추억이었지만, 앨리는 그 시간을 수많은 사람들이 보는 앞에서 보내야 했다. 앨리는 머리에 보라색 리본을 달고 경매 링 안에 서 있던 스키틀즈의 모습, 울타리에 달린 강철 문, 음산하고 흐린 그날의 날씨 등을 하나하나 생생하게 기억했다. 경매가 진행되는 동안 앨리는 울지 않았다. 감정을 억누르고 의연하게 서서 양을 팔았다. 울타리 밖으로 걸어 나오면서 앨리는 스키틀즈를 낯선 사람에게 넘겨주어야 했고 다시는 서로 만날 수 없었다.

앨리는 찻잔 속을 내려다보더니, 시선을 들고 나에게 말했다. "우리는 서로 깊이 정이 들었었죠. 그런데 내가 그 관계를 깨버렸어요. 내가 배신한 거예요." 잠시 말이 없던 앨리가 다시 입을 열었다. "첫해이후 내가 배운 것은 동물과 너무 가까워지지 말자는 것이었어요. 대부분의 아이들이 처음에는 나와 같은 경험을 해요. 하지만 그리고 나서 배우죠. 그리고 다시는 그런 관계를 맺지 않아요. 그런 점에서 4H 프로그램은 인간과 동물 간의 정서적 관계에서 적절한 선이 어디인지 가르쳐줘요."

그럼에도 불구하고 이후 4H 활동 경험에서 앨리가 동물을 물리적으로 돌보는 방식은 교육 전보다 크게 변하지 않았다(앨리는 동물을 훌륭하게 돌보았다). 하지만 스키틀즈와의 경험은 동물과의 정서적인 관계를 극적으로 변화시켰다. 그래서 4H 교육 프로그램이 내포한 이중사고는 동물이 저마다의 독특한 개성과 삶을 지닌 개별적인 존재라는점을 가슴과 머리로 인식하게 한 후, 그럼에도 불구하고 동물 이용의궁극적인 목표는 식품이라는 서사로 처음의 깨달음을 무력하게 만들어버리는 것이다.

이야기를 나누는 동안 앨리는 4H의 가치에 대해 양가적兩價的인 태도를 드러냈다. "4H 참가자들은 대체로 좋은 사람들이고 매우 도덕적이에요. 그들은 책임감이 강하고, 따뜻하고, 자의식이 강하고, 타인을 배려하죠. 그리고 한편으로는 4H 활동 경험이 동물에게도 얼굴이있다는 것, 그리고 이런 식으로 동물을 사육하는 데에는 돌봄의 윤리가 동반된다는 것을 가르쳐줘요. 하지만 이런 교훈은 곧 무색해져 버려요. 인간과 동물의 분리를 강화하는 교육 때문이죠. 4H 교육은 시대에도 맞지 않아요. 4H에서 가르치는 농업 방식은 더 이상 존재하지 않으니까요. 과거에나 있었던 지금과는 다른 방식의 농업에 대한 향수가 결국 4H를 이끌어가는 힘인 거죠. 내 경우에는 농업이 세상의 소금이라는 식으로 향수를 자극하는 방식에 이끌려 처음 4H를 시작했어요. 내가 뭔가 의미 있고 중요한 일을 하고 있다는 느낌을 받았거든요."

역사적으로 4H는 농촌과 도시의 사회적 관계가 전환되는 시대적 분위기 안에서 등장했다. 19세기 말, 농촌 젊은이들이 일자리를 찾아 시골을 떠나 도시로 향하기 시작했고, 20세기에 접어들 무렵 도시의 성장과 더불어 평생 직업으로서 농사의 매력이 시들해지면서 농촌이 계속해서 건강과 활력을 유지할 수 있을 것인지, 농업의 미래에 대한 불안이 커졌다. 게다가 당시의 나이 든 농부들은 새로운 농업기술을 거부했기 때문에, 대학의 농업 연구소들은 젊은이들을 대상으로 신기술 전파에 나섰다.[4] 새로운 기술을 배운 젊은이들은 집안 어른들에게 자신이 배운 기술을 소개했다. 모르는 사람이 와서 기술을 가르쳐주겠다고 할 때는 외면했던 이들도 자신의 아들, 혹은 손자에게는 마음을 열었던 모양이다.

연구의 일환으로 나는 4H 낙농교육의 커리큘럼을 조사했다. 낙농업을 위해 사육되는 소들에 대해 아이들이 무엇을 어떻게 배우는지 궁금했기 때문이다. 낙농교육 커리큘럼은 어린이의 나이에 따라 3단계로 나뉘어 운영되었다. 1단계 카우어벙거 Cowabunga는 3학년에서 5학년 사이, 2단계 무빙어헤드Moovingahead는 6학년에서 8학년, 3단계 라이징투더탑Rising to the Top은 9학년에서 12학년을 위한 커리큘럼이다. 카우어벙거 단계에서 어린이들은 품종을 구별하고, 4H의 기준에 맞게 송아지를 고르고, 몸의 각 부위를 구분할 수 있도록 훈련받는 한편, 털손질과 무대 매너를 실습하고, 송아지, 미경산 암소, 경산 암소의 기본적인 해부학적 지식과 돌보는 방법을 배운다.[5] 무빙어헤드 단계에서는 어린이와 청소년들에게 낙농업에 이용되는 암소들을 눈으로 보고 평가하는 법, 낙농업계 내의 다양한 직업, 윤리적인 의사결정에 참여하는 법, 낙농업과 관련해 사료, 축사, 기생충 예방과 치료, 착유, 식품 안전 등을 포함, 동물을 보살피는 상세한 방법을 가르친다.[6] 라이징투더탑은 청소년들을 위한 고급 낙농 교육 프로그램이다. 유선염 진단과 치료법, 임신 진단과 송아지 받는 법, 균형 잡힌 사료 배합 방법, 기록에 따른 송아지 선별법, 낙농제품 홍보 방식 등을 배우고 다양한 관련 직종에 대해 깊이 탐구한다.[7]

카우어벙거 단계의 학생들을 위한 〈젖소의 모든 것〉이라는 활동 자료에는 이런 문항이 있다. "어떤 종류의 소가 우유를 만드나요?"[8] 질문에 대한 대답으로 자료는 낙농업에서 가장 일반적으로 이용하는 품종의 소들을 컬러 사진으로 한 페이지 전체에 걸쳐 보여준다. 홀스타인, 저지, 브라운스위스, 밀킹쇼트혼, 건지, 에어셔 등이다. 물론 이 자료의 목적은 일반적으로 어떤 품종이 낙농업에 이용되고, 각각의 품종을 어떻게 구별하는지를 알려주는 것이다. 하지만 이런 방식의 질문은 특정 품종의 소만이 우유를 생산하고, 이 소들은 처음부터 우유를 생산하기 위해 존재하는 것임을 함축하고 있다. 사실 언급한 품종의 소들은 여러 세대를 거치면서 상업적인 판매를 위해 우유를 대량으로 생산하도록 개발되었다. 하지만 이 질문은 상품으로서의 우유 생산 과정에 얽힌 복잡한 사정은 지워버린다. 연구하는 내내 사람들이 낙농업에 대해 흔히 품고 있는 오해와 마주했다. 암소는 "그냥 우유를 만든다."라는 오해였다. 나는 수많은 우유 소비자들과 이런저런 이야기를 가볍게 나누곤 했는데 그들은 최근에 출산한 소만이 우유를 생산할 수 있고, 소의 몸이 우유를 생산하는 것은 송아지를 위해서라는 점을 모르고 있었다. 대부분의 포유류가 출산 직후에 젖을 만든다는 사실을 고려할 때 어떻게 그것을 모를 수 있을까 의아하긴 하지만, "어떤 종류의 소가 우유를 만드나요?"라는 질문은 우유가 어떻게, 왜 만들어지는지에 대한 오해를 더욱 강화한다. 4H 학생들에게 할 수 있는 더 정확하고 올바른 질문은 "어떤 종류의 소가 상품으로 팔리기에 가장 좋은 우유를 만들까요?"일 것이다.

소가 상품 생산도구로서의 가치로 평가된다는 점은 같은 자료의 다른 부분에서 좀 더 노골적으로 드러난다. 어린이들에게 "암소 한 마리는 하루에 얼마만큼의 우유를 만들까요?"라고 질문한 후, "평균적인 소는 (…) 우유를 짤 수 있는 기간 동안 1년에 2천3백5갤런(약 8천 7백 리터), 하루에 약 8갤런(30리터)의 우유를 생산해요. 128명이 매일 우유를 한 잔씩 마실 수 있는 양이지요!"[9]라고 설명하는 것이다. 암소의 생산성에 대한 이야기는 계속된다. "매일 젖소는 최고 64쿼트(2백 56잔)의 우유를 생산하는데 이것은 치즈 14파운드(6.3킬로그램), 아이스크림 5갤런(약 20리터), 버터 6파운드(2.7킬로그램)에 해당하지요."[10] 우유 몇 잔, 치즈 몇 파운드, 아이스크림 몇 갤런, 버터 몇 파운드 등 계량하는 대상으로 개념화하는 방식은 우유란 본래 송아지를 위한 것이 아니라 인간의 소비를 위한 상품이라는 관념을 강화한다.

암소가 통상적으로 반복해서 경험하는 신체 변형 역시 무해한 것으로 묘사된다. "왜 어떤 소들은 귀걸이 같은 것을 하고 있을까요?"라는 제목의 페이지에는 귀 인식표의 용도를 설명한 다음 이런 질문으로 마무리한다. "여러분도 귀를 뚫었나요?" 아이들로 하여금 소의 귀에 인식표를 다는 행위가 무해하다고 안심시키고, 이 행위를 장신구를 달기 위해 귀를 뚫는 행위와 연관시켜서 많은 아이들이 신나고 행복한 통과 의례로 여기는 경험과 다를 바 없다고 믿게 하려는 것이다.[11] 궁극적으로, 이런 담론들을 반복하고 잠재적 차세대 낙농인들의 교육과정에 활용함으로써 인간이 소를 이용하는 것은 당연한 규범이 된다. 이 과정에서 이루어지는 이중사고는 소를 이용하는 과정에 대한 껄끄러운 인식을 즐겁고 신나는 경험으로 대체한다.

4H 교육의 제 2단계 커리큘럼 무빙어헤드는 동물과 윤리적 관계를 발전시키는 데 중점을 둔다. 사육 동물을 대상으로 하는 품평회 등의 행사가 부정적인 여론을 불러일으킨 적이 있다. 소의 유방을 더 건강하게 보이게 해서 좋은 점수를 받으려고 소의 몸에 이소부탄가스를 주입하는 등 동물 학대에 해당하는 행위가 드러났기 때문이다.[12] 이밖에 소의 피부 아래에 식물성기름을 주입해 통통해 보이게 하고, 지방보다 근육 무게를 늘리는 클렌뷰테롤을 사용한 사례도 있었다. 클

렌뷰테롤은 동물의 폐와 심장에 문제를 일으키기 때문에 미국에서는 사육 동물에게 사용하는 것이 법으로 금지되어 있다.[13] 심사위원들 앞에서 돋보이도록 심사 전에 동물을 학대하는 모습이 포착되기도 했다. 오클라호마의 대학원생 하나는 심사위원이 만졌을 때 단단하게 느껴지라고 양을 때려 몸을 부어오르게 하려다가 적발되었다. 또 행사 주최 측이 정한 몸무게 기준을 채우려고 호스로 돼지에게 억지로 물을 먹이다가 돼지가 익사한 사건도 있었다.[14] 이런 극단적인 사례 외에 행사 직전에 몸무게를 줄이기 위해 사료를 주지 않는 등의 일반적인 학대행위는 더 빈번하다.[15]

품질보증프로그램과 윤리 교육을 포함하고 있는 커리큘럼은 이런 문제를 해결하기 위해 만들어졌다. 이 교육은 축산업에 대한 대중적 이미지에 대한 우려라는 문제를 프레임화하여 부각시킨다. "매번 품평회 시즌마다 동물 학대 사건이 발생하면서 축산업은 대중의 부정적인 시선을 받게 된다. 부정적인 일반 여론이 미치는 가장 심각한 악영향은 아마도 낙농업에서 유래하는 고기와 우유의 안전성에 대해 소비자 신뢰가 떨어진다는 점일 것이다."[16]

여기서 특별히 주목해야 할 점은 축산업에 대한 대중의 인식과 소비자 신뢰를 향상시키는 데 초점을 맞추고 있다는 사실이다. 다시 말해 동물복지는 주요 관심사가 아니다. 동물복지는 동물이 갖는 상품으로서의 시장성을 높이고, 일반소비자의 긍정적인 지지를 이끌어내는 방편일 뿐이며, 이것은 4H뿐만 아니라 낙농 생산과 소비 전반을 위한 것이기도 하다. 4H 교육을 받는 어린이들은 동물을 잘 대해줘야 한다고 배운다. 동물들이 태생적으로 중요한 삶의 주체라서가 아니라, 동물을 어떻게 다루느냐에 따라 동물의 상품 가치가 결정되기 때문이다.[17] 농부, 교사, 4H 참가자들이 동물들을 배려하지 않는다는 뜻이 아니다. 앨리의 이야기는 4H 프로그램의 테두리 안에서 동물을 키우면서 발생하는 복잡한 돌봄의 관계와 농촌사회 전반에서 돌봄이 실천되는 모습을 보여준다. 이것을 보면 동물복지를 생산성과 생식력이라는 관점에서 이해하는 경제 상품화의 논리가 보살핌과 동물복지를 방해하는 현실을 알 수 있다. 아울러 4H의 축산학 교육은 어린이들이 이중사고를 배우는 현장이다. 처음으로 동물을 키울 때 4H 참가자들은 아마도 동물을 있는 그대로 볼 것이다. 상대에게 애착을 느끼고, 성향과 개성이 있고, 자신만의 사회적·정서적 생활세계를 지닌 개별 존재, 내면의 삶을 지닌 생명체로서 동물은 어린이들의 동반자이자 친구가 된다. 하지만 동물을 식품 생산에 이용하려면 동물의 존재가 갖는 복잡성과 깊이를 부정하고, 무시하고, 잊는 법을 배워야 한다. 동물의 육체적 물성이 상품화되고 수익을 의미하면서 그 존재의 복잡성과 깊이는 관심 밖으로 밀려나고, 무의미한 것으로 치부된다.

축산업의 경제 논리 또한 4H 어린이 교육의 핵심이다. 나는 사춘기 시절 대부분의 시간을 워싱턴주 서부에서 4H 활동을 했다는 워싱턴 대학의 스무 살 대학생 하이디 슬론과 인터뷰했다.[18] 나는 동료를 통해 하이디를 소개받았고 우리는 초면이었다. 앨리와 달리 하이디는 학제간동물연구 강의를 들은 적도, 연관 분야나 동물권리에 관한 교육을 받은 적도 없었다. 시애틀 외곽의 퓨젓사운드에서 자란 하이디는 농가 출신도 아니었다. 하이디의 가족은 (어느 정도 도시적인) 교외 지역에 살았고 그들의 집은 2~3에이커 정도(약 1만 평방미터 내외)의 면적이어서 한 번에 몇 마리의 동물을 키울 정도의 여유가 있었다. 수년간 하이디는 4H 활동의 일환으로 다양한 종의 동물을 키웠다.

"학교에는 4H를 하는 친구가 아무도 없었어요. 학교 밖에서 나만 특별히 하는 활동 같은 거였어요. 4H를 하면서 새로운 사람들을 많이 만났어요."

하이디는 4H 활동에 적극적이었다. "내가 제일 좋아하는 동물은 알파카였어요. 알파카를 맡은 날은 집에 돌아가지 않았어요. 섬유 동물만 따로 품평회를 하는 행사도 간혹 있어서 나도 알파카를 출품하기 시작했어요. 알파카 털은 아주 부드러워요. 실을 뽑아서 뭔가를 만들거나 팔 수도 있어요. 저는 모든 게 다 좋았어요. 부모님 집에 아직도 내가 키우던 알파카가 한두 마리 있어요."

나는 하이디에게 4H 활동을 통해 무엇을 배웠는지 물었다.

"아, 배운 게 아주 많아요. 하지만 제일 중요한 것은 책임감이죠. 다른 누군가를 책임지고 보살피는 법을 배웠어요. 내가 알파카를 사랑하면 알파카들도 행복하게 살 수 있으니까요." 하이디는 잠시 말을 멈추었다가 빙그레 웃더니 덧붙였다.

"또 경제적 책임감도 배웠죠. 동물을 키우고 사람들에게 보여주려면 돈이 들어요. 그래서 동물을 책임지면서 돈을 어떻게 관리하는지 배워요. 축제에 나가면 상을 받기도 하고 그러면 동물을 팔 수도 있어요. 동물을

먹이고 잠자리를 마련해주는 데에도 돈이 들고, 필요할 때 수의사에게
보여야 하니까 돈이 들죠. 그래서 재무 관리하는 법을 배우고 동물에게
돈을 써서 얻은 이익을 어떻게 사용하는지 같은 것들을 생각해요. 어릴
때 4H를 하면서 재정적으로 훨씬 책임감 있는 사람이 된 것 같아요."

4H에 대한 하이디의 말에는 부정적인 부분이 전혀 없었고 하이디
는 4H가 자신의 삶에 가치를 부여했고, 많은 것을 가르쳐주었다는 점
을 적극적으로 드러냈다.

하이디는 자신이 키웠던 다른 동물보다 알파카에 대해 집중적으
로 이야기했다. 나는 키우는 동물이 식용종인지 모용종毛用種인지에 따
라 4H 활동의 경험이 어떻게 달라지는지 궁금했다. 앨리의 경우 양
스키틀즈와 거세 수소 테디는 둘 다 고기용이었고 4H 활동 기간이 끝
난 후에는 팔아야 했지만 하이디는 같은 알파카를 4년 동안 계속 키
우면서 보살피고 품평회에도 내보냈다. 두 관계는 서로 달랐다. 각 종
에게 부여된 용도와 4H 활동 형태가 다르기도 하지만, 종들이 각각
다른 범주로 분류되었다는 점도 한 이유다.

나는 4H 행사에서 종의 범주화가 실제로 어떻게 드러나는지 눈으
로 보고 싶었다. 그래서 늦여름에 에릭과 함께 워싱턴주 박람회에 참
가했다. 매년 9월, 시애틀에서 남동쪽으로 35마일 떨어진 퓨앨럽 페어
그라운드에서 주 박람회가 열리는데, 미국의 다른 많은 박람회와 마
찬가지로 워싱턴주 박람회에는 주 전역에서 사람들이 가족 단위로 즐
기기 위해 몰려든다. 박람회장에는 놀이기구, 예술품과 수공예품, 먹

을거리도 있고, 음악회, 로데오, 동물 품평회 등도 열린다. 나는 워싱턴주 박람회에는 가본 적이 없었지만 박람회가 소, 염소, 돼지, 닭, 토끼, 알파카 등 4H 교육을 통해 아이들이 키운 동물들을 보여주는, 4H 프로그램의 주요 행사임을 알고 있어서 더욱 가보고 싶었다. 우리는 자신이 키운 소를 데리고 나오는 아이들을 보기 위해 4H 낙농의 날을 골라 방문했다. 우리는 일찍 도착했다. 막 개장한 직후였기 때문에 본행사 전 내부를 좀 둘러보고 싶었지만, 모여드는 사람들 때문에 행사장은 꽉 차 있었다.

워싱턴주 박람회의 소비와 소비주의

워싱턴주 박람회에서 가장 주목할만한 점은 그곳이 소비의 현장이라는 사실이다. 사람들은 여흥, 예술과 수공예, 음식을 소비한다. 그중에서도 가장 충격적이었던 것은 음식의 소비였다. 가정, 식당, 학교, 병원, 직장에서 매일 어마어마한 양의 식품이 소비되지만, 박람회에 나온 식품의 양에 비할 바가 아니었다. 그중 반은 사람들이 먹고, 반은 쓰레기통에 버려진 다음, 수거함째 매립지로 실려 간다. 미국에서 여섯 명 중 한 명은 식량 불안정 상태, 다시 말해 매일매일 안정적인 식량 공급을 받지 못하는 상태인데도 말이다.[19] 비록 대부분의 음식 쓰레기는 가정에서 발생하지만, 박람회 같은 행사는 부끄러울 정도로 많은 음식이 버려지는 미국의 현실을 두드러지게 보여준다. 박람회는 이목을 끄는 대중 소비의 장소이기 때문이다.

　나는 음식 쓰레기와 굶주림이 공존하는 역설적인 현실에 머리가 복잡해지는 한편, 박람회장에서 버려지는 음식과 남용되는 자원의 양에 압도되었다. 구체적으로 어떤 식품이 소비되는지를 살펴보니, 대부분이 동물에서 유래한 식품임을 알 수 있었다. 핫도그, 햄버거, 개구리다리 튀김, 맥앤치즈 튀김, 초콜릿을 덮은 베이컨, 소시지, 바비큐 립, 치킨, 녹아서 곤죽이 되어 버려진 아이스크림 콘, 피시앤칩스, 콘도그, 거품을 낸 버터와 라즈베리 잼을 곁들인 스콘(워싱턴주 박람회의 특산품) 등이었다. 소비를 완전히 써서 없애는 것이라고 정의한다면, 동물 유래 식품의 소비는 동물의 몸과 생식능력, 환경 시스템, 그리고 인간 노동자들의 몸을 완전히 소진시키는 소비다. 소비의 이런 속성이 박람회에서 발생하는 소비와 쓰레기를 통해 적나라하게 드러났다. 물론 관심을 가진 사람 눈에만 보이겠지만.

　쓰레기에 대해 잊고 살기는 어렵지 않다. 미국의 많은 지역에서는 소비자들이 쓰레기통이나 재활용 쓰레기 수거함에 무언가를 던져 넣으면, 쓰레기 관리 업체가 와서 수거해 간다. 이렇게 눈에 보이지 않는 곳으로 사라진 쓰레기는 기억에서도 순식간에 지워진다. 하지만 버려지고 지워진다고 해서 사라지는 것은 아니다. 다른 어딘가로 갈 뿐이다. 이 '다른 어딘가'는 종종 저소득 공동체, 소수 인종 공동체가 사는 지역이고, 이는 환경인종주의를 반영한다. 즉, 저소득, 소수 인종 공동체가 쓰레기 처리, 매립지 및 기타(야생 동식물과 생태계는 말할 것도 없이) 주변 인구를 황폐화시키는 산업으로 인해 발생하는 건강 유해요

소에 더 많이 노출된다는 이야기다.[20]

나는 이 문제를 생각하면서 행사장 안을 둘러보았는데 특히 대부분의 시간을 동물 품평회와 관련 활동이 이루어지는 전시공간에서 보냈다. 우리는 낙타 몇 마리를 수용하고 있는 둥근 우리를 지났다. 그곳에서는 돈을 내면 낙타를 탈 수 있었다. 사람들은 낙타 등에 올라타고 낙타가 울타리 안을 도는 동안 미소를 지었고 가장자리에 서 있던 가족들은 사진을 찍어댔다.

낙타 우리에서 멀지 않은 곳에는 울타리가 쳐진 좁은 공간 안에서 한 배에서 난 조그만 새끼 돼지들이 몸집이 큰 어미의 젖을 빨고 있었다. 구경꾼들이 울타리 너머로 몸을 들이밀고 긴 수유를 끝내고 서로 몸을 밀착시킨 채 낮잠을 자는 새끼 돼지의 시선을 끌려고 애썼다. "엄마, 돼지들이 정말 귀여워요!" 작은 여자아이가 칭얼댔다. "한 마리 갖고 싶어!" 돼지들은 정말 귀여웠다. 믿을 수 없을 정도였다. 하지만 나는 동시에 돼지가 귀엽다는 생각에서 한 마리 갖고 싶다는 생각으로 옮겨가는 이유는 무엇인지 의문이 생겼다. 무엇이 우리를 예찬이나 감탄으로부터 소유하거나 소비하고 싶은 욕구로 이끄는 걸까?

소유 혹은 소비욕의 일부는 소비자가 되는 학습 과정과 연관되어 있다. 소비문화의 가속화가 시작된 것은 1800년대였는데, 당시 산업혁명으로 그 어느 때보다 낮은 비용으로 대량의 상품을 생산하는 것이 가능해졌다. 생산의 증가는 소비의 증가로 이어졌는데, 1920년대 제너럴모터스사가 자동차 신용구매제도를 도입함으로써 소비 가속화에 기여했다. 제너럴모터스는 이와 동시에 매년 새로운 모델의 자동차를 출시함으로써 최신 모델이 지속적으로 소비되도록 하는 효과를 노렸다. 대공황과 제2차 세계대전 후, 신용구매의 인기에 힘입어 사람들에게 세련된 최신 기기를 구입하도록 부추기는 마케팅 전략이 가세하면서 소비 붐이 일었다. 소비 증가의 중심에는 공장에서 물건이 만들어져 나오듯 끊임없이 제조되는 욕망이 있었다. 상품에 부여되는 가치가 변했고, 물건의 내구성이라는 가치가 가장 반짝이는 새것을 갖고 싶다는 욕망으로 대체되었다. 이런 소비문화가 이번에는 신용카드에 대한 폭넓은 의존과 과도한 부채로 이어졌다.

사춘기 시절 어느 시기가 되자 부모님은 내 여동생과 나에게 계획적인 소비습관을 가르칠 때가 왔다고 판단하셨다. 우리 자매는 매달 각각 다섯 개의 봉투와 20달러를 받았다. 우리는 20달러를 어머니가 정한 금액으로 나누어 봉투에 담았다. 7달러는 용돈으로 쓰고, 5달러는 저축하고, 4달러는 옷을 사고, 2달러는 가족과 친구의 생일 등을 대비해 선물을 사고, 2달러는 기부하는 용도였다. 몇 년이 지나는 동안 내 여동생의 봉투에는 늘 돈이 남아돌았다. 동생은 돈을 거의 쓰지 않았고 돈이 생기면 양말 상자 안에 넣어둔 봉투에 집어넣고 돈이 있다는 것도 잊어버렸다. 반대로 내 봉투는 기부 봉투만 제외하고 항상 비어있었다(자선 기부를 위한 돈 봉투까지 털어 쓸 만큼 뻔뻔하지는 않았다). 다른 봉투의 돈은 되는 대로 써버렸다. 사춘기 청소년에게도 이미 돈은 쓰라고 있는 것이었다. 부모님 모두 매우 검소하고 알뜰한 분들이었고 딸들에게도 절약하는 습관을 심어주고 싶어 했지만, 나는 외상이라는 말이 뭔지 알기도 전에 이미 버는 돈보다 쓰는 돈이 많은 소비자였다.

미국을 비롯한 세계의 과소비 문화는 주변 세계를 소비의 장이라는 틀 안에 넣는다. 식품, 오락, 기계 모두 소비의 대상이 되었다. 동물은 소유할 수 있는 것이므로, 살아있는 동물이라도 소비하는 물건이 된다. 생각도 하고, 느끼기도 하지만 동물이 소비되는 물건이라는 틀 안에 놓일 때, 즉, "귀여우니까 한 마리 가질래."라고 말할 수도, 실제로 가질 수도 있게 될 때, 식품으로서 동물의 소비는 완벽하게 정상적인 행위가 된다. 이러한 소비는 살았든 죽었든 동물은 소유할 수 있는 물건이라는 이해에 근거한다. 애완동물이나 사육 동물을 소유할 수 있다는 사실, 돈으로 사고팔고, 마음대로 죽일 수 있다는 사실로 인해 이 살아있는 존재들은 계속해서 소비의 대상으로 살아가게 된다.

살아있는 동물이 소비의 대상임을 처음 배우는 장소는 가정이다. 전 세계의 가정에서 애완용으로 키우는 동물로부터 우리는 처음 이것을 배운다. 애완동물 가게나 동물보호소, 혹은 생활정보지를 통해 동물을 내놓은 사람의 집으로 찾아가 눈길을 끄는 동물을 골라 가방에 넣거나 줄에 매고서, 동물이 부모 형제와 함께 살던 곳으로부터 데리고 나와 자신의 집에 가두고 사랑, 애정, 우정을 쏟을 대상(그것도 최상의 경우에 한하지만)으로 삼는다.

로즈메리 클레어 콜라드는 출간 예정인 자신의 책《동물 매매 Animal Traffic》를 통해 거래의 대상이 희귀 동물일 경우 포획이라는 과정을 거치면서 야생의 삶이 상품의 삶으로 바뀐다고 주장한다. 어린 거미원숭이를 부모의 사체에서 떼어내거나 어린 앵무새를 둥지에서 꺼내는 등의 행위를 수반하는 포획으로 인해 동물의 사회적·생태적 유대가 단절된다는 것이다. 이런 가족과 사회관계의 단절은 가축화한 동물에게도 일어난다. 예를 들어 개나 고양이의 교배는 어쩔 수 없이 태어나게 될 새끼들은 팔거나 다른 집에 주면 된다는 전제하에 이루어진다. 그 결과 가족은 분리되고 동물들 사이에 형성된 사회관계가 망가진다.

비록 애완동물이 우리의 삶, 마음, 가족 안에서 특별한 위치를 차지하고 있긴 하지만, 그들과 우리의 관계, 방금 낳은 새끼를 빨리 데려다 키우려는 조급함, 개를 하루 종일 혼자 두고 외출하는 습관, 남들이 하는 대로 새를 새장에, 물고기를 어항에 가두는 행위 역시 우리가 다른 동물과 관계를 맺는 방식과 무관하지 않다.[21] 사육 동물들 역시 가족관계를 비롯한 가까운 관계의 단절을 경험한다. 가령 돼지우리의 새끼 돼지들은 곧 어미로부터 분리되어 사육된 후 고기가 되기 위해 죽임을 당하고, 낙농업계에서 태어난 송아지들은 생후 몇 시간 만에 어미로부터 분리된다. 동물들에게 트라우마를 남기는 이 같은 분리는 가축화한 동물을 소유하고 울타리에 가둠으로써 생기는 통상적 부작용이다. 하지만 이중사고 덕분에 우리는 이 모든 것을 잊거나 회피할 수 있다.

박람회의 울타리 안을 채운 동물들, 그중에서도 말, 암소, 돼지, 알파카, 염소 닭, 토끼는 사회 관계망으로부터의 단절을 경험한 경우가 대부분이다. 동물들을 보살피는 어린이들은 자신이 데리고 온 동물이 느끼는 정서적 공백을 메워주려는 의도에서 동물들이 있는 칸막이에 같이 머물거나 동물 가까이에서 친구, 가족들과 이야기를 나누었다.

인간이 사회 관계망을 박탈당한 다른 종의 정서적 요구를 적절히 채워줄 수 있는지는 확실치 않다. 박람회에서는 어린이들과 그들이 보여주려고 데리고 나온 동물들 간에 분명한 유대관계가 드러났다. 하지만 대부분의 경우 이런 유대도 4H 프로젝트가 끝나고 동물이 팔리면 끝나고 만다. 그리고 이 점이 나로 하여금 다른 종(특히 가축화한 종)의 구성원들과 인간의 관계를 다르게 설정하고 실천할 방법은 없을지 생각하게 했다.

교육에서의 친밀과 공감

4H 품평회는 거대한 별도 전시관에서 열렸는데 관객들은 벤치 모양의 객석에 앉아 어린이와 동물들이 링 안을 돌아다니는 모습을 볼 수 있었다. 에릭과 나는 쇼에 동물들을 데리고 나온 아이들의 가족과 가까이에 앉았다. 아이들은 모두 빳빳한 흰색 셔츠와 흰색 바지에 윤이 나게 닦은 검은 장화와 검은 허리띠를 착용하고 있었다. 머리카락은 빗질을 하고 젤을 바르거나 묶거나 땋아서 깔끔하고 단정했다. 동물들은 얼룩 한 점 없이 깔끔하고 예쁘게 손질해서 모두 사랑스러웠다. 보살핌과 사랑을 많이 받은 흔적이 역력했다. 각각의 동물은 어린이 손에 이끌려 한 줄로 링 안에 들어섰다. 심사위원들은 아이와 동물로 이루어진 팀을 모든 심사기준에 비추어 꼼꼼하게 살폈다. 심사기준은 소의 특성(소의 예각성, 갈비뼈의 열린 정도를 중점적으로 평가한다),

체적과 골격(강건성, 분만을 쉽게 할 수 있는 엉덩이 기울기와 너비), 발과 다리의 형태, 가장 중요한 비유기관(유방과 유두) 등이다.

우리는 링 위에 올라온 어린이들이 적극적으로 동물들의 장점을 드러내려고 하는 모습을 지켜보면서, 동시에 링 구석에서 자신의 차례를 기다리며 서 있는 아이들과 소들도 눈여겨보았다. 특히 한 쌍이 내 시선을 끌었다. 여덟 살도 채 안 돼 보이는 어린 소년이 체구가 작은 미경산 건지 암소와 함께 있었다. 옅은 갈색과 흰색 무늬 암소의 털은 말끔하고 반짝거렸다. 소년과 암소가 돋보였던 이유는 소년이 끊임없이 소에게 애정을 표현했기 때문이다. 소년은 작은 두 손으로 소의 얼굴을 쓰다듬고 코와 양 볼과 귀에 입을 맞췄다. 암소는 소년의 얼굴이 다가올 때마다 소년을 핥고 코와 머리를 비볐다. 어른 하나가 지나가면서 소년에게 귀 세정용 물티슈를 건네자 소년은 소의 귀에 뭐라도 묻었을까 봐 정성껏 귀를 닦아주고는 소에게 몸을 기대고 머리를 소의 목에 댄 채 차례가 오기를 기다렸다. 링 건너편에서 보고 있는데도 소년의 입술이 움직이는 것이 보였다. 나는 소년이 기다리는 내내 소에게 말을 걸고(아마 속삭이고) 있다는 것을 알았다. 무슨 이야기를 하는지 궁금했다.

차례가 돌아오자 소년은 목줄을 꼭 잡고 작은 암소를 이끌고 다른 팀과 함께 링으로 나왔다. 꼿꼿이 허리를 펴고 링을 돌기도 하고, 품평회 규칙에 따라 가끔 제자리에서 돌기도 했다. 몇 번인가 암소가 소년이 있는 쪽으로 고개를 돌리고 얼굴을 비비거나 핥으려고 했다. 소년은 암소가 앞을 보고 있게 하려고 애썼다. 소는 온통 소년에게만 집중

한 채 다른 참가자들과 발을 맞춰 걷는 데는 관심이 없었다. 채점 시간이 왔고, 소년과 암소의 점수는 다른 팀에 비해 좋지 않았다. 소년은 점수에는 관심이 없는 것 같아 보였다. 링을 나서며 소년은 다시 암소를 쓰다듬고 입을 맞췄다.

그 모습을 지켜보면서 나는 소년과 암소가 분명하게 보여주는, 서로 공유하고 있는 사랑에 감동했다. 다시 앨리의 이야기를 떠올리면서, 앞으로 소년이 얻게 될 교훈, 다가올 이별이 소년과 암소에게 남길 트라우마를 상상하면서 걷잡을 수 없이 슬퍼졌다. 농업에 대해 이제 막 배우기 시작한 소년은 개개의 동물에게 쏟는 정서적 애착이 동물을 팔도록 강요하는 논리와 대치된다는 점을 배울 것이다. 나이가 들고 축산업에 계속 종사하기 위해서는 암소에게 느꼈던 유대를 마음에서 밀어내야 한다. 이중사고를 배워야 한다.

2009년에 제작된 다큐멘터리 〈평화의 왕국: 집으로 가는 여정 Peaceable Kingdom: The Journey Home〉은 과거 축산업에 종사했던 사람들과의 인터뷰를 담고 있다. 그중 해럴드 브라운이라는 농부가 자신의 경력에 대해 이야기한다. 그는 미시건주의 소 농장에서 자랐고 인생의 절반이 넘는 시간을 식용 동물을 사육하는 농장에서 일하며 보냈다. 영화에서 그는 도축에 참여했던 경험을 이야기하면서 처음 동물을 죽일 때 정서적으로 몹시 힘들지만, 그 다음 죽일 때는 조금 덜 힘들어지고, 계속 반복하다 보면 결국 아무것도 느끼지 못한다고 이야기한다. 그는 "나약함을 가장 꺼린다. 약한 농부는 살아남지 못한다"며, 그래서 결국 사람들은 그 일에 적응하고, 일하기 위해 감정을 닫는다고 설명한다. 이중사고가 생존의 방편이 되는 것이다.

사육 동물들과 적절한 관계를 맺는 법을 배우기 위해서 농부를 비롯한 관련자들은 동물과 느낄 수 있는 깊은 정서적 유대를 부정해야 한다(앨리와 스키틀즈의 사이처럼). 개별 동물에 대한 개인적인 유대이건(소나 돼지, 닭을 한 번도 본 적이 없는 아이가 동물에게 감정을 이입하는 경우처럼) 사육 동물에 대한 막연한 감상과 동경이건 마찬가지이다. 감정이입, 즉 동물과 함께 느끼고 동물의 입장에서 느끼려면 다른 종류의 관계를 맺어야 한다. 로리 그루언이 《관여하는 공감관계Entangled Empathy》에서 주장하는 것처럼 감정이입은 반응할 것을 요구한다.[22] 이런 감정이입적인 반응을 거부하고 현 상태를 유지하고자 할 수도 있고, 동물과의 관계를 급진적으로 재설정함으로써 이제까지와 다른 방식으로 반응할 수도 있다. 다시 말해, 이중사고로 향하는 발걸음을 확인하고 되돌릴 수 있다.

해럴드 브라운은 사육 동물에 대한 감정적 반응이 생겨나는 대로 자연스럽게 내버려두었다. 그러자 동물들과의 관계를 바꾸어야겠다는 결심이 섰다. 사육 동물들을 위한 피난처에서 시간을 보내면서 그는 동물을 새로운 맥락에서 이해하게 되었다. 이 새로운 맥락에서는 동물에 대해 자신이 느끼는 솔직한 반응을 굳이 부정할 필요가 없었다. 새로운 깨달음에 부응하여 그는 팜카인드Farm Kind라는 기관을 설립했다. 식용으로 동물을 사육하는 농부들이 식물을 기르는 다른 형태의 농업으로 전환하도록 돕는 기관이다.

사육 동물을 오직 식량 공급원으로서의 유용성 안에서만 개념화할 필요는 없다. 내가 애니멀플레이스에 머무는 동안, 마지 비치는 어떻게 자신이 동물피난처에서 일하게 되었는지 이야기해주었는데 동물과의 관계 형성이 어떻게 학습되는지 깊이 고민하던 내게 잊을 수 없는 사연이었다.

애니멀플레이스에서 일하기 전 마지는 캘리포니아 대학 데이비스 캠퍼스에서 축산학 학위를 받았다. 마지가 축산학을 공부한 것은 늘 동물을 사랑했고 동물과 가까이에서 일하고 싶었기 때문이다. 어린 시절, 마지는 동물을 사랑하는 많은 아이들처럼 수의사가 되어 동물과 늘 함께 있고 싶었다. 마지는 사육 동물을 치료하는 수의사가 되고 싶었고, 그래서 동물을 대규모로 보살피고 관리하는 법을 배울 수 있는 축산학 학위 과정을 찾았다(미국에서 수의학과는 대학원 과정이다).

마지는 낙농장에서 일하면서 낙농 생산의 실용적인 면을 공부했다. 하루는 암소 한 마리가 분만을 했고 모든 사람들이 주변에서 그 과정을 지켜보았다. 그런데 난산이었다. 송아지가 걸려서 나오지 않았고 마지는 송아지가 나오도록 도왔다. 일단 송아지의 몸이 어찌어찌 고비를 넘겨서 쏟아지는 양수와 함께 세상에 나왔는데, 송아지가 일어서자마자 사람들이 송아지를 어미 소로부터 떼어놓았다. 어미는 계속해서 울부짖었고, 송아지도 높고 가는 소리로 어미에게 화답했다. 하지만 둘은 다시는 서로 만나지 못했다.

이것이 마지 인생의 전환점이 되었다. 마지는 암소와 송아지가 느끼는 감정에 이입했고, 그들의 반응을 듣고 자신이 받고 있던 교육과, 식용으로 동물을 사육하는 농업 행위 전반에 대해 심각한 의문을 갖게 되었다.

"정말 이상했어요. 다 들어서 알고 있었거든요. 하나도 빠짐없이 다 얘기해주니까요. 부리를 어떻게 절단하고, 어디에 어떻게 가두는 지 모두 배우는데, 그런 과정이 지극히 당연하고 그런 게 순리인 것처럼 보이게 만들어요. 교수란 사람들은 30년 넘게 연구하고 경험을 쌓은 사람들인데 어떻게 신뢰하지 않을 수 있겠어요. 낙농장에서는 막 태어난 송아지를 어미에게서 분리하죠. 그것이 객관적이고 합리적인 걸 알지만, 막상 눈으로 그 광경을 보면 전혀 이야기가 달라져요. 암소가 새끼를 낳았고 내가 직접 송아지를 받았어요. 난산이어서 굉장히 힘들게 새끼를 낳았거든요. 그런데 새끼를 데려가니까, 세상에, 어미가 벌떡 일어났는데, 난 태어나서 동물이 그렇게 처절하게 우는 소리를 들어본 적이 없어요. 뼛속까지 울리는 느낌이었죠. 너무나 강렬했어요. 그러자 송아지도 울기 시작했는데 정말 끔찍했어요. 그때부터 난 비건이 됐어요. 우유 잔을 눈앞에 두고 그 우유가 어디서 왔을지를 생각하면 마시고 싶은 생각이 사라지거든요."

이런 경험을 계기로 마지는 축산학계에 몸담았던 시절부터 사육 동물의 권리를 옹호하기 시작했다. "동물들의 상황이 얼마나 열악하고, 우리가 어떻게 젊은이들을 가르치는지 알게 됐어요. 학생이 3천 명이었는데 그중 채식주의자는 나 하나뿐이었어요. 학교는 젊은 학생들에게 이 지적이고 감성이 풍부한 동물을 대할 때 감정을 배제하고, 그들과 정서적으로 거리를 두라고 가르쳐요. 나는 그렇게 하고 싶지 않았어요."

축산업처럼 동물을 이용하는 산업은 사회 내에서 동물의 역할에 대한 강력한 담론을 지속적으로 반복한다. 특히 동물을 좁은 곳에 가두고, 뿔을 제거하고, 꼬리를 자르고, 낙인을 찍는 등 폭력적인 행위들을 정상적인 행위로 규범화한다. 낙농업을 비롯해 동물을 이용하는 농업 전반이 이중사고에 동참할 것을 요구하고, 가능하면 더 완전하게 몰입하라고 강요한다. 마지와 해럴드 브라운 같은 개인들은 다른 종류의 담론을 따르기로 했다. 먹고 살아가는 방식의 가시적 변화와 더불어 다른 종과의 정서적 유대를 인정하고, 정서적 교감에 반응하는 사고방식과 행동방식을 선택한 것이다.

물론 이런 정신적·정서적 작업은 소비자, 생산자들 안의 이중사고를 부추김으로써 유지되는 산업에 저항하는 힘겨운 투쟁이다. 이런 힘겨운 도전의 무게와 낙농업의 이중사고가 갖는 힘에 대해 가장 극명하게 느낀 것은 이제부터 소개할 두 번에 걸친 현장 조사, 바로 위스콘신주 매디슨에서 열린 세계낙농박람회와 대규모 공장식 낙농 현장을 보기 위해 찾아간 캘리포니아 센트럴밸리에서였다.

8

낙농업에서
소로 살아간다는 것

○
○

2012년 10월, 나는 시애틀에서 미네아폴리스까
지 비행기를 타고 가서 대학시절 친구를 만나 하룻밤 지낸 다음 렌트
한 차로 위스콘신주 매디슨까지 이동했다. 세계낙농박람회World Dairy
Expo를 참관하기 위해서였다. 내가 이용한 주간 고속도로는 중서부 지
역 북쪽의 전통적인 농촌 풍경을 가로지르며 나있었다. 숲이 우거진
언덕과 농지가 어우러진 풍경 위로 드문드문 풀을 뜯는 농장의 소들
이 보였다. 도로에서 더 안쪽에 자리 잡은 더 크고, 산업화된 실내 시
설들도 간혹 보였다. 가을이어서 나뭇잎들이 노랑, 주황, 빨강, 고동
색 불꽃처럼 풍경을 물들였다. 희고 검은 얼룩의 홀스타인 소들이 가
을 숲을 배경으로 풀을 뜯는 그림 같은 풍경이 만들어내는 아름다움
에 정신이 팔려 나는 자신이 낙농 생산(방목을 하든 안 하든)이 동물들
에게 미치는 영향에 대해 연구하는 학자라는 사실조차 잠시 잊고 말
았다.

'미국 낙농업의 본고장'인 이곳 풍경에는 뭔가 건전한 이미지가 있

었다. 그야말로 미국을 대표하는 농부들이 미국 낙농업을 대표하는 소들을 키운다는 것이 어떤 의미인지 생생하게 보여주는 것 같았다. 이런 풍경과 우유, 아이스크림, 치즈 생산을 연결 짓는 데에는 옛날을 그리워하는 정서가 있다. 모두 미국적인 식단과 문화적 전통에서 빠질 수 없는 식품이다. 여름철 어린이들이 환호하는 아이스크림, 그릴에 구운 치즈샌드위치, 끼니마다 한 잔씩 마시던 우유, 오늘날 미국에서 자라는 많은 아이들에게는 주식과도 같은 맥앤치즈.

많은 이들이 이런 음식을 먹으면서 느끼는 기쁨이 모두 낙농업이라는 하나의 이미지로 요약된다. 몇 마리의 소가 끝없이 펼쳐진 언덕에서 실컷 풀을 뜯다가 때가 되면 붉은 칠을 한 그림 같은 축사로 제발로 돌아가 우유를 짜는 목가적인 이미지가 큰 잔 가득 채운 우유와 치즈, 아이스크림 안에 녹아있다. 이 같은 낙농업의 허구적 이미지를 파헤치고 식품 생산에 동원된 동물들에게 가해지는 명백한 폭력을 드러내는 것이 내 연구의 목표지만, 나 역시 농촌의 아름다운 풍경 앞에서는 현실의 심각성을 자꾸만 잊어버리곤 했다.

세계낙농박람회는 '가축'과 낙농 관련 상품을 전시하는 국제적인 박람회다. 수백 명의 업계 관계자들이 최신 낙농 기술과 낙농업계 최고의 유전자원을 뽐내는 곳이기도 하다.[1] 박람회는 미국 낙농업을 대표하는 일곱 가지 품종(홀스타인, 저지, 브라운스위스, 건지, 레드앤드화이트, 밀킹쇼트혼, 에어서)별 품평회를 주관한다. 각각의 품평회마다 가장 우수한 소를 뽑고, 각 품종별 우승 소가 올해 최고의 소 자리를 두고 경쟁한다. 메인 행사 이외에 워싱턴주 박람회에서처럼 4H와 미래의

미국 농부Future Farmers of America에서 활동하는 어린이들이 참가하는 행사
도 열린다. 다양한 행사가 이어지는 일주일 동안, 전시 구역에서는 산
업 박람회 참가업체들의 제품이 전시된다.

넓은 박람회장 안에 자리 잡은 대형 전시관과 원형 건물들은 방문
객들로 북적댔다. 고속도로에서 바라보던 시골 풍경은 기술적으로 낙
후되고, 인간의 개입을 최소화한 가족 단위의 농업을 연상시켰다. 하
지만 박람회장에서 본 낙농업의 이미지는 초현대적이고, 첨단 기술을
기반으로 한 효율성과 이윤창출 모델 그 자체였다. 나는 박람회장 안
으로 들어가자마자 부스가 늘어선 사이를 인파에 떠밀려 이동했다.
끊임없이 늘어선 전시부스가 미로처럼 배열된 건물들이 여럿 있었다.

내가 처음 본 것은 최첨단 착유기였다. 착유기는 어느 전시 홀 정
중앙에 놓여있었는데 반짝이는 금속 외관과 효율적이고 완벽한 성능
을 구현하는 차별적인 특징들을 홍보한 안내판이 돋보였다. 낙농산업
은 이제 착유기 없이는 돌아가지 않는다. 앤설팜처럼 비교적 작은 규
모의 시설들도 스무 마리의 젖소를 한꺼번에 착유할 수 있는 착유기
를 갖춤으로써 인간의 노동력을 그만큼 절감하고 있다.

하지만 추세는 더 완전한 자동화를 향해 가고 있고, 당시 박람회장
안팎의 화두는 로봇 기술을 이용한 자동 착유 시스템이었다. 자동 착
유 시스템은 착유의 전 과정을 완전히 자동화한 장치다. 소는 자기 발
로 자동화 시스템 안으로 들어간다. 착유 공간 내부에 사료를 두어 소
를 유인하기 때문이다. 로봇 팔이 착유를 할 수 있도록 유두를 세척하
고, 전착유pre-milking(우유가 잘 내려오게 하고, 세균 오염 가능성이 있는 우

유가 섞여 들어가지 않도록 본격적인 착유 전 손으로 우유를 2~3회 짜내는 과정)를 한 다음 곧이어 본격적인 착유를 시작한다. 문제가 생기면 기계는 컴퓨터 프로그램을 통해 상황을 보고한다. 소가 너무 오래 착유 장치 안에 머무르지 않도록 유도하기도 하는데 종종 약한 전기충격을 준다.

다양한 모델들이 진열된 착유기 전시장을 돌고 또 돌다 보니, 점차 확대되고 있는 생산의 기계화가 살아있는 생명체에 미치는 장기적인 영향은 없는지 궁금해졌다. 산업혁명으로 촉발된 기술트레드밀효과technology treadmill(신기술을 도입하면 원가 절감 효과로 단기 수익이 상승하지만 생산 증가로 가격이 하락하기 때문에 수익을 얻기 위해서는 또다시 신기술을 개발해야 하는 상황이 끊임없이 되풀이되는 것)는 끊임없는 혁신의 요구로 정의할 수 있다. 지금의 모델을 대체할 더 새롭고, 더 뛰어나고, 더 빠른 기술을 개발하고 적용하면 기존의 모델은 순식간에 구닥다리가 된다. 착유기를 비롯한 낙농 생산 기술은 상품으로서 우유를 최대한 뽑아내는 데 주안점을 둔다. 동물 역시 그 자체가 기술혁신의 장이 된다. 교배를 통해 더 생산적인 몸을 만들고, 앞선 세대의 소들과 비교해 우유 생산량을 극적으로 증가시킨다. 박람회장은 산업화된 자본주의적 식품 생산이 기술혁신을 통해 이루어낸 이 현대판 기적이 공개되는 곳이다.

낙농산업의 또 다른 유망 신기술은 수정란 이식 기술이다. 내가 방문한 해에는 수정란 이식 관련 상품이 아직 박람회장에 많이 나와 있지 않았지만, 조만간 번식 기술 분야에서 중요한 혁신으로 자리 잡을 전망이다. 수정란 이식은 (대개 업계에서 우월한 유전자를 물려받았다고 칭하는) 암소에게 호르몬 요법을 실시해 여러 개의 수정란을 채취하는 방식으로 이루어진다. 이렇게 얻은 수정란은 직접 대리모 암소에게 이식하거나 나중에 사용할 수 있도록 냉동한다. 수정란 이식 기술은 낙농산업의 생산성과 효율성을 크게 증대시키는 수단으로서 상품화된다. 트랜스오바지네틱스Trans Ova Genetics의 세라 코버의 설명에 따르면, "수정란 이식을 활용하면 한 마리의 암소로부터 매년 여러 마리의 송아지를 얻을 수 있기 때문에 암소의 생식효율성을 높일 수 있다."

암소가 평생 낳는 송아지는 평균 예닐곱 마리이지만, 수정란 이식은 암소의 연간 생식 효율을 증가시켜 더 많은 송아지를 낳게 할 수 있고, 사육자는 우월한 혈통으로부터 얻는 성과를 몇 배로 부풀릴 수 있다.[2] 수정란 이식으로 인간은 소의 삶의 한 부분인 생식의 영역에 더 깊이 침범해 개개의 소로부터 더 많은 번식의 재료를 뽑아낸다. 이런 번식 방식은 낙농 생산에서 기술의 역할이 과연 무엇인지에 대해 의문을 갖게 하는데, 이런 기술의 혁신이 농업의 바람직한 발전 방향으로서 집중적인 관심을 받는 곳이 바로 박람회장이다.

박람회장을 다 둘러보려면 계획적으로 움직여야 했다. 나는 모든 전시구역과 전시관을 빠짐없이 둘러보았고, 부스마다 멈춰 서서 전시, 홍보되고 있는 제품들을 살펴보았다. 소의 정액, 송아지 대용유와 특정한 향이 나는 대용유 첨가제, 퇴비와 폐기물 처리 장치, 착유 장치, 축사와 외양간, 축사 바닥에 까는 매트, 낙인 도구와 거세 도구, 백신, 수송 트레일러, 유두 연고, 카프허치calf hutch(출생 직후 어미로부터 격리시킨 송아지를 한 마리씩 넣어 사육하는 장치) 등이었다. 나는 일반인들에게 최신 기술을 홍보하는 영상도 보고 박람회장에 전시된 제품을 홍보하는 수백 권의 무료 책자도 모았다. 또 참가자들과 가벼운 대화를 나누면서 그들로부터 제품의 장점에 대한 설명을 듣기도 했다.

아침 일찍 방문한 어느 부스에서는 '열 감지' 스티커(출산 경험이 없는 미경산 암소나 일반 암소의 몸에 부착해두면 발정기에 색깔이 변하는 스티커)를 팔고 있었고 남자 두 명이 부스를 지키고 있었다. 그들이 입을 열지 않았는데도 나는 그들의 시선을 느낄 수 있었다. 무료로 배부되는 자료를 꼼꼼히 읽고 그중 몇 가지를 가방에 집어넣는 동안 두 사람은 나를 아래위로 훑어보았다. 부스 테이블에는 스티커 견본이 나와 있었는데 무리 중에 섞여있는 소의 변화를 쉽게 알 수 있다는 것을 보여주려고, 평상시와 발정기의 스티커 색을 대비해 놓았다. 나는 스티커가 어떤 원리로 기능하는지 물어보았다. 두 남자가 갑자기 서로 마주보고 씩 웃더니, 두 사람 중 하나가 테이블 너머로 몸을 내밀어 얼굴을 내 얼굴에 가까이 대고 한 손을 내 어깨에 얹었다. 그는 스티커 하나를 집어 들고 "자, 보세요, 아가씨. 수컷이 미경산 암소나 일반 암소를 타고 오르면 마찰이 생기는데, 그때 스티커 표면이 자극을 받아요." 그러면서 그는 내 어깨를 문질렀고 나는 흠칫 뒤로 물러났다. 그는 이어서 "그러면 스티커 색이 변하죠."라고 말했다. 그는 계속 나와 눈을 맞추면서, 필요 이상으로 친한 척을 하며 내 어깨를 잡고 있는 손은 그대로 둔 채 테이블을 빙 돌아 내 앞에 서더니 손을 내 등 뒤로 옮겼다. 나는 언짢은 기분으로 고개를 끄덕였다.

그의 말은 이어졌다. "이 방식은 자연의 섭리를 활용해서 암소가 준비가 되었는지, 그러니까 발정기인지 아닌지를 알아내는 거예요. 동물들끼리는 나름대로 변화를 감지하는 방법이 있으니까 우리는 그걸 이용하는 거죠. 이 스티커로 모든 동물들의 변화를 추적할 수 있어요." 나는 뒤로 물러서서 감사하다고 말하면서 다음 부스로 이동했다. 그가 끈질기게 내 몸에 손을 대면서 보인 과하게 친밀한 태도 때문에 마음이 영 개운치 않았다.

정액과 번식 관련 기술을 취급하는 몇몇 다른 전시 부스에서도 나는 비슷한 경험을 했다. 남자들은 내 쪽으로 몸을 가까이 기울여, 남이 들으면 안 되는 얘기라도 하는 것처럼 제품에 대해 설명했고, 그럴 때마다 내 어깨, 팔, 허리에 손을 대고 눈을 맞추려고 했다. 영업 수완이라고 봐줄 수도 있겠지만, 그러기엔 다른 의도가 느껴졌다. 너무 끈질기게 나를 아래위로 훑어보았고, 번식 과정에 대해 너무 노골적으로 세세한 부분까지 열심히 설명하면서 웃는 듯 마는 듯 묘한 표정을 지었기 때문이다. 내가 여성임을 분명하게 의식한 행동이었다. 박람회장에서 나는 여러 번 '도시 아가씨'라고 불렸고, 그런 '도시 아가씨'가 낙농장에서 키우는 소의 번식 과정에 대해 관심을 갖는 것이 평범하지 않은 일임을 누구나 바로 알아챌 수 있을 정도였다.

"아가씨 같은 도시 여자가 소 정액에는 웬 관심이유?" 정액 판매 사원이 어색하게 웃으며 물었다.

"어떻게 관심이 없을 수 있겠어요?" 나는 농담처럼 받아치고 이렇게 덧붙였다. "낙농 생산에 대한 연구 중인데 번식의 전 과정을 알고 싶어서요." 다양한 정액 공급업체 사람들과 이야기하면서 나는 번식 과정에서 수소의 역할과 낙농산업이 수컷으로 간주하는 동물의 더 일반적인 역할에 대해 배웠다.

수소의 삶

낙농산업에서 '수컷'으로 판정된 송아지에게는 몇 가지의 정해진 운명이 있다. 절대 다수의 수송아지들은 태어난 지 얼마 후 도축되어 빌 고기용으로 팔리거나 고기 생산 목적의 거세 수소로 비육된다. 특별한 유전적 특성을 물려받은 소수의 수송아지들은 거세되지 않고 교배용 씨수소로 길러진다. 이런 수소들은 소위 '자연 교배'에 이용하거나 별도의 농장에서 사육한 후 정자를 채취해 인공수정에 이용한다. 수소들은 14개월이면 번식력이 생기는데 번식에 가장 좋은 시기는 두 살에서 두 살 반이다. 이때가 생식력이 가장 왕성하고 성병을 옮길 위험이 가장 낮기 때문이다.[3]

자연 교배는 정자의 질, 성욕, 짝짓기 능력, 무리 안에서의 서열 등 많은 점을 고려해야 한다.[4] 씨수소가 될 가능성이 있는 수소는 건강 상태를 지속적으로 확인하기 위해 '교배 안전성 평가'를 정기적으로 실시할 것을 권장한다.[5] 이것은 최고의 번식 능력을 보장하는 평가 방식인 동시에 무리 내 성병 발생 여부를 확인하는 데도 중요한 역할을 한다. 낙농업에서 성병은 매우 흔하기 때문에 수소와 암소 모두의 건

강을 위해 평가와 접종을 병행할 것을 권장한다.[6]

평가에서 자연 교배용으로 적합하지 않다는 판정을 받은 수소는 도축장으로 보낸다. 건강하지만 업계에서 소위 성질이 거칠다고 판단한 수소 역시 정기적으로 무리에서 걸러낸다.[7] 템플 그랜딘은 업계에서 일반적으로 행하는 동물의 분리가 수소의 기질에 어떤 영향을 미치는지에 대해 이와 같이 기술한다. "다른 동물들과 상호작용할 기회를 갖지 못한 채 혼자 자란 수송아지는 스스로를 인간이라고 생각하고 '무리'에 자신의 지배력을 행사하고 싶어 한다. 암소와 자란(이유기까지 암소의 젖을 먹은) 수송아지들은 다른 동물을 공격할 가능성이 매우 낮다. 같은 종과 함께 자란 수송아지들은 스스로가 누구인지 알고, 인간을 무리의 일부로 간주할 가능성도 덜하다."[8] 수송아지의 기질을 제어하는 데에는 일찍 거세를 하는 것도 효과적일 수 있지만 교배에 이용할 소라면 이 방법은 당연히 불가능하다.

거세를 하는 경우에는 생후 6개월 이전에 시행하는 것이 보통이고 이보다 일찍 시행하는 경우도 종종 있다. 성장이 둔화하고, 체중이 잘 늘어나지 않는 등의 단점이 있음에도 불구하고, 거세는 업계 입장에서 중요한 여러 가지 경제적 이유 때문에 시행된다.[9]

거세는 테스토스테론 수치를 낮추고 성적인 활동성과 공격성을 줄이기 때문에 고기 생산을 목적으로 소를 키우려는 사람들이 선호한다.[10] 거세는 또 근육의 pH 농도를 낮추어 고기의 육질과 맛에도 영향을 준다.[11] 미국의 소비자들은 거세한 동물 고기의 풍미와 육질에 익숙해져 있다.

업계에서 시행하는 거세에는 몇 가지(물리적·화학적·호르몬적) 유형이 있지만, 물리적으로 고환을 제거하는 방식이 가장 보편적이다. 물리적 거세는 뉴베리 칼 같은 거세용 칼을 이용해 음낭을 절개한 후 소위 거세기라는 도구(혹은 농부의 엄지손가락)를 이용해 고환을 제거하는 방식이다. 고환이 제거되고 나면 대개 농부가 분말 형태의 살균제나 살균 스프레이를 음낭에 도포해 감염을 예방한다.

또 다른 외과적 거세 방식은 음낭 하단의 3분의 1을 잘라 낸 후 고환을 뽑아내 자르거나 고환을 지탱하는 조직이 끊어질 때까지 잡아당기는 방식이다.[12] 이밖에 흔히 사용되는 방식에는 고탄력 고무줄로 음낭의 뿌리 부분을 묶어 2주에서 3주가량 혈액 공급을 제한하여 음낭이 오그라들어 떨어져 나가게 하거나, 거세집게를 이용해 고환으로 가는 혈관을 집어 혈액 흐름을 차단함으로써 고환의 기능을 상실하게 만드는 방법이 있다.[13] 이런 방식들은 모두 급성과 만성 통증을 유발하는데도, 업계에서는 여전히 마취를 하지 않는 것이 관행이다.[14]

거세당하지 않은 수소가 저항의 기미를 보이면 성질이 나쁘다고 판단하기 때문에 업계는 '좋은'(이라고 쓰고 '저항하지 않는'이라고 읽는) 기질이라는 특정한 기준에 부합하지 않는 그런 동물들을 죽여 없앰으로써 더 순종적인 기질을 가진 소들만 남긴다. 한편, 이후에 다시 다룰 내용이긴 하지만, 흔히 정력 넘치는 남성적 기질을 수소의 장점으로 내세우는데 이런 담론이 소위 '나쁜 기질'을 지녔다는 이유로 수소들을 걸러내는 행태와 모순된다. 남성성의 특정한 부분을 강조하며 수소들을 치켜세우지만, 사실 지나치게 남성적이거나 공격적이고, 자아가 강한, 템플 그랜딘의 표현대로 "스스로를 인간이라고 여기는" 수소들은 업계 안에 남아있지 않다.

그렇다면 여기서 의문이 생긴다. 강하고, 고집이 세고, 때때로 공격성을 보이는 수소들을 낙농업계에서는 어떻게 관리할까. 수소 한 마리의 무게는 보통 1천 파운드(약 4백50킬로그램)를 훌쩍 넘는데, 그들을 통제하는 것은 체중이 백 킬로그램도 안 되는 인간 한두 명이다. 한 가지 방법은 전기봉을 사용하는 것이다. 전기봉은 다양한 길이의 막대기로 동물에게 전기충격을 주어 농부가 원하는 방향으로 움직이게 만드는 도구다.

또 다른 통제 방식으로는 코뚜레가 있다. 수소의 코중격(콧속을 반으로 나누는 중심부의 연골과 뼈)을 뚫어서 커다란 금속 링을 거는 방식으로 소의 신체를 영구적으로 변화시킨다. 코뚜레를 사용함으로써 인간은 수소를 물리적으로 제어하고 지배할 수 있다. 코중격은 민감한 부위라서 소가 이 부위의 자극에 예민하게 반응할 수밖에 없기 때문이다. 따라서 수소와는 비교도 안 되게 몸집이 작은 인간 노동자도 동물의 민감한 신체 부위에 고통을 주어 힘을 행사하고 동물을 통제할 수 있는 것이다. 코뚜레와 전기봉의 도움으로 농부는 손쉽게 소의 움직임을 통제하고, 수소를 정액 생산의 도구로 이용한다.

일부 농장에서는 아직도 자연 교배로 소를 번식시키지만, 점점 더 많은 낙농업자들이 인공수정을 선호한다. 성공 확률이 높고 인간이 통제할 수 있는 여지가 많기 때문이다. 북미와 유럽 낙농업계에서 암소의 약 80퍼센트가 인공수정을 통해 임신한다. 그러므로 낙농업에서 번식이라고 하면 대부분 인공수정을 통한 번식을 의미한다.[15] 농부 입장에서 인공수정은 '유전적으로 우수한' 수소의 정액을 이용할 수 있고, 낙농장에서 사육하는 수소의 수를 줄일 수 있고, 송아지 생산 주기를 단축할 수 있어서, "송아지 수확의 일관성과 균질성이 향상된다"는 이점이 있다.[16] 여기서 일관성에 대한 언급과 수확이라는 표현에 주목할 필요가 있다. 둘 다 동물을 마치 밭에 일렬로 심어놓은 옥수수나 밀처럼 표준화된 상품으로 간주한다는 것을 보여준다.

인공수정을 하는 농장에는 수소가 필요 없다. 그래서 수소는 별도의 교배 농장에서 자라는 경우가 점점 많아지고 있다. 정액 생산을 위해 사육되는 수소들은 매주 2~3일, 하루 2~3회 강제로 정자를 채취당하는데 주로 인공 질이나 전기 추출기를 사용한다.[17] 인공 질이 사용되는 경우 훈련받은 거세 수소, 발정기의 암소, 또는 모형 동물이 수소를 자극해 흥분을 유도하는 '티저' 역할을 한다. 아이다호 대학 지도 매뉴얼에 따르면 순서는 다음과 같다.

1. 승가(짝짓기를 위해 수컷이 암컷의 등에 타고 오르는 것)를 위해 발정기의 암소, 다른 동물이나 모형으로 수소를 자극한다.
2. 승가를 억제한다.
3. 수소의 포피와 복부를 세척한다.
4. 승가를 유도해 자극을 주고받게 한다.
5. 수소가 승가하면 포피를 잡아 음경을 인공 질 안으로 유도한다.
6. 인공 질을 질과 평행한 각도로 티저의 엉덩이 가까이에 댄다.

7. 수소가 인공 질에 사정하게 한다(인공 질로 음경을 덮어씌우지 않는다).

8. 음경을 건드리지 않는다.[18]

흔히 티저로 거세 수소를 동원해 수소의 승가를 유도한다. 몇 번의 시도 후 발기가 되면 사람이 손으로 유도해 음경이 인공 질 안으로 향하게 한다. 인공 질은 긴 튜브 모양의 기구로 열과 기계적 자극을 통해 사정을 유도한다.[19] 인공 질에 모인 정액은 일정한 처리를 거친 후 보통 나중에 판매하기 위해 냉동 저장된다. 인공 질 사용은 까다롭기도 하고 유도하는 사람이나 티저 역할의 동물에게 위험할 수 있다. 수소가 올라타려고 하는 과정에서 부상을 입을 수 있기 때문이다.

이 밖에 널리 쓰이는 또 다른 방법은 전기 추출기를 이용하는 방식이다. 수소를 움직이지 못하게 한 다음 직장에 전기 침을 삽입하여 전립선에 전류를 흘리면 수소는 의지와 상관없이 사정을 한다.[20] 이 방식은 수소의 의지나 흥분 여부에 구애받지 않기 때문에 효율적일 수 있다. 하지만 이 방식으로 생산된 정액은 인공 질을 비롯한 다른 방식에 비해 효과가 떨어지는 경우가 많다. 또 전기 추출기 사용은 고통을 유발한다. 사실 다른 종들의 경우 전기 추출기를 사용할 때는 마취를 하지만, 수소는 마취 없이 이 과정을 견딘다.

정액 생산을 전문으로 하는 교배 농장에서 수소를 사육하는 것은 효율성과 자본 축적 증대를 목표로 한 산업의 분화와 통합의 결과다. 번식 과정의 한 부분인 낙농 생산에서 수소가 어떤 역할을 하는지 얼른 떠오르지 않을 것이다. 아니, 낙농 생산이 번식의 일부라는 생각조차 자주 떠오르지 않을 것이며, 설령 떠오른다 해도 전기 추출기는 물론 인공수정 같은 절차에 대해서는 상상조차 못할 것이다. 어떻게 채취되든 정액은 국제적으로 거래되는 상품으로서, 우유, 고기 같은 다른 상품을 생산하는 과정의 한 부분을 차지한다. 정액은 물론 수소 그 자체도 암소의 임신과 송아지 분만만큼이나 낙농산업 전체가 지속적으로 돌아가는 데 중요한 역할을 한다.

담론으로서의 광고

박람회장 안을 돌아다니면서 나는 많은 양의 광고 판촉물을 모았다. 전단지, 소책자, 제품 샘플, 카탈로그, 업계에서 발행하는 신문 등이다. 하루가 저물어갈 무렵에는 여러 개의 가방(내가 가져간 가방도 있고 현장에서 받은, 정액 공급업체 셀렉트 사이어스Select Sires의 로고가 박힌 새빨간 가방도 있었다)을 꽉 채운 무료 판촉물의 무게 때문에 어깨와 허리가 아플 지경이었다. 그날 밤 지친 몸으로 숙소에 돌아온 나는 받아온 모든 자료를 두 개의 더블 침대에 펼쳐 놓고 그 자료들이 의미하는 바에 대해 깊이 생각했다. 나로서는 존재하는지도 몰랐던 제품에 대한 정보와 광고가 수두룩했다. 가령 대용유에 첨가하는 분말 착향료는 송아지가 어미 소의 젖 대신 젖병에 든 대용유를 먹도록 유도한다.

집에 돌아온 후에는 낙농업 광고를 관통하는 주제들을 분류하고 찾아내는 작업에 착수했다. 내가 받아온 자료에 반복해서 등장하는 주제 가운데 하나는 젠더 편향적인 동물의 이용이다. 이러한 성 편향성은 생식, 몸, 성에 대한 인간의 규범을 반영하는데, 번식력과 임신을 특히 강조한다. 반복해서 등장하는 또 다른 주제는 애국심에 대한 호소다. 주로 식민지 정착의 역사와 현대의 군사주의를 찬양하는 방식이다. 또 낙농산업과 정액 산업에 성적인 의미를 강하게 부여한 유머가 만연하다는 점도 두드러진다. 여기에서 주목할 점은 이 두 산업이 동물을 암컷과 수컷, 생식력이 있느냐 없느냐로 범주화함으로써 성과 젠더의 이분법으로 동물을 개념화한다는 사실이다.[21]

광고를 분석의 귀중한 자료로 보는 이유는 무엇일까? 광고를 통해 확산되는 담론을 보고 있으면 산업 내의 물리적 관행이 유지되도록 작용하는 몸, 젠더, 그리고 동물에 관한 규범들을 꿰뚫어 볼 수 있다. 미셸 푸코는 담론이 언어를 이용해 의미가 만들어지는 방식, 특정 관행 혹은 일련의 사회적 관계에 관한 '상식' 서사가 형성되는 과정을 보여준다고 주장한다.[22] 이런 서사들은 단순히 입에서 입으로 퍼져나가는 이야기가 아니다. 이 서사들은 인간이 인간과, 그 외 다른 종들과 물리적으로 상호작용하는 방식에 영향을 미치고, 이 여러 관계 안에서 힘의 불균형을 형성한다. 도나 해러웨이의 해설처럼, "담론은 사회적 산물일 뿐 아니라, 근본적인 사회적 효과를 지닌다. (…) 과학적 담론들은 수백만 명의 일상적인 생활 환경을 제한하고 생성한다."[23] 낙농업과 정액 산업의 홍보 자료들을 가득 매운 동물, 젠더화한 몸, 생식에 관한 담론들이 이들 산업에 대해 나타내는 바가 매우 분명하기 때문에 그중 몇 가지 사례를 소개할 필요가 있을 것 같다.

생식력과 임신

세계낙농박람회에서 수집해 온 낙농업계의 광고자료가 소의 생식력에 대한 집착을 드러내는 것은 어찌 보면 당연한 일이다. 낙농산업의 존속을 위해서는 다수의 소가 생식력을 계속 유지해야 하기 때문이다. 앞서 언급한대로, 암소의 생존 여부는 생식력 유무에 달려있다. 생식력이 감소하거나, 아예 처음부터 불임인 암소는 도축된다. 우유를 생산하기 위해서는 일정 간격으로 송아지를 낳아야 하므로, 소의 생식력은 곧 우유라는 상품을 생산할 수 있는지 여부를 결정한다. 그 결과, 생식력에 대한 업계 내 절대다수의 담론들은 생식력과 농부의 수익을 결부시킨다.

농장의 번식 관리 프로그램을 지원하기 위해, 부매틱BouMatic사의 스마트데어리 액티비티 모듈SmartDairy Activity Module은 무리 안의 소 한 마리 한 마리를 추적 관리한다.[24] 개개의 암소에게 부착하는 장치를 통해 농부들은 어떤 암소가 병들었는지, 임신 몇 개월인지, 어떤 소가 임신 가능한지 등을 알 수 있다. 부매틱의 광고는 "찾아내 교배시켜라. 당신의 수익이 늘어난다."라고 말한다. 역시 교배와 번식력을 수익과 연관시키고 낙농산업에서 경제적 우선순위가 어디에 있는지를 보여준다. DSM이라는 과학기술 관련 회사가 만드는 루비믹스 베타-카로틴은 암소의 번식력을 증진시키는 제품으로 농부들에게 수익성을 약속하고 "암소를 수태시키는 것이 낙농 생산에서 가장 비용이 많이 드는 부분"이라고 강조한다.[25] "번식의 새 길을 열었다."라는 이 제품의 홍보문구는 인간이 번식 과정에 개입한다는 점을 인정한다. 사실 매우 깊이 개입하기 때문에 신의 영역에 도전하는 과학자들을 연상시킨다. 번식력을 높이는 기본적이고 통상적인 방식을 넘는, 말 그대로 "새로운 길"을 인간의 힘으로 열었다는 것이다. 암소의 생식력과 번식 과정을 유용하는 행위, 생식력과 수익성 간의 관계는 번식의 세세한 과정을 세계 자본의 흐름과 경제 효용의 논리와 결부시킨다. 자손을 창출하는 암소의 생식력은 이윤을 추구하는 사업으로서 농업의 수익 창출 능력과 직결된다. 광고는 자사의 제품이 "당신의 사업 성장세를 강화시킬 수 있다."고 약속한다. 낙농산업의 경제적 이윤 창출이 암소의 생물학적 창출 능력, 태중 송아지의 성장 및 분만에 의존한다. 낙농 생산 내의 자본 축적은 암소의 생식과 밀접하게 연관되어 있다.

또 다른 추적 시스템 세멕스Semex는 아픈 암소들을 찾아내고 인공 수정 일정을 관리한다. "소의 소리에 귀 기울이면, 더 확실하게 관리할 수 있다."라는 슬로건을 내세운 세멕스는 "노동절감, 약품 및 정액 비용 감소, 수태율 증가를 약속함은 물론, 무리 내 더 많은 소들의 임신을 확정하고, 사료를 먹는 데 걸리는 시간이 줄어들고, 우유 생산기간이 늘어나고, 투자 회수기간이 짧아진다."라고 장담한다.[26] 여기서 강조하는 부분은 통제력, 효율성, 수익성이다. 광고 슬로건은 농부들에게 "소의 소리에 귀를 기울여라."라고 충고한다. 이 충고는 소의 몸에 대한 관리와 통제가 소와 농부 간의 관계를 긴밀하게 한다고, 즉 농부가 소의 요구에 귀를 기울여야 한다고 말하고 있다. 이 말에는 소를 관리하는 과정에 소가 적극적으로 참여하고, 소도 자신의 의견이 있어서 농부가 그 의견에 귀를 기울여야 하고, 암소와 농부는 마음을 터놓고 서로 대화할 수 있고, 그 과정에서 소는 자신이 다시 임신할 준비가 되어있지 않고, 어쩌면 다음 달까지 기다려야 한다는 등 자신의 속내를 털어놓을 수 있다는 의미가 내포되어 있다.

마치 동물에게도 선택권이 있다는 듯한 이 암시는 카길Cargil의 광고 문구를 떠올리게 한다. "암소는 우유를 위해, 당신은 생계를 위해. 나머지는 우리가 돕겠습니다."[27] 하지만 암소는 의사결정 과정에 개입하지 않는다. 암소는 인공수정을 당하는 데 동의하지 않고 자신이 낳은 송아지를 사람들이 데려가거나 송아지가 먹어야 할 우유를 시장에 파는 행위에 동의하지 않는다. 사실 인간으로 하여금 소의 생식 주기에 개입하게 이끄는 동인動因은 소가 가진 기본적인 생물학적 생산능력이라는 것이 낙농산업의 논리다. 즉, 이 논리대로라면 '소는 임신할 수 있다, 고로 인공수정시킨다'는 등식이 성립하며 이 등식 안에 소의 동의나 참여가 들어갈 자리는 없다.

화이자Pfizer가 만드는 복합항바이러스 백신 보비실드골드의 광고 시리즈는 소의 생식능력이 모든 과정의 시작이라는 이러한 논리를 가장 명확한 말로 드러낸다.[28] 다양한 설정의 모든 광고는 이렇게 질문한다. "계속 임신하는 것 말고, 할 수 있는 게 대체 뭐야?" 각 광고에는 홀스타인 암소가 등장해 불가능해 보이는 일들을 한다. 소는 소방차 조수석에 앉아있거나, 죽은 꿩을 입에 문 채 사냥꾼 옆에 서 있거나, 등에 안장을 얹고 어린아이를 태우고 있다. 이런 이미지들은 당연히 암소는 달마티안도, 사냥개도, 말도 아니라는 사실을 일깨워준다.

나아가 광고는 달마티안, 사냥개, 말, 그리고 '계속 임신하는 것'이 본연의 임무인 암소 등 각각의 동물들(광고에 등장하건 하지 않건)은 사람에게 봉사하기 위해 존재한다는 점을 상기시킨다. 광고는 이어 "암소가 계속 임신하는 자신의 의무를 다하도록 (…) 암소를 계속 임신하게 하고, 당신의 계획과 수익을 지키고 싶다면, 수의사나 화이자 동물보건사업 대표전화로 문의"하라며 끝을 맺는다."[29]

아울러 낙농업에 이용되는 암소는 갓 낳은 송아지마저 빼앗기고 나면 송아지의 양육에 관여하지 않는다. 이것 역시 암소는 임신하는 것 말고 달리 할 일이 없다는 주장에 신빙성을 더하는 업계의 방식이다. 암소가 최우선적으로 생산해야 할 책임이 있는 것은 우유이고, 따라서 임신은 임신의 결과로 태어난 송아지를 돌보는 일보다도 중요한 암소의 주된 임무이다. 새끼를 돌보는 것은 암소의 일이 아니다. 이런 광고는 나아가 (인간과 동물 모두에 대해) 여성의 생식에 대한 규범을 강화하고 동물이 미리 정해진 방식으로 인간에게 봉사하는 것 외에 다른 일을 하는 것은 우스꽝스럽다는 주장을 강화한다. 즉 암소가 우유 생산 외의 일을 하는 모습은 상상하는 것만으로도 우스운 일이 된다. 암소는 단순히 소가 아니라 낙농업을 위해 봉사하는 젖소이고, 따라서 암소가 할 일은 두말할 필요도 없이 계속해서 '임신함으로써 소임을 다하는 것'이다.

식민지의 역사와 미국의 애국주의

연구하면서 새롭게 배운 것 중 하나가 식민지 사업에서 소의 역할이다. 초등학교에서 배우던 것과는 반대로 미국 서부의 소위 (무해함을 가장한 기만적 용어인) '정착'이라는 것은 토착 인간 공동체의 씨를 말리는 폭력적 살해, 보호구역이라는 이름으로 자행된 생존자들의 격리수용, 수백 년 역사를 지닌 토착 문화의 관습과 생활방식에 대한 조직적 말살의 과정이었다. 정착민들의 식민지 사업은 또 비손(북아메리카와 유럽 등지에 서식하는 들소)을 비롯한 특정 종들을 거의 멸종에 가깝도록 무더기로 죽였다. 이 과정에서 소가 맡은 역할을 언급하는 역사책은 거의 없다. 하지만 소는 식민지 사업에서 중요한 부분을 차지했다. 울타리를 두르고 숲을 갈아엎는 것은 땅과 자원을 차지하고 영역을 표시하는 가장 흔한 방식이었는데 이때 숲을 없애야만 하는 정당한 이유로 내세운 것이 바로 목장이다. 땅을 차지하고 초원의 생태계를 변화시키고 토착민을 쫓아내고 토착종들을 원래 서식지에서 몰아내기 위해 소가 물리적으로 이용되었다.[30]

셀렉트 사이언스사에서 출시한 스물두 가지의 '우수한 씨수소' 정액으로 이루어진 정액 컬렉션, 슈페리어 세틀러 Superior Settler (우월한 정착민)는 그 이름에서부터 아름답게 포장된 식민지 정착민의 역사를 찬양한다.[31] 슈페리어 세틀러의 광고들은 미국 서부의 풍경을 배경으로 홀스타인 암소들을 전면에 내세운다. 광고 중 일부는 소 뒤로 멀리 산맥이 보이고, 다른 유형의 광고는 목초지와 울타리가 배경이다. 두 가지 유형 모두 울타리, 나무와 프레리 식물들을 베어버리고 만든 목초지와 소 등 서부 특유의 풍경과 식민지 정착민의 흔적을 두드러지게 보여준다. 슈페리어 세틀러 정액은 의도치 않게 자본주의 농업 경영 체제 하에서 인간과 동물이 식민지화되는 모습에 이목을 집중시킨 셈이다.

하지만 광고가 식민지 정착민의 서사를 환기하는 이면에는 미국의 역사를 순화한 형태로 보여주려는 의도가 숨어있다고 보는 것이 더 타당하다. 서부로 이주하는 정착민들은 많은 이들의 눈에 특별히 더 '미국적'이라고 높이 칭송받는, 영웅적 역사 서사의 일부로 비쳐진다. 사실 많은 농부들이 자신들의 혈통을 수 세대 전 초기 식민지 정착민들과 연결시키는데, 이것은 그들이 품은 뿌리 깊은 자부심의 근원이다. 하지만 정착민들과 그 후손들은 훔친 땅에서 살고, 일하고, 농사를 짓는다. 애국주의적 담론들과 미화된 아메리칸 드림이 그 사실을 가리고 있을 뿐이다.

앞서 소개한 화이자의 보비실드골드 광고들은 특정한 종류의 미국 애국주의와 그 애국주의 안에서 동물이 수행한 역할을 보여준다. 어린아이를 태우고 있는 암소의 모습은 정착 시대 사람들이 말을 타던 모습을 연상시키며, 실제로 광고 속 소의 등에는 서부 스타일의 안장과 아메리카 토착 문양이 그려진 담요가 얹혀있다(서부 정착 역사와 토착문화의 식민지화 흔적을 자랑스럽게 드러내고 있다). 어린아이가 소를 타고 있다는 사실은 이러한 역사를 환기시키는 일이 무해하고, 아무 문제도 없으며, 어떠한 정치적 의도도 없는 미국 애국주의의 발현임을 우리에게 확인시키려는 것이다. 이와 유사하게 암소가 죽은 꿩을 입에 물고 사냥꾼의 뒤에 서 있는 모습은 특별한 종류의 애국주의와 서부의 정착민과 목장주 문화를 연상시킨다. 즉, 사냥꾼과 그의 개(이 경우에는 소)는 세대를 뛰어넘는 미국의 백인남성주의를 구체적으로 드러낸 것이다.[32]

원래 보비실드골드 광고의 의도는 암소를 우유 생산 이외의 목적으로 사용하려는 시도의 우스꽝스러움을 보여주는 것이었겠지만, 광고가 드러내는 것은 여전히 계속되는 정착민-식민화 서사이고, 그 서사 안에서 소는 또다시 야생종들의 식민지화에 동원된다. 이야기는 여기에서 끝이 아니다. 왜냐하면 일반적인 꿩은 아시아가 원산지인데 사냥 목적으로 미국에 들여왔으며 지금은 전 세계 사냥꾼들이 가장 많이 사냥하는 새이기 때문이다.[33] 꿩은 식민지화한 몸의 또 다른 사례로 원래의 서식지에서 끌려나와 어느 정도 야생성을 간직한 동물로 소개되어, 사냥이라는 스포츠 때문에 살해되고 그 과정에 소가 동원된다. 입에 꿩을 물고 있는 암소와 그 앞에서 의기양양하게 웃고 있는 사냥꾼의 이미지는 죽은 꿩에게 가해진 폭력, 혹은 인간과 동물 종에게 가해진 더 보편적인 폭력의 역사가 갖는 심각성을 희석시키기 위해 유머가 어떻게 이용되는지를 보여준다.

사냥과 서부의 말 타기 문화는 미국 국가주의의 특정한 단면을 대변한다. 소방관이 된 암소를 묘사한 광고가 소방관 이미지가 흔히 갖는 영웅주의를 환기하는 것과 마찬가지다. 특히 9·11 테러 이후의 기류에서 과거에는 늘 불타는 건물에서 어린아이와 강아지를 구출하고 일상적인 비상사태에 가장 먼저 반응하는 지역 영웅의 이미지를 갖고 있던 소방관들이 이전보다 격상된, 새로운 영웅의 지위를 얻었다. 새로운 애국자, 소방관은 미국이라는 큰 그림 안에서 9·11 테러 당시 구조 활동 중 목숨을 잃은 이들과, 9·11 이후 정치적 분위기에서 등장한 열렬한 애국주의를 떠올리게 한다.

이와 유사한 또 다른 광고도 있다. 구충제 사이덱틴Cydectin 광고는 낙농 생산과 소를 돌보는 행위를 참전군인지원단체인 운디드워리어프로젝트Woonded Warrior Project와 연결시킨다. "우리의 군대는 이 나라가 제공할 수 있는 최상의 것을 받을 자격이 있습니다. 당신이 구매한 덕분에 가축에게 직접 뿌리는 구충제 시장 1위 제품 사이덱틴은 운디드워리어프로젝트를 지원하고, 우리의 영웅들에게 우리가 그들의 복무에 얼마나 감사하고 있는지 보여줄 수 있습니다."[34]

이처럼 군 복무와 소방관의 업무를 강조하고, 이런 직업에 종사하는 이들에게 부여된 노골적인 영웅주의 담론을 드러냄으로써 미국 농부의 이미지를 국가에 봉사하는 애국적 행위와 암묵적으로 결부시킨다. 특히 9·11 테러 이후의 정치적 분위기를 타고 해외에서는 '미국적 자유'를 수호하는 군인들이라는 담론이 퍼지면서 세계 곳곳에서 미군이 지속적으로 주둔하는 것을 정당화하는 한편, 국내에서는 일반 시민을 보호하고, 구출하고, 그들을 위해 봉사하는 소방관의 이미지가 영웅적인 봉사와 애국주의라는 서사를 유지하는 데 기여한다. 농부와 참전군인단체를 지원하는 구충제 회사는 스스로에게 국내 전선에서 싸우는 애국적인 동맹이라는 지위를 부여한다. 사실 소야말로 국내

전선에서 충실하게 봉사하는 진정한 애국 동맹인데도 말이다.

보비실드골드의 광고마다 등장하는 소는 홀스타인이다. 홀스타인은 흑백 얼룩이 특징인 미국의 전통 품종이고 미국 낙농업의 상징 같은 존재로서 아이들의 책, 낙농제품 포장, 그리고 미국적인 이미지들에 반복해서 등장한다. 낙농 생산, 그리고 더 중요하게 낙농 소비는 미국적인 것에서 없어서는 안 되는 요소로 자리 잡았다. 낙농박람회를 보러 간 날 매디슨 외곽에서 하룻밤을 묵으면서 나는 몇몇 식당과 커피숍에서 커피에 우유 대신 두유를 넣고 메뉴에서 치즈는 빼달라고 요청했다. 몇 군데에서 나는 어이없다는 시선과 함께 "젊은 처자가 무슨 문제라도?"라는 친절하지만 당혹스러운 반응을 얻었다. 미국 낙농업의 본산인 위스콘신에서 치즈와 유제품을 멀리하는 것은 단순히 규범을 벗어난 행동이 아니라, 미국적이지 못한 행위였다.

성적인 유머와 폭력

사회규범들은 젠더의 이분법을 강화하고, 트랜스젠더를 배제하고 생물학적 본질주의를 지향하며 여성을 모성이라는 틀에 철저히 가둔다. 동시에 이들 규범은 대중문화 안에서 여성의 몸을 성적인 대상이라는 고정된 틀 안에 가둔다. 박람회에서 남자들과 이야기하는 동안 그들이 나를 위아래로 천천히 훑어볼 때 나는 나의 몸이 암묵적으로 대상화되는 것을 느꼈고, 그때의 느낌은 내가 수집한 광고물 안에서 더욱 노골적인 형태로 체감되었다. 사실 이것은 낙농산업이 암컷으로 간주하는 몸, 즉 암소를 성적으로 대상화하는 방식이기도 하다. 나는 박람회장에 아직 들어가기 전에 이미 도로에서 몇몇 대형 동물 수송 트레일러의 머드플랩, 즉 흙받기에 머드플랩 걸(가슴이 큰 모래 시계 같은 체형에 긴 머리를 바람에 나부끼는 여성)의 실루엣이 그려져 있는 것을 보았다. 그동안 수많은 상황을 목격한 터라 웬만한 일에는 놀라지 않았지만, 낙농산업의 광고물 안에서 몸이 대상화되고 성적 의미를 더하는 실태는 충격적이었다.

정액 카탈로그 안의 담론들은 낙농업계가 동물을 바라보는 성 편향적 태도를 보여준다. 수소는 유전적 혈통, 정액의 질과 정력, 외형, 잠재적 생식능력에 의거해 상업화된다. 수소는 또 유전적으로 우월한 우유 생산도구(미래의 암소)를 만들어낼 책임과 그들(암소)의 신체에 앞으로 가해질 폭력(인공수정)에 대한 책임을 떠안는다.

셀렉트 사이어스사는 완벽한 조건의 수소들로부터 채취한 정액을 판다. 이 회사의 카탈로그를 보면 그들이 수소와 암소, 미경산 암소를 대하는 여러 가지 태도를 알 수 있다. 한 카탈로그는 알렉산더라는 이름의 수소에 대해 "알렉산더의 딸들은 다른 어떤 암소에게도 없는 품질보증마크를 찍고 태어난다."라고 소개한다. 또 다른 산체스라는 수소에 대해서는 "산체스의 딸들은 키가 크고, 우유가 잘 나오고, 유방이 아름다우며, 강하고 특별하다."라고 자랑했다.[35] 이밖에도 카탈로그에 따르면, GW 애트우드는 "오랜 기간 시장을 점령할 가장 매력적인 수소는 (…) 즐거움을 주는 암소들을 생산할 것"이고, 자바는 "뒤쪽의 유방이 크고 엉덩이가 매력적인" 암소들을 생산할 것이며, "유전자 안에 위대함을 간직한" 가버너의 딸들은 "탄력 있는 비유기관이 시선을 사로잡고 시간이 지나도 변함없는 젊음을 간직할" 것이다. 이런 광고의 담론들은 수소가 정력적이고 남성적이라고 암시한다. 번식력이 왕성할 뿐 아니라 특별한(매력적이고 생산적인) 암컷을 만들어낼 수 있다는 것이다.

알렉산더가 딸들에게 붙여준다는 "다른 어떤 암소에게도 없는 품질보증마크"는 앞으로 태어날 암소에 대한 소유권의 의미를 담고 있다. 품질보증마크는 낙인을 찍는 행위, 말 그대로 동물의 살을 태워 소유주를 표시하는 행위를 연상시킨다. 이것은 또 개와 고양이가 소변으로 영역을 표시하는 것처럼, 특정 동물의 영역표시 행위와 연결할 수도 있다. 알렉산더의 딸들은 교배를 통해 그들을 얻은 농부가 당연히 소유한다. 그런데도 이 광고는 소유(그리고 법적인 소유물로 범주화됨으로서 따라오는 온갖 폭력)의 책임을 애초에 그들에게 품질보증마크를 부여한 알렉산더에게 전가한다.

산체스, GW 애트우드, 자바, 가버너 모두 매력적이고 섹시한 암컷을 재생산하는 데 동원된다. 수소의 유전자로부터 농부는 "아름다운 유방", "매력적인 엉덩이", "시선을 사로잡는 탄력 있는 비유기관"을 지니고 "즐거움을 주는" 암소를 기대할 수 있다. 광고의 언어들은 여성의 몸을 페티시(특정 물건이나 신체 부위를 통해 성적 쾌감을 얻는 것)화하고 영원히 젊고 여성적인 몸이라는 문화적인 강박을 불러일으킨다. 여기에 들어있는 암묵적인 담론은 이 수소들이 농부에게 마치 한

'남자'가 또 다른 '남자'에게 주는 선물처럼 꿈의 암소들을 선사한다는 것이다. 오랫동안 제도화된, 아버지가 딸을 미래의 남편에게 '내어주는(지불의 개념이든 오랜 문화 전통의 일부이든)' 행위와 다르지 않다. 농부가 소들의 번식 과정에 어떤 식으로 개입하는지를 생각하면 정말 기묘한 관계다.

'딸들'이라는 용어의 사용 역시 부녀관계와 연관한 감상적인 상상을 불러일으킬 수 있다. 즉, 수소에게 (그리고 암묵적인 언급에 의해 농부에게도) 아버지이자 가족을 위해 헌신하는 가장의 이미지를 부여한다. 하지만 정액 산업과 그 안에서 수컷의 신체가 상품화되는 과정의 본질을 이해하는 우리는 수소가 자신의 후손을 절대로 만날 수 없다는 사실을 안다. 수소의 자녀들은 인공수정을 통해 멀리 떨어진 농장에서 태어난다. 수소의 정액으로 임신하는 암소조차도 출산 후 몇 시간 만에 자신이 낳은 자식과 헤어져 다시는 만날 수 없다. 부녀 관계를 부각시켜 알게 모르게 가족의 정서를 건드리는 것은 낙농산업의 현실과는 맞지 않다. 낙농산업 안에서 소들의 가족 관계는 파괴되고, 가족 구성원들은 뿔뿔이 흩어져 오로지 각자의 상품 가치에 따라 다른 운명을 맞게 된다.

상품 생산에 수반되는 페티시화의 흔적으로서 유방과 비유기관의 강조는 같은 카탈로그 내 암소들의 이미지에도 드러난다. 부풀어 오른 유방과 꼬리를 옆으로 치워 암소의 음문이 두드러지게 그려진 이미지들이다. 이런 이미지들은 과다한 상품 생산을 강조한다(결국 유방이 크다는 것은 우유 생산량이 많다는 것을 의미한다). 하지만 유방의 이미지는 또한 가슴이 큰 여성을 성적 대상화하는 대중적인 페티시화도 반영하기 때문에, 이 광고는 우리 눈에 익숙한 여성에 대한 성적인 담론들과도 연결된다. "시선을 사로잡고 시간이 지나도 변하지 않는 젊음을 유지하는 유방"은 여성의 탄력 있는 유방과 영원히 젊은 여성의 몸, 매력과 젊음을 유지하는 동시에 우유를 만들어내는 생산적인 어머니에 대한 문화적 강박을 연상시킨다. "뒤쪽 유방이 크고 엉덩이가 매력적인"이라는 말도 여성의 가슴과 엉덩이를 페티시화하는 대중문화와 무관하지 않다. 암소의 드러난 음문은 암소의 질이 열려있고 언제든 일할 준비가 되어있다는, 여성의 생식기를 보여주는 포르노그래피의 이미지가 같은 메시지를 전달하는 방식과 유사하다.[36] 결국 GW 애트우드는 "즐거움을 주는 암소"를 만들어내고, 이 암소들이 단순한 생산도구일 뿐 아니라, 매력적이고, 풍만하고, 헤프고, 놀기 좋아하는 암컷들로서 무엇이든 할 준비가 되어있다고 약속한다. 이런 이미지와 담론은 동물의 몸을 성적 대상화하는 작용을 함으로써 이제는 페미니즘의 고전이 된 캐럴 J. 애덤스의 《육식의 성정치(이매진, 2018)》를 떠올리게 한다.

정액 산업은 수소의 몸을 정력과 남성성을 상징하는 섹시한 아이콘으로 페티시화한다. 일부 정액 카탈로그들은 수소의 육체적인 특징인 키, 몸집, 그리고 무엇보다도 성기를 두드러지게 강조한 그림을 보여준다. 이런 이미지가 보여주는 음경과 커다란 고환은 모두 상품화한 생산수단으로서 정액을 채취하고 판매하는 과정에 이용된다. 이처럼 신체 부위를 동물의 성적 경험과 생식능력에 결부시켜 상품화하는 방식은 암소의 유방과 질을 판매촉진을 위한 홍보 포인트로 사용하는 점과 닮았다. 이런 그림은 이 신체 부위들이 상품(우유, 송아지, 정액)의 생산에서 담당하는 중요한 생식 기능을 떠올리게 한다. 아울러 암소의 과장스럽게 확대된 유방과 노출된 성기가 포르노그래피의 이미지를 연상시키는 것처럼, 수소의 음경과 고환도 인간 남성의 발기와 몸을 페티시화하고 성적인 의미를 부여한 이미지를 연상시킨다.

정액 산업 내의 일부 담론들은 정자 채취와 인공수정과 연관된 썩 유쾌하지 않은 상황을 성적인 유머를 이용해 무마한다. 유니버설시멘세일즈Universal Semen Sales라는 온라인 정액공급업체는 자사의 제품과 서비스를 홍보하는 일종의 판촉물을 제작해 유료로 판매한다. 판촉물에는 이 회사의 마스코트인 새미 시멘이라는 카툰 수소 캐릭터가 등장하는데 새미는 'A.I(인공수정)'라고 적힌 여행 가방을 들고 뒷다리로 걸어 다닌다.[37] 크고 하얀 정자가 빙그레 웃고 있는 그림이 그려진 사각 팬티 뒷면에는 새미 시멘Sammy Semen이라는 글자가 가로로 크게 적혀있고, 티셔츠에는 커다란 정자가 웃고 있는 그림 아래에 'www.theuniversalsemensales.cum(cum은 정액을 뜻하기도 한다)'이라는 문구가 있다. 모두 회사가 판매하는 상품이다. 또 다른 상품인 머그컵의 한쪽 면에는 회사의 새미 시멘 로고, 다른 면에는 'The Collection Cup(정액 채취 컵)'이라는 문구가 적혀있다.

모두 정액 생산을 희화화하고 있지만, 특히 티셔츠는 자세히 들여다볼 필요가 있다. 이 티셔츠에는 AI 가방을 들고 두 다리로 걷는 새미 시멘이 전면에 두드러지게 그려져 있다. 새미는 암소의 뒤에서 서성이고 있고, 진한 빨간색 립스틱을 바르고 유방이 큰 암소들은 엉덩이를 새미 시멘 쪽으로 향하고 있다. 암소들은 안달한다. 새미와 그가 든 AI 가방을 보고 흥분한 것이다. 마치 인공수정이 기분 좋은 성행위처럼 쾌락을 주고 암소들도 그것을 원한다는 암시 같다.

회사의 슬로건은 이 장면에 프레임을 씌운다. "우리가 봉사하는 모든 암소 뒤에 있겠습니다. 유니버설시멘세일즈." 이 슬로건에는 두 가지 중요한 의도가 있다. 우선 구매자로 하여금 정액의 품질이 아주 높고 회사는 자사 제품의 품질을 보장한다는 확신을 갖게 한다. 하지만 슬로건의 두 번째 의도는 글귀 뒤에 숨은 성적인 유머를 전달하는 것이다. 현실에서 농부는 암소의 뒤에 서서 한 손을 암소의 직장에, 다른 손을 암소의 질에 넣은 채 인공수정을 시행한다. 여기서 '봉사'는 맥락에 따라서는 쾌락을 위해 성행위를 한다는 의미를 갖기도 한다. 다시 한번 이미지와 슬로건으로 암소가 섹스를 원한다고 이야기하고 있다. 흥미로운 것은 인공수정이 성행위라는 암시다. 비록 책임이 새미에게 전가되고 있지만 우리는 모두 이 성행위에 직접 가담하는 것이 농부(적어도 그의 손과 팔)라는 사실을 알고 있다. 동물과의 성행위를 거북하게 여기는 문화적 금기를 고려할 때 특히 주목할 만한 부분이다. 이처럼 인공수정에 성적인 의미를 부여하는 것은 다른 농업분야에서 인공수정을 순전히 과학적인 행위로 규정하기 위해 애쓴다는 점을 생각하면 더욱 이해하기 어렵다.

이 티셔츠에도 이종 간 성행위에 대해 업계가 느끼는 불쾌함이 드러난다. 새미 시멘을 카툰에 등장시켜 AI 가방을 들게 하는 것은 소에 대한 폭력적 행위의 책임을 직접 관여한 인간으로부터 떨어트려 놓으려는 의도다. 이것은 생식의 절차를 자연스러운 것으로 포장하고 암소도 인공수정을 몹시 원하고 기대한다고 믿게 하려는 것이다. 이렇게 그려진 인공수정의 이미지를 통해 명백하게 부자연스러운 업계의 관행(인위적인 정액 채취와 인공수정, 일반적인 상황에서 암소와 수소가 같은 농장에서 살지 않는다는 사실 등)을 무시하도록 우리의 눈을 가리는 것이다.

이 카툰에서 웃음을 유발하기 위한 장치는 수소가 두 발로 걷고 인공수정 도구를 가지고 다닌다는 점이고, 이런 이미지가 특히 유머러스한 이유는 말도 안 되기 때문이다. 하지만 이것은 동시에 그림에 존재하지 않는 인간이라는 등장인물을 드러낸다. 인간의 개입이 드러나더라도 카툰은 책임의 화살을 새미에게로 향하게 한다. 카툰 속 새미의 존재는 허구적 서사의 핵심이다. 왜냐하면 수소와 암소가 '자연스러운' 절차를 거쳐 맺어진다고 생각하게 만들기 때문이다. 그렇다고 이것이 완전히 허구만은 아니다. 결국 수소의 정액을 번식 과정에서 사용하기 때문이다.

이 카툰이 누구를 대상으로 만들어졌는지 생각해보는 것도 중요하다. 아마도 티셔츠는 정자 채취와 인공수정이 일상의 업무인 (주로 남성인) 농부들을 위해 디자인했을 것이다. 이 티셔츠는 일반 대중을 염두에 두고 만든 것 같지는 않다. 따라서 이 셔츠를 구매하고(혹은 정액을 생산하는 교배농장이 고객에게 감사의 표시로 주는 셔츠 선물을 받고) 셔츠의 그림이 재미있다고 생각하는 사람들은 정액 산업, 낙농산업 그리고 쇠고기 산업에서 이루어지는 번식 과정의 현실에 대해 이미 잘 알고 있는 사람들이다. 그들은 새미 시멘이 AI 가방을 들고 있는 상황이 얼마나 터무니없는지도 알고 있다. 새미를 이 허구의 시나리오에 등장시킨 데에는 향수 같은 것이 작용한다. 그것은 지금과는 달리 수소와 암소가 정말로 짝짓기를 해서 번식하던 시대와 장소를 상상하는 데서 오는 일종의 편안함일 것이다.

낙농 생산의 비록 허구적이지만 향수 어린 서사를 염두에 두고 보면 들판의 암소와 그림 전면 새미의 이미지는 서두에 묘사한 목가적인 낙농장의 모습을 연상시킨다. 완만하게 경사진 미국의 초원에서 풀을 뜯는 암소와 그 가족이 함께 모여 살면서 '자연스러운' 번식 주기에 따라 자신이 만든 우유를 기꺼이 농부와, 나아가 소비자들과 나누는 모습을 떠올리는 것은 어딘가 낭만적이다.

* * *

박람회가 끝나고 미네아폴리스까지 고속도로를 달리다가 도로변에 로라 잉걸스 와일더 박물관이라고 적힌 표지판이 있는 것을 보았다. 어린 시절 나는 와일더가 쓴 미국 서부 이야기들을 즐겨 읽었다. 시리즈의 첫 번째 책인 《초원의 집 Little House in the Big Woods》은 저자가 위스콘신주 숲속의 통나무집에서 살던 시절을 그리고 있다. 나는 즉흥적으로 계획을 바꾸어 박물관에 가보기로 하고 위스콘신의 작은 도시 페핀이라는 곳에 도착했다. 박물관을 보고 나서 페핀 바로 외곽에 있는 진짜 '초원의 집'이 있던 장소에도 가보았다. 지금은 당시의 통나무 집을 재현한 모형 가옥이 있는데, 초원이 아니라 농장 한가운데 언덕 위에 있었다. 주변은 모두 넓은 옥수수밭이고 눈에 보이는 풍경은 모두 농장 부지였다. 겨우 나무가 몇 그루 남아있을 뿐이었다. 나는 언덕 위 로라 잉걸스의 재현 오두막 옆에 서서 서부의 발전에 대해, 목장과 농장을 짓기 위해 땅을 모두 밀어버린 역사와 그 과정에서 암소와 수소가 맡았던 역할에 대해 생각해보았다. 정착민 식민주의와 프레리의 파괴에 대해 엘리 클레어는 이렇게 썼다.

식민지의 백인 정착민들은 땅을 네모반듯하게 나누고, 울타리를 두르고, 소 떼를 키우면서 그 땅이 자신들의 것이라고 주장했다. 프레리가 거의 소멸된 것도 그때가 시작이었다. 비손들이 풀을 뜯고 이동하는 패턴은 이곳 생태계에 매우 중요한 요소였지만, 소들은 풀밭을 망쳐놓기만 할 뿐 그 대가로 자연에 아무것도 주지 않았다. 백인 농장주들은 말 그대로 프레리를 쟁기로 찢어발겼다. 그들은 밀, 옥수수, 콩 같은 단일 작물을 심었다. 그 이전까지 북아메리카에는 1억 7천만 에이커(약 69만 평방킬로미터)의 프레리 초원이 있었다. 이제 남은 것은 7백만 에이커(약 2만 8천 평방킬로미터)뿐이다. 오늘날 대평원 지역 농장에서 생산된 옥수수나 스테이크를 먹을 때마다 우리는 산더미처럼 쌓인 과거의 해골들에게로 다시 돌아간다. 단일작물 재배는 폭력, 추방, 절멸에서 시작한다.[38]

소들이 풀을 뜯고 초원이 완만한 능선을 이루는 미국 낙농지대의 그림 같은 풍경은 암소와 수소를 폭력적으로 이용했던 역사를 지우고 덮어버렸다. 처음에는 그들의 몸을 이용해 농사를 짓고, 그 다음에는 그들을 빌미로 토착민들과 토착 동물들을 내쫓고 숲을 갈아엎어 농지로 만들었던 역사다. 이 목가적인 풍경은 사실 과거 식민지 사업의 역사를 증언하는 동시에, 그 역사를 재배치해 낙농 생산의 폭력성을 지우고 토착민 공동체와 문화의 흔적을 지우려는, 지금도 진행 중인 말살을 증언하고 있다. 평화로운 겉모습과 달리 이곳은 폭력의 현장이었다.

한때 찬양했고 동경했던 것들이 사실은 그런 폭력과 연관되어 있다는 깨달음은 견디기 힘들다. 낙농 생산의 폭력을 본 사람들이 간혹 먹는 행위를 다른 시각으로 보게 되는 것도 그런 이유에서다. 나는 많은 윤리적 비건들로부터 처음 비건이 되고 동물 제품에 스며있는 폭력에 대해 적극적으로 생각하게 되면서 주변에서 이루어지는 소비의 규모에 압도되었던 경험에 대해 들었다. 일상적으로 반복했기 때문에 보이지 않던 것들이 보는 방향을 달리 했을 때 선명하게 드러나고 깊은 감정을 불러일으키게 되는 경험이다.

축산업은 유제품, 고기, 달걀, 그리고 사육 동물을 위한 옥수수 사료의 수요에 의해 유지되고, 축산업의 유지는 전적으로 동물의 생식 과정에 의존한다. 현재의 동물 제품 시장과 동물 사육을 정당화하는 체제 전반을 유지하고 성장시키기 위해 동물들은 재생산을 계속해야 한다. 상품으로 판매할 수 있는 대량의 우유를 생산하기 위해 암소들은 연간 계획에 따라 임신해야 한다. 고기 시장이 유지되기 위해 동물은 교배되고, 태어나고, 사육되고, 도축되어야 한다. 이것이 축산업의 현실이다. 재생산을 멈추지 않는 축산업의 정책은 축산업의 존속과 뗄 수 없고, 이는 박람회에서 수거한 광고물을 통해 분명히 드러난다. 중서부 북부 농장지대의 전원적인 풍경과 집약적인 자본주의가 지배하는 세계낙농박람회를 나란히 놓고 보면 미국 낙농업에 대한 대중의 변함없는 환상과 상품 생산이 주도하는 업계의 경제 논리 사이의 모순이 보인다.

시애틀로 돌아오면서 나는 연구를 위해 앞으로 무엇을 더 보아야 할지 생각했다. 박람회장을 떠나면서 계속 머릿속을 맴돌았던 생각 중 하나는 생산 규모의 문제, 그리고 낙농업의 미래로 칭송받는 성장과 기술혁신의 강조였다. 그때까지 나는 주로 중소 규모의 낙농장에 초점을 맞춰왔지만 박람회에서의 경험은 낙농산업이 더 크고, 더 상업화한 생산 방식을 향해 가고 있다는 것을 분명히 깨닫게 했다. 나는 다시 캘리포니아로 돌아가기로 했다. 이번에는 3천 마리, 1만 마리, 1만 5천 마리의 소들을 수용하는 생산시설을 보기 위해서였다. 세이디도 그런 곳에서 태어났다.

캘리포니아
드리밍

○
○

　　　　　　　　위스콘신주 매디슨에서 열리는 낙농박람회를 보
고 집에 돌아온 나는 마지막 현장 조사를 위해 샌프란시스코 행 비행
기 표를 샀다. 대규모 경매도 참관하고 거대한 공장식 낙농장도 가볼
생각이었다. 워싱턴주 퓨젓사운드 지역에는 그런 시설이 흔하지 않았
다. 미국의 낙농 생산시설은 중서부에서 점점 서쪽으로 이동했고 지
금은 캘리포니아가 미국 전체 낙농 생산의 5분의 1을 차지한다. 캘리
포니아는 농업에서 단연코 중요한 위치를 차지한다. 이것은 지금의
낙농업이 향하고 있는 방향이기도 하다. 지리적으로는 서쪽을 향하면
서, 자동화와 첨단 기술을 활용하는 방향으로 나아가고 있다.

　　나는 샌프란시스코에 도착해서 티시와 함께 지냈다. 티시는 워싱
턴주 컬 경매에 동행했던 친구다. 우리는 공항에서 차를 렌트해 시내
로 들어갔다가 베이 에어리어에서 거대한 센트럴밸리의 한 부분인 샌
와킨밸리까지 차를 몰았다. 캘리포니아의 샌트럴밸리는 세계적으로
도 최대의 낙농 생산지 중 하나이고 낙농업은 이 지역 생산의 주요한

부분을 차지한다(이 지역의 생산성은 캘리포니아의 물 위기가 고조되고, 정치적 환경 변화로 멕시코와 기타 라틴아메리카 출신 이주 노동자들의 입지가 불안해지면서 전망이 불확실하다).

우리의 목적지는 스톡턴에서 동쪽으로 조금 떨어진 대규모 경매장이었다. 가을이었고, 베이 에어리어에서 출발해 자동차로 달리는 도로 양 옆으로는 완만하게 경사진 갈색 언덕과 군데군데 모여있는 풍력 발전용 터빈들이 보였다. 경매장에 가까워지자 주변은 평지로 바뀌었다. 농장과 과수원이 지평선까지 펼쳐졌다. 줄지어 늘어서 있는 낙농장들을 지나쳐 달릴 때면 무수히 많은 홀스타인 소들의 희고 검은 점들이 보였다. 세상에 태어나 낙농 생산에 노동을 바치는 수백, 수천, 수만 마리의 육체와 삶이 흐릿한 얼룩처럼 한데 뭉쳐보였다가 양 옆으로 사라졌다. 어린 시절 가족과 함께 자동차로 미국을 횡단했던 여행의 기억이 떠올랐다. 캔자스주와 네브래스카주를 통과할 때 땅끝까지 이어진 울타리, 먼지와 배설물이 가득한 울타리 안에 다닥다닥 붙어 서서 도축을 기다리던 거세 수소, 그들 위로 구름처럼 모여들던 파리 떼를 보고 느꼈던 공포는 지금도 잊히지 않는다.

우리가 지나친 농장들은 앤설팜과 많이 비슷했지만 규모는 훨씬 컸다. 앤설팜처럼 농장에는 풀이 전혀 없었다. 시선이 닿는 끝까지 이어진 울타리 안에 먼지와 배설물이 범벅된 수많은 소들이 내리쬐는 햇볕을 받으며 그냥 서 있거나, 흙먼지 위에 누워있었다. 일부 용감한 소들은 고속도로변 울타리 가까이까지 나와 찻길 옆에 조금씩 자라난 풀 한 포기, 잡초 한 포기라도 뜯으려고 울타리 사이로 머리와 혀를 내밀었다.

앤설팜과 달리 이곳 농장에는 동물이 셀 수 없을 정도로 많았다. 캘리포니아에는 1만 마리, 1만 5천 마리의 소를 수용하는 거대 농장이 적지 않다. 이정도 규모의 시설에 꼭 필요한 착유시설도 한 번에 스무 마리를 처리하던 앤설팜의 착유기와는 비교가 되지 않는다. 회전식 착유기가 점점 보편화되고 있는데, 둥근 모양의 착유기가 착유 중 회전하면서 끊임없이 소를 들이고 내보낸다. 시골 고속도로를 따라 낙농 지역으로 더 깊이 들어갈수록 거름 냄새가 강해졌다. 앤설팜에서 호머 웨스턴이 했던 말이 떠올랐다. 돈 냄새. 나는 액체 상태의 분뇨를 축사 바닥의 틈새로 밀어 넣던 트랙터, 저장조에 모인 거름을 펌프로 끌어올려 거름 구덩이로 실어 가던 트럭, 그리고 거름 구덩이에서 새어나온 오물이 지역 수로를 오염시키는 문제를 떠올렸다. 앤설팜은 겨우 5백 마리 규모밖에 되지 않는다. 눈앞에 펼쳐진 대규모의 농장에서 나오는 분뇨의 양은 상상조차 하기 힘들었다.

미국 농무부의 계산에 따르면 젖소 2백 마리가 내놓는 분뇨는 미국에서 5천 명에서 1만 명의 사람들이 배출하는 하수만큼 많은 질소를 발생시킨다.[1] 대규모 낙농장들이 환경에 미치는 영향은 아마도 상상하기 힘들 것이다. 수십만 마리의 소를 키우는 낙농장이 중국에서 건설 중이다(현재까지 세계 최대 규모다).[2] 농무부가 내놓은 젖소 2백 마리 규모의 낙농장이 배출하는 질소량을 토대로 유추해볼 때, 수십만 마리 규모의 낙농장이 만들어내는 질소는 2백 5십만에서 5백만 명의 인구가 배출하는 하수도의 질소량과 맞먹는다.

캘리포니아가 겪고 있는 물 부족과 5년간 지속된 가뭄 이후 또 다른 가뭄에 늘 대비해야 하는 불안한 상황은 낙농과 식육 생산 때문에 더욱 악화되고 있다. 축산업은 농업에서 물 소비가 가장 많은 분야다. 동물을 이용한 식품 생산을 줄이자는 논의를 촉발시킬 만한 상황이다. 암소는 우유 1갤런(약 3.8리터)을 생산하기 위해 대략 5갤런의 물을 마신다.[3] 전체 물 사용량을 보면 1갤런의 우유를 생산하는 데 대략 1천 갤런의 물이 필요하다.[4] 하지만 낙농 생산이나 기타 축산 부문의 물 사용량을 재고하는 대신, 물 소비를 줄이는 다른 방식을 권장해왔다. 가령 일반 가정의 물 사용을 제한하고, 식당에서 손님이 원하지 않으면 물을 주지 않는 등이다. 모두 낙농업과 식육산업이 끼치는 어마어마한 영향에 비하면 극히 작은 변화에 그칠 뿐이다.

　축산업은 물 부족과 수질 오염뿐 아니라 환경의 다른 측면에도 심각한 해를 끼친다. 소를 키우는 농장의 메탄가스 배출이 대기 오염과 오존층 파괴의 주요한 원인이다. 축산업, 특히 산업화한 대규모 축산업은 세계 숲의 개벌伐과 토질 저하와도 연관이 있는 것으로 보인다. 놀라운 속도로 숲이 사라지는데 이것은 동물을 사육하고, 수용하고, 도축하기 위해서만이 아니라 옥수수, 콩, 기타 사료용 곡물 재배를 위한 것이다. 이 광범위한 벌목은 생물 다양성을 파괴하고 대량 멸종을 야기한다. 우리는 과학자들이 말하는 '6차 멸종의 시대'를 살고 있다. 공룡의 멸종 이후 가장 큰 재난을 초래할 것으로 보인다.[5] 산업화한 시설이든 소규모 농장이든 동물을 사육하는 것은 이 과정에 심각한 영향을 미친다.

축산업은 또 온실가스 배출, 즉 기후 변화의 주요한 원인이다. 많은 환경단체와 개인들은 축산업이 온실가스 배출에 영향을 미치는 상세한 과정을 편리하게도 무시한다. 유엔 식량농업기구에 따르면 동물 사육은 전 세계 온실가스 배출의 18퍼센트를 차지한다. 운송수단에서 나오는 배출량을 모두 합친 것보다 더 큰 비중을 차지하는 것이다.[6] 〈카우스피러시 Cowspiracy〉라는 제목의 다큐멘터리는 축산업이 환경에 미치는 영향을 다루면서 환경운동가들이 이 문제를 지속적으로 외면해온 이유가 무엇인지를 파고든다.[7] 캘리포니아에서는 이런 환경적 영향을 눈으로 확인할 수 있을 뿐 아니라 기후변화로 인한 재난이 실제로 벌어지고 있기 때문에 사태의 심각성을 체감할 수 있다.

캘리포니아 낙농지대를 관통해 달리는 동안 거름 냄새가 우리의 코를 찔렀다. 티시와 나는 생산의 규모와 그에 따르는 환경적 영향에 할 말을 잃었고, 낙농 생산과 가뭄, 캘리포니아 농업의 미래 사이에 어떤 연관이 있는지 생각했다. 하지만 경매장 표시가 나타나자 이런 생각 대신 새로운 불안이 우리를 사로잡았다. 또 다른 경매장에 섞여 들어갈 수 있을지, 그곳에서 또 어떤 참혹한 광경을 볼지에 대한 불안이었다.

경매장 주차장에 진입해 못 올 곳에 온 듯한, 이제는 익숙해진 불안감을 느끼며 거대한 포드 픽업트럭들 사이에 작은 승용차를 세웠다. 그리고 잠시 차 안에 앉아서 우리를 향할 시선과 경매 행사 자체가 주는 스트레스를 견뎌낼 마음의 준비를 한 후 경매장으로 향했다. 동물을 가두어 놓은 울타리로 다가가자 주변의 남자들이 우리를 보며 쑥

덕댔다. 우리는 웃는 얼굴로 예의바르게 인사를 건네며 계속 걸었다.

경매장은 엄청나게 넓은 야외시설을 갖추고 있었다. 여러 개의 울타리와 이동용 슈트들이 거대한 원형 지붕 아래에 이어졌다. 지붕이 덮인 구역 밖에는 장기간 동물을 계류하는 시설도 있었다. 지붕이 덮인 구역보다 높게, 긴 보행자 통로가 경매장 전체의 길이만큼 펼쳐졌다. 우리는 긴 보행자 통로를 걷다가 가끔 멈춰 서서 아래쪽 우리에서 대기 중인 동물을 살펴보았다. 경매 홀과 가장 가까운 우리 안에는 작은 송아지 떼가 옹기종기 모여있었다. 다른 송아지들보다 유달리 약한 송아지들은 다리를 사방으로 뻗은 채 바닥에 누워있었다.

나머지 우리에는 모두 암소와 수소가 몇 마리씩 있었는데 홀스타인이 대다수를 차지했다. 대다수의 암소들은 수척했고, 다리를 절었고, 꼬리는 잘려나갔고, 유방은 감염되어 붉은색을 띠었다. 몇몇은 출산 직후인지 질에서 태반이 흘러나왔다. 익숙하지 않은 사람들에게는 충격적일 법한 이 현상은 송아지가 태어날 때 태반이 완전히 빠져나오지 않아 생긴다. 분만 이후 태반의 일부가 체내에 남아있으면 감염을 일으킬 수 있다. 나는 분만한 지 얼마 되지도 않았는데 더러운 우리 안에 서 있어야 하는 암소들이 측은했다. 송아지에게 먹여야 할 젖으로 유방이 부풀어있었다. 나는 그들이 낳은 송아지들은 지금 어디에 있는지, 방금 송아지 우리에서 본, 제대로 서지도 못하는 작은 송아지들이 혹시 이 암소들이 경매장에서 낳은 새끼들인지, 아니면 이 암소들이 원래 살던 농장에서 송아지를 낳은 후 경매장으로 이송되어 왔는지 궁금했다.

내가 가본 다른 낙농 경매장에는 수소가 흔치 않았다. 다 자란 수소가 경매장에 나타나는 일은 드물었다. 거세되지 않고 완전히 성숙할 때까지 자라는 수소의 수 자체가 많지 않기 때문이기도 하다. 이 경매장은 교배용 수소를 정기적으로 판다고 온라인으로 광고를 했다. 내가 이곳을 방문하고 싶었던 이유도 그 때문이었다. 정액은 세계낙농박람회에서 주목받는 상품이었지만 정작 그 정액을 제공한 수소들은 박람회장 어디에서도 볼 수 없었다. 그들의 생식능력과 신체 부위를 과시하기 위해 포토샵으로 보정한 사진들만 카탈로그를 통해 소개되었다. 하지만 경매장의 수소들은 정액 산업을 지탱하는, 진짜 육체를 가진 동물들이었다. 수소들은 우리 안에서 참을성 없이 콧김을 뿜고, 발을 구르며 기다리거나, 공간이 넉넉한 우리 안을 작은 원을 그리며 빙글빙글 돌곤 했다.

보행자 통로를 반쯤 걸어간 지점에서 아래를 내려다보니 홀스타인 암소 한 마리가 바닥에 쓰러져 있었다. 뒷다리가 비정상적인 각도로 퍼져 있어서 몸통에 짓눌린 유방에 온 체중이 실려있었고, 배설물이 흥건한 콘크리트 바닥으로 피와 우유가 배어나왔다. 우리는 그 자리에 서서 쓰러진 암소가 온 힘을 모아 일어서려고 애쓰는 모습을 지켜보았다. 휘청거리는 뒷다리로 미끄러운 시멘트 바닥을 딛고 일어서려 했지만 좀처럼 잘 되지 않았다. 안간힘을 쓰느라 호흡은 거칠어지고 입가에 거품이 보였다. 꼬리가 잘려나가서 등이 온통 파리 떼에 뒤덮였는데도 물어뜯는 파리로부터 스스로를 보호할 어떤 행동도 할 수 없었다. 옆구리에는 바코드와 크고 굵은 글씨체로 743이라는 숫자가 적힌 노란색 경매장 스티커가 붙어있었다.

통로 위에서 아래를 내려다보고 있으려니 경매장 직원 두 명이 그런 우리를 발견했다. 그들은 경매장을 가로질러 암소가 쓰러져있는 울타리 안으로 들어갔다. 안에는 다른 암소들이 쓰러진 암소 주변을 서성거리고 있었는데 남자 직원들이 들어가 울타리를 재배치하여 나머지 소들을 이웃한 구역으로 몰았다. 일어서지 못하는 암소만 혼자 바닥에 남았다.

곧 경매가 시작할 시간이었고 두 남자 직원은 호출을 받고 가버렸다. 아마도 대기 중인 다른 소들을 경매 홀로 이어지는 슈트로 유도하는 것이 그들의 임무인 듯했다. 우리는 보행자 통로를 걸어 나와 경매 홀로 들어갔고 두 번째 열에 자리를 잡았다. 그 시점에 경매 홀 안에는 우리 두 사람과 진행자석에서 준비 중인 경매 진행자밖에 없었다. 첫 번째 동물이 팔릴 준비를 하고 링 안에 들어와 있었다. 바코드 스티커에 604번이라고 찍혀 있는, 태어난 지 하루밖에 되지 않은 홀스타인 송아지였다.

링 안은 깨끗했다. 정말로 티끌 한 점 없었다. 그날의 첫 경매였기 때문에 바닥에 깔린 대팻밥도 아직 동물들의 발자국으로 더럽혀지기 전이었다. 링 한가운데 서 있던 작은 송아지는 주위를 두리번거리며 가는 울음소리를 냈다. 송아지가 계속해서 내는 울음소리만이 홀 안에서 들리는 유일한 소리였고, 그마저 멀리서 쇠창살문이 덜컥거리는 소리와 바깥 계류장에서 들리는 동물들의 울부짖는 소리에 묻혀버렸다. 송아지는 태어난 지 얼마 되지 않아 배에는 말라가는 탯줄이 달려

있었고, 연약한 다리가 조금씩 후들거렸다.

계류구역 사이로 동물들을 몰아서 링으로 올려 보내는 임무를 맡은 남자가 넓적한 막대기를 든 채 진행자석 앞 울타리 너머로 몸을 내밀고 진행자와 이야기를 하고 있었다. 송아지는 남자를 발견하고 그에게 다가가 그의 다리를 가볍게 건드렸다. 송아지의 키는 남자의 무릎 높이만큼도 되지 않았는데, 송아지는 남자의 허벅지 옆을 부드럽게, 그리고 열심히 코로 문질렀다. 남자는 한 번에 획 돌아서더니 들고 있던 막대기로 송아지의 얼굴을 후려치고는 (장내가 꽤 조용한데도 불필요하게 목소리를 높여) "난 네 어미가 아냐!"라고 소리쳤다. 그러자 송아지는 뒤로 폴짝 물러나더니 몸을 웅크렸고, 링 안을 가로질러 남자로부터 멀리 달아났다.

그 남자는 벤치에 앉아 그 모습을 지켜보던 우리의 얼굴에 스친 표정을 보았는지 멋쩍은 미소를 짓더니 어색하게 소리 내어 웃었다. 나는 왠지 모르지만 마주 웃어주어야 할 것 같았다. 마지못한 억지웃음이었지만 웃지 않으면 그곳에 어울리지 않는 사람이라는 사실이 드러날까 봐 불안했다. 웃음, 혹은 웃으려는 시도가 그런 장소에 있는 것이 아무렇지도 않다는 것을 보여주는 중요한 몸짓인 것 같았다. 그 남자와 나 사이에 말없는 어색한 순간이 흘렀다.

경매가 시작되었고, 그 송아지는 팔렸다. 첫 번째 송아지를 시작으로 태어난 지 하루 만에 경매에 나온 송아지들이 연이어 자신들을 몰아붙이는 남자를 무서워하며 후들거리는 다리로 경매장에 들어왔다가 떠났다.

벤치에 앉아서 경매를 지켜보는 동안 인간이 동물을 이용하도록 허용하는 인간-동물의 관계를 우리가 어떻게 학습하게 되는지 생각해보았다. 송아지가 호기심을 가지고 남자에게 접근했고 관심을 요구했을 때 그 남자는 위안을 추구하는 동물의 기본적인 욕구를 알아채고서도(그 남자는 송아지가 어미를 찾는다는 것을 인지했다) 찰나의 보살핌과 친밀함을 제공하는 대신 송아지의 애원을 거절하고 송아지의 얼굴을 가격했다.

내가 태어난 지 하루 만에 경매에 나온 송아지를 처음 본 것은 여러 종의 동물을 판매하는 워싱턴주의 한 경매장에서였다. 소, 돼지, 염소, 양이 모두 경매에 나왔다. 나는 내가 가르치는 학생 몇 명과 현장 견학을 하러 그곳에 갔다. 객석에서 나는 학생들에게 이제부터 어떤 일이 벌어지는지를 설명했다. 연한 암갈색 털의 조그만 동물이 링으로 비틀비틀 걸어 나와서 조용히 서 있었다. 학생 중 하나가 물었다. "저건 무슨 동물이에요?" 처음에는 나도 알지 못했다. 작은 사슴 같아 보였지만 그럴 리가 없다는 것은 알고 있었다. 그제야 배에 덜 마른 탯줄이 대롱거리는 것을 보고 알았다. 내가 아는 동물권리운동가가 해준 말이 있었다. 생후 하루밖에 안 된 송아지들이 늘 경매에 나오는데 팔리더라도 아주 헐값에 팔린다고 했다. 하지만 그때까지는 말로만 들었지 직접 본 것은 처음이었고, 솔직히 말해서 그냥 가끔 있는 일을 가지고 낙농 생산의 끔찍함을 강조하기 위해 늘 있는 일인 것처럼 과장하는 것은 아닌지 의심했었다. 내 눈앞에 있던 그 작고 깡마른 동물은 갓 태어난 저지 송아지였고 학생들에게 송아지가 빌 고기용으로 팔려갈 것이라고 말할 때는 목이 메어 말이 잘 나오지 않았다. 송아지는 15달러에 팔렸다. 그날 이후 경매장에서 본 송아지는 헤아릴 수 없을 정도로 많았다. 태어난 지 하루 된 송아지를 빌이나 일반 식육용으로 파는 일이 업계에서 흔한 관행임은 분명한 사실이었다.

낙농산업에서 송아지가 어떻게 이용되는지는 무엇보다 우선적으로 출생 직후 (수컷/암컷, 생식적인 면에서 가치의 유/무에 따라 이분법적으로) 이루어지는 성 감별에 의해 결정된다. 연구를 하면서 나는 낙농산업에서 태어나자마자 죽는 송아지가 전체의 최대 5퍼센트라는 사실을 알았다.[8] 살아남은 송아지 가운데 건강한 암컷들은 주로 우유 수급 유지를 위한 대체 암소로 길러진다. 암컷은 번식이 가능한 나이가 될 때까지 계속 태어난 농장에서 사육되기도 하지만 다른 곳으로 옮겨지기도 한다. 마릿수를 늘리려 하는 다른 농장에 암송아지를 파는 일은 흔하다. 소진되어 도태되는 암소의 자리를 메우는 '대체용'으로 팔리는 미경산 암소가 종종 경매에 나오곤 한다. 내가 경매에서 본 모든 동물들 가운데 이렇게 나온 미경산 암소들이 가장 상태가 좋았다. 아직 낙농 생산의 가혹한 착취에 시달리지 않았기 때문이다.

반면 수송아지들은 낙농산업의 입장에서는 별로 가치가 없고 따라서 대부분 태어나자마자 팔리거나 처분된다. 일부 수송아지들은 거세되어 육우용 거세 수소로 길러진다. 하지만 낙농장에서 태어난 대다수의 수송아지는 좁은 공간에 감금되어 대용유를 먹고 자라다가 생후 16주에서 20주가량 되면 빌 고기용으로 도축된다. 처음 연구를 시작하면서 나는 낙농업과 빌 산업 사이의 분명한 연결고리가 있다는 사실에 충격을 받았다. 내가 더욱 놀랐던 것은 이 연관관계에 대해 대다수의 소비자들은 전혀 인식하지 못한다는 점이다. 소비자들은 대부분 빌을 소비하지만 않으면 빌 산업을 지원하는 일에 동참하지 않을 수 있다고 믿는다. 그러나 사실 소비자들은 낙농산업이 제공하는 유제품을 구매할 때마다 빌 산업을 지원하고 있는 것이다. 낙농업과 빌 산업 간의 연관관계가 계속 은폐되는 현실은 낙농산업이 계속 번창할 수 있는 중요한 요건이다.

송아지들을 빌 고기용으로 키워서 파는 것은 수송아지로부터 최대한 자본을 뽑아내기 위해서다. 그렇지 않으면 수송아지는 낙농업에서 '버리는 제품'이 된다. 갓 태어나 병약하거나 약한 수송아지는 금방 죽지 않으면 (흔히 총으로) 살해당할 가능성이 크다. 병들거나 약한 송아지에게 시간과 자원을 투여하는 것은 경제적으로 의미가 없다. 이런 송아지들은 농장에서 퇴비로 쓰거나 렌더링 공장으로 보내기도 하고, 혹시 약간이라도 기운을 차린 경우에는 몇 주 더 살려두었다가 도축한 뒤 소위 보브 빌이라고 하는 저가 고기로 판다. 보브 빌은 특별한 사료를 먹고 자란 빌보다 값이 덜 나가는 아주 어린 송아지의 고기를 말한다. 대략 빌 고기용으로 사육되는 송아지의 15퍼센트 정도가 보브 빌이 되는데 이런 송아지들은 채 3주도 살지 못하고 도축된다.[9]

낙농장이 직접 빌 고기용 수송아지를 사육하고 도축하는 일에 관여하는 경우는 드물다. 보통은 생후 하루 된 송아지를 경매에 내보내 관심 있는 업자에게 팔거나 직접 업자와 접촉한다. 낙농업은 업계 내에 수송아지가 보이지 않도록 만전을 기하고 낙농업과 빌 생산 간의 연관성을 은폐한다. 1980년대부터 빌 생산의 비윤리성에 대해 미국 대중들이 주목하기 시작하면서, 낙농산업은 평판이 좋지 않은 빌 산업과 무관하게 보이려고 애썼다. 빌 산업이 송아지를 학대하는 실태가 1980년대와 1990년대에 대중들에게 알려지면서, 빌 특유의 연한 빛깔과 육질을 내고 감염성 질병을 예방한다는 이유로 송아지들을 어두컴컴한 공간에서 작은 상자 안에 움직이지 못하게 묶어두고 서로 어울리지 못하게 한다는 사실이 밝혀졌기 때문이다. 대중들의 못마땅한 시선에도 불구하고 빌 고기 생산을 위해 사육되는 송아지 대부분은 여전히 개별 상자나 허치에 격리 사육된다.

연구를 하면서 나는 낙농산업이 빌 산업과 거리를 두려는 시도를 드물지 않게 목격했다. 앤설팜에서 호머 웨스턴에게 농장에서 수송아지가 태어나면 어떻게 하느냐고 물었을 때 그는 업자가 농장에 와서 송아지를 데리고 가지만 그들이 송아지로 무엇을 하는지는 모르고, 묻지도 않는다고 대답했다. 하지만 내가 그 송아지들이 빌 고기용으로 도축될 수도 있냐고 묻자 그는 얼른 자신의 농장은 빌 산업과 관계가 없고 앞으로도 그런 일에 관여하고 싶지 않다고 대답했다.

세계낙농박람회에서 만난 업계 관계자들 역시 낙농업과 빌 산업의 연관성에 대해 이야기하기를 주저했다. 이처럼 빌 산업과 거리를 두는 것은 낙농 생산이 긍정적 이미지를 유지하는 데 중요하다. 송아지에게는 어딘지 모르게 순수하고 감정을 불러일으키는 면이 있어서이다. 송아지가 어리고, 연약하고, 귀엽고, 다치기 쉬우니까, 보살피고 돌봐줘야 한다는 생각이 더 드는 것일 수도 있다. 하지만 여기에는 어쩌면 그보다 더 깊은 정서가 작용하고 있는지도 모른다. 어린 시절 자신을 보살펴 준 부모에게 애착을 가졌던 인간이라면 송아지와 어미 소의 끈끈한 애착을 끊어놓는 행위의 폭력성을 이해할 수 있기 때문이다.

나는 낙농업과 빌 생산의 관련성에 대해 침묵하고 감추려는 분위기가 대규모 시설에서는 어느 정도 존재할 것이라고 예상했었다. 두 산업 모두 대외적으로 부정적인 이미지가 생기는 것을 우려하고 사업에 해가 될 만한 고약한 사실이 퍼지는 것을 꺼리기 때문이다. 어느 정도 연구 경험이 쌓인 지금도 여전히 적응하기 힘든 것은 오히려 지역 기반의 소규모 낙농업자와 축산업자들의 태도다. 대부분 앞에서는 투명한 척 꾸미고 실제로는 생산 현장을 보여주길 꺼렸다. 이 역시 동물 이용을 자연스러운 행위로 믿게 하고, 이미 언급한 빌 생산을 비롯해 동물을 먹기 위해 기르는 행위가 본질적으로 폭력적일 수밖에 없다는 인식이 퍼지는 것을 막으려는 큰 흐름과 무관하지 않다.

미국 북서부를 비롯한 여러 지역에서는 소비자가 식품과 직접 연결되는 것이 윤리적 식품 생산에 매우 중요하다고 주장하는 로컬푸드 운동을 중심으로 소위 윤리적 빌에 대한 논의가 확대되고 있다. 굳이 부연 설명할 필요도 없겠지만, 이러한 논의는 육식을 하는 사람들 가운데 소규모 농업 경영을 통해 식품에 이용되는 동물을 윤리적인 방식으로 죽이는 것이 가능하다고 믿는 사람들이 주도하는 더 큰 움직임의 일환이다. 2012년 《에더블시애틀》이라는 잡지에 지역 낙농장에서 생후 하루 된 송아지를 사서 키우는 빌 생산자 이야기가 실렸다.

기사를 쓴 에이미 페닝턴은 이러한 "윤리적인 빌 생산 덕분에 지역 낙농장에서 불필요한 낭비가 사라진다."라고 주장한다.[10] 한편으로 지역 송아지로 생산한 빌이라는 점에 초점을 맞춘 이 기사가 낙농업과 빌 사이의 연관관계를 다루는 방식은 조금 독특했고, 어쩌면 기사를 읽은 소비자들이 낙농 생산에 줄을 대고 있는 모든 연관 산업에 더 직접적으로 참여할 수도 있겠다는 생각이 들었다. 하지만 이렇게 빌 고기와 연관된 금기를 없애려는 움직임은 낙농산업과 빌 산업이 동물을 이용하는 행위를 더욱 자연스럽게 포장하는 작용을 한다. "송아지의 역할을 고려하라."라는 기사의 제목 역시 이중사고의 전형적인 사례이며, 심지어 이 기사에 담긴 이중사고는 매우 교묘하기까지 하다. 페닝턴은 빌 생산이 낙농산업의 필수 불가결한 부분이라면서, 빌 생산에서 송아지의 역할에 대해 깊이 생각해보라고 요구한다. 그래서 기사를 읽는 우리가 스스로 송아지에 대해 생각하고 고려하고 있다고 착각하게 한다. 사실 우리가 실제로 고려하는 것은 소비와 자본 축적의 도구, 농부들에게는 매력적인 수익원, 소비자에게는 미식의 원천으로서의 송아지일 뿐이다. 이런 방식으로 송아지를 보는 순간, 우리는 모든 송아지가(사실 식육 생산과 낙농 생산에 이용되는 모든 동물이) 제각각 독특하고, 감정을 지닌 주체로서 고유의 삶을 가지고 있다는 사실을 잊어야 한다.[11] 송아지 자체는 전혀 고려의 대상이 아니다. 중요한 것은 송아지가 우리(소비자, 농부, 지배적인 인간)에게 무엇을 제공할 수 있느냐이다.

시브리즈팜은 워싱턴주 배션아일랜드에 있는 작은 농장으로 시애틀 지역 직거래 시장에서 농산품을 판다. 이 농장은 처음에는 직접 와서 보라고 하더니 막상 방문 일정을 잡으려고 연락할 때마다 계속 일정을 미루다가, 결국은 그냥 한번 둘러보게만 해달라는 요청도 거절했던 농장들 중 하나다. 그러면서 인터넷 홈페이지에는 투어 일정을 공지할 테니 기다리라는 게시물을 수년간 올리기도 했다.

농장주인 조지 페이지는 동물 사육을 자연스러운 규범으로 만들기 위해 무진 애를 쓴다. 즉, 동물을 사육하는 것이야말로 자연으로의 회귀이며 '늘 해왔던 방식'인 것처럼 여기도록, 그래서 그 방식에 익숙해진 사람들이 당연한 순리로 받아들이도록 하는 것이다. 페이지의 이런 노력은 그에 관한 보도기사에도 명확하게 드러난다. "그는 대규모 현대식 농법이 원래 하나의 완전한 생태계 그 자체였던 축산업을 세분화하고 있다고 본다. 그 과정에서 발생하는, 가령 낙농장의 수송아지 같은 부산물들은 축산업이라는 큰 그림을 이루는 퍼즐의 한 조각이 아니라 처리해야 할 문제가 된다. 그는 자신의 농장 시브리즈에서는 모든 조각들이 제각기 맡은 역할을 하기를 바란다."[12]

사실 산업화된 생산과 그에 따른 분화는 식품과 농업 정책에 대한 많은 관심을 불러일으켰고, 소비자들로 하여금 스스로의 소비습관을 돌아보게 만들었다. 낙농업과 빌 산업의 경우 이들 산업의 분화가 먹기 위해 동물을 키우고 죽이는 과정의 폭력성을 폭로하기도, 은폐하기도 했다. 산업화한 생산과 산업의 분화는 해당 산업의 특정 부분들이 드러날 때(가령 좀 전에 언급한 대로 1980년대에 빌 생산 과정의 문제점이 드러난 것처럼) 그 부분이 가진 폭력성을 노출시킨다. 하지만 산업의 분화로 인해 다른 종류의 폭력이 감춰질 수도 있다. 가령 낙농산업과 빌 산업의 분리는 낙농산업의 이익을 위해 작용한다. 소비자들이 윤리적 이유로 빌 소비를 거부하더라도 낙농산업은 판매에 영향을 받지 않기 때문이다. 송아지 사육 현장에서 실제 벌어지는(송아지를 상자 안에 가두고, 우리의 상식으로는 용인할 수 없는 방식으로 다루는) 일들과 단절됨으로써 소비자들은 낙농 생산이 이런 역겨운 관행과는 무관하다고 착각하게 된다. 두 산업의 분리로 수송아지가 '문제점'이 되어버리는 상황은 사실상 인간-동물관계의 폭력성을 부각시킨다.

수송아지가 그냥 퍼즐의 한 조각이 되는 시브리즈팜에서는 인간이 동물을 기르고 죽이는 과정에서 벌어지는 일들이 '원래 하나인 완전한 생태계'로의 회귀라는 암시와 함께 당연시된다. 식품 산업에서 동물을 이용하는 행위의 윤리적·정치적·환경적 측면을 우려하는 소비자들에게 시스템 자체에 대해 급진적으로 재고하고 앞으로 나아가라고 하는 대신, 틈새, 로컬 푸드, 즉 지역에서 생산된 동물 유래 식품을 소비하는 소비자들에게 빌을 먹는 것이 사실은 자연으로 돌아가는, 자연과 더 가까워지는 방법이며, 낙농업과 고기의 소비는 원래 자연스럽게 이어져 있다고 설득한다. 하지만 '윤리적인 고기'라는, 상상속에만 존재하는 대안은 미학적으로는 아름답게 보일지 모르지만, 여전히 지배와 종속이라는 서열관계 안에 놓여있고 그 안에서 인간은 여전히 동물의 생명에 대해 권력을 휘두르고 그들의 생명을 통제한다.

"인도적으로 키우고 도축한"이라는 문구는 미학적·담론적으로 작용해 육류, 유제품, 달걀 생산이 어떤 형태로 이루어지든 폭력적이라는 사실을 제대로 볼 수 없게 만든다, 더 나아가 소비자와 식품을 직접 연결시키는 지금의 트렌드는 결과적으로 소비자로 하여금 동물을 식품으로 이용하는 것이 폭력적이라는 사실에 대해 둔감해지게 하고, 그 둔감화의 정도는 어쩌면 대규모 생산자들로부터 구매할 때보다 더 심할 수 있다. 육류, 유제품, 달걀을 생산하는 대규모 생산자들은 산업 내에서 동물이 어떤 역할을 하는지에 대한 소비자들의 무지에 기대어 소비의 현장, 즉 식료품점에서 물건을 사는 소비자들을 현혹하는 '가족 농장'이라는 두루뭉술한 이미지를 만들어낸다. 반면 '윤리적인', 혹은 '인도적인' 고기, 유제품, 달걀을 공급하는 틈새, 지역 공급자들은 숨기는 것 없이 투명한 척 거짓 가면을 쓰고 소비자들에게 동물을 잡아먹기 위해서는 죽일 수밖에 없다는 점을 인정하도록 하면서, 그 죽이는 행위가 결국 인간 예외주의로부터 나오는 것임을 필연적으로 부정한다.

빌 생산을 위해 사육되는 송아지에게는 주목할 만한, 우리의 감성을 자극하는 부분이 있다. 갓 태어난 동물이 부모로부터 분리되고, 같은 종의 동물들로부터 격리된 채 짧은 생을 살다가 도축당하는 사육 현실에도 많은 이들의 감수성에 역행하며, 감정적 반응을 불러일으키는 요소가 있다. 솟아나는 감정적 반응을 부정하기보다, 나는 오히려 빌 생산을 위해 사육하는 송아지를 비롯해 정액을 채취하기 위해 기르는 수소, 유제품을 얻기 위해 기르는 암소, 달걀과 고기를 위해 사육하는 닭, 추수감사절 저녁상에 올리기 위해 키우는 칠면조, 그리고 베이컨과 고기를 위해 키우는 돼지를 우리의 공감 영역 안으로 불러

들여야 한다고 생각한다. 그렇게 하는 것이 우리의 미각을 즐겁게 하기 위해 다른 종들을 지배하고 침해하는 일상적인 행위에 동참하기를 거부하는 매우 정치적인 행동이기 때문이다. 송아지의 삶을 시작으로 우리가 보살피고 염려하는 대상의 영역을 넓혀가다 보면, 매번 무엇을 먹을지 고민할 때마다 우리와 긴밀한 관계로 얽히는, 더 멀리 있는 타자들까지 보살핌과 염려의 영역 안에 들어올 것이다.

경매장에 도착하기 전, 앞서 언급한 생후 하루 된 604번 송아지는 자신을 낳아 준 암소와 태어난 지 불과 몇 시간 만에 헤어졌을 것이다. 사실 소의 관리와 영양을 위한 연맹Bovine Alliance on Management and Nutrition은 송아지와 어미 소를 분만 한 시간 내에 분리하도록 권고하고 있다.[13] 앤설팜의 홈 웨스턴은 모든 송아지들을 태어나자마자 재빨리 어미로부터 떼어놓는데, 그 이유는 오래 함께 있을수록 송아지와 어미 소 사이의 유대가 돈독해지기 때문이라고 설명했다. 오래 함께 있지 않았는데도 송아지와 분리된 암소들이 길게는 2주일 동안 울부짖는 다고도 그는 말했다. 호머 웨스턴도 동물들이 서로 분리된 후 트라우마를 겪는다는 사실과 소들 사이에 정서적으로 매우 깊은 관계가 형성된다는 점을 인정했다.

갓 태어난 송아지의 혈액에는 면역체계가 건강하게 제 기능을 하기 위해 필요한 항체가 없다. 송아지들은 암소가 분만 후 처음 만들어내는 우유, 즉 초유로부터 필요한 항체를 얻는다. 초유는 단백질, 지방, 비타민, 미네랄 함량이 일반 우유보다 높고 갓 태어난 송아지에게 꼭 필요한 영양분을 제공한다.[14] 그렇다면 송아지가 초유를 얻는 가장 쉬운 방법은 태어나자마자 곧바로 어미 소의 젖을 먹는 것임은 누구나 생각할 수 있다. 하지만 세균 감염, 질병 전염, 초유의 오염, 그리고 송아지와 어미 소 사이에 깊어지는 유대 등에 대한 우려는 송아지가 어미 소의 젖을 직접 먹지 못하게 막는 논리로 이어진다.

세계낙농박람회에서는 초유 대용품이 인기였다. 이 제품들은 건조시킨 소의 초유나 면역혈청이고 대개는 송아지에게 필수 영양성분과 항체를 공급하는 데 (이상적이지는 않더라도) 효과적이다. 초유를 뗀 송아지들은 대개 고형 송아지 사료를 먹기 전까지 대용유를 먹는다. 대용유는 동물성 지방, 식물성 유지, 동물성 혈장, 카세인, 탈지분유, 유장, 레시틴, 비타민, 미네랄 보조제 등 여러 가지 성분을 함유하고 있다.[15] 이밖에 대용유는 동물성과 식물성 단백질 혼합물(가령 어분, 육분, 골분 사료, 건조 혈액, 콩, 목화씨, 맥주효모 등), 앞서 소개한 렌더링 과정에서 얻는 추출물 등을 포함할 수 있다. 이런 대체품을 혼합하여 젖병이나 양동이에 담아 이유기까지 송아지에게 먹인다. 송아지가 대용유를 잘 먹지 않는 경우가 종종 있는데 그런 경우에 대비해 초유와 대용유에 송아지가 좋아할 만한 향을 첨가하는 첨가제들이 박람회에서 소개되기도 했다.

미국 낙농 생산자의 60퍼센트 이상이 송아지가 8주 이상 되었을 때 대용유를 끊는다. 6주차에 이유시키는 생산자는 30퍼센트 미만이다.[16] 생후 첫 8주 동안 송아지 한 마리가 먹는 양을 기준으로, 송아지에게 대용유와 송아지용 사료를 배합해 먹이다가 8주차에 이유하는 경우 5주차에 이유할 때보다 송아지 한 마리당 평균 비용이 15달러 더 든다.[17] 그러므로 송아지의 건강에 해를 끼치지 않는 범위 내에서 가능한 빨리 이유시키는 것이 경제적으로 이득이다. 초유와 대용유는 산업의 분화가 자연스러운 수유를 대체할 대체제를 창조하고, 그 결과 동물들 사이의 생물학적 과정이 인간에 의해 전용되고 상품화된 사례다.[18] 사실 대용유가 우유보다 기능 면에서 우수하다는 주장은 업계 내에서 흔히 볼 수 있는 기술 만능주의의 한 예다. 소의 생물학적 기능을 대체하거나 증강시키도록 고안된 혁신적 기술이 소의 몸에 가해지는 착취의 심각성을 제대로 인식하지 못하게 만드는 작용을 한다.

1980년대와 90년대 여론을 들끓게 했던 빌 상자는 송아지 한 마리가 겨우 몸을 집어넣을 수 있을 정도로 작고 조악한 나무 상자다. 빌 상자는 여전히 사용되지만 낙농산업과 빌 산업은 더 무해하게 들리는 허치hutch라는 이름으로 바꾸어 빌 상자를 공공연하게 광고하고 있다. 심지어 어떤 회사는 송아지를 가두는 우리를 안락한 송아지용 스위트룸Comfy Calf Suites이라는 이름으로 광고한다.[19] 일부 농부들은 청소가 쉽고, 가볍고 해체하기 간편하다는 이유로 목재 상자에서 플라스틱 상자, 즉 허치로 옮겨 탔다. 지붕이 둥근 플라스틱 개집처럼 생긴 허치는 낙농장에서 송아지를 사육하는 용도로 판매되지만 빌 송아지를 사육하는 데 사용할 수도 있다. 송아지는 인간과 동물이 사춘기에 그렇듯이 장난치기 좋아하고 또래와 접촉하며 함께 있으려고 한다. 전통적인 나무 상자의 경우 송아지는 몸을 거의 움직일 수가 없지만 허치에서는 보통 송아지를 입구 쪽에 사슬로 매어놓는다. 송아지가 허치 안

팎으로 움직일 수 있게 하기 위해서다. 하지만 장난을 좋아하는 성향 때문에 이웃한 허치의 송아지와 놀려고 다가가다가 사슬이 목에 감기는 경우가 허다하다는 것이 세계낙농박람회에서 만난 허치 제조업체 카프텔Calf-Tel 관계자의 말이다. 이런 불행한 사고를 막기 위해, 그 관계자는 사슬 대신 작은 울타리를 설치해 송아지의 행동반경을 제한할 것을 권했다. 줄줄이 늘어선 상자든, 허치든, 작은 울타리든 갇힌 송아지는 주변에 다른 송아지의 모습이 보이는데도 접촉할 수 없다. 앞서 언급한대로 송아지 사이에 질병이나 오염물질이 번지는 것을 막기 위해서다.

암송아지 역시 자라서 일반 우리로 가기 전까지는 허치에 격리된다. 격리는 소들이 선호하는 생활방식과 대치된다. 암소를 비롯한 소들은 무리를 짓고 가능하면 평생 함께 모여 산다. 그들은 무리를 이루고, 긴밀한 정서적 유대 관계를 맺고, 평생의 우정을 쌓는다. 허치에서 사육된 송아지는 종 특유의 행동 성향에 제한을 받고, 성장에 꼭 필요한 무리생활로부터 격리된다. 일부 농장에서는 일단 질병 전파의 위험이 가셨다고 판단하면 송아지를 커다란 허치나 우리로 옮겨 다른 송아지들과 함께 지내도록 한다. 특히 (소진되어 도태되는 암소의 자리를 메우는) 대체용 미경산 암소로 기르는 암송아지들의 경우 일정 기간 동안 격리 후 본격적인 무리 생활을 하기 전에 이런 식으로 사회화 과정을 거치게 한다.

604번 귀 인식표를 달고 경매장 링 안에서 남자의 몸에 코를 비비던 송아지는 송아지 특유의 사교적 성향을 보여준 것이다. 허치에 묶여서도 이웃 송아지에게 다가가려는 송아지 역시 놀이에 대한 욕구, 친구를 사귀려는 욕구를 표현하는 것뿐이다. 경매장과 낙농업과 빌 산업의 분화라는 큰 흐름은 동물들을 서로로부터 소외시키는 작용을 한다.

* * *

경매가 끝난 뒤 나와 내 친구는 계류공간에서 쓰러진 암소가 어떻게 되었는지 확인하러 갔다. 우리는 또 다시 암소가 내려다보이는 보행자 통로에 섰다. 안에서 경매가 진행되는 동안 누군가 암소가 일어설 수 있도록 뒷다리를 파란 끈으로 한데 묶어놓은 것이 보였다. 하지만 암소는 여전히 너무 약했고 다리를 묶은 끈은 다리가 뒤로 꺾이지 않고도 옆으로 돌아누울 수 있게 도울 뿐이었다. 계속 일어나지 못하면 그날 중으로 총에 맞아 죽을 것이고 시체는 가까운 레더링시설로 이송될 것이다.

우리가 지켜보는 동안 우리 등 뒤에서 소동이 벌어졌다. 홀스타인 수소 한 마리가 경매장 뒤 승차장에서 운송용 트럭에 올라타려고 대기 중이던 무리에서 달아났다. 경매장 안에서 다른 수소 세 마리와 함께 교배용으로 팔린 소였다. 소음과 전기봉을 들고 소들을 모는 남자들 때문에 겁을 먹은 수소는 슈트를 달려 내려가 그대로 달아나려고 했다. 남자들은 흩어져서 달아난 소의 진로를 바꾸려고 정신없이 뛰어다니며 고함치더니 소가 슈트를 벗어나려는 순간 진로를 막았다.

달아날 길이 없어진 수소는 이리 뛰고 저리 뛰면서 또 다른 탈출구를 찾았다. 숱이 많은 털에 윤기가 흐르는, 젊고 건강하고 힘센 수소였다. 앞뒤가 막힌 슈트에서 이리저리 뛰는 동안 근육의 움직임이 보일 정도였다.

수소는 자신을 트럭에 실으려는 남자들보다 힘이 셌지만, 경매장의 구조는 4백에서 5백 킬로그램의 소들이 갖는 강력한 힘도 제압할 수 있도록 설계되었다. 남자들은 뛰어다니느라 숨이 가빴고 달아나려고 시도한 소에게 화가 난 터라 큰 소리로 욕설을 퍼부었다. 한 남자가 전기봉을 들고 반복적으로 소를 찔렀다. 소는 전기충격이 가해질 때마다 점점 앞으로 뛰어올랐고 결국 트럭 화물칸에 연결된 트랩 위를 점점 밀려 올라갈 수밖에 없었다. 마침내 소를 화물칸 안으로 몰아넣은 남자들은 그럴 필요도 없는데 굳이 트레일러 구멍 사이로 전기봉을 넣어 소를 여러 차례 찔렀고 소는 전기봉을 피하려다 트레일러 옆면에 몸을 부딪쳤다. 남자들이 트레일러를 닫자 트럭은 천천히 경매장을 벗어나 수소들이 정액 생산에 동원될 교배 농장으로 향하는 큰길로 진입했다.

트럭이 떠나고 얼마 후, 수소 떼를 몰던 남자들이 우리가 서 있던 보행자 통로 위로 시선을 돌렸다. 우리가 빤히 보고 있다는 사실에 불편한 심기를 뚜렷이 드러낸 남자 한 명이 통명스럽게 고함쳤다.

"이봐! 거기 아가씨들, 뭐 필요한 거라도 있수?"

"아뇨, 괜찮아요!" 내가 대답했다. "그냥 구경하는 거예요."

"글쎄, 여긴 구경거리가 없는데…… 필요한 게 없으면, 경매도 끝났는데……."

남자는 말끝을 흐렸지만 우리는 그가 무슨 말을 하고 싶어 하는지 짐작할 수 있었다. 그는 우리가 그만 나가주기를 원했고, 우리는 잠시 후 지친 몸으로 그곳을 나왔다. 일어설 수 없는, 그날 중으로 죽게 될 암소에 대해 생각하면서.

10

지식에서
실천으로

○
○

　　어린 시절 우리 가족과 친하게 지내던 지인들 중
에는 매우 철저한 채식주의자이면서 환경주의자인 가족이 있었다. 그
집 아들과 딸이 나와 내 여동생 또래였다. 우리는 그들을(지금도 여전
히 그렇지만) 흠모했고 피츠버그 외곽의 숲에 자연관찰 산책을 나가
몇 시간이고 놀면서 함께 화석을 찾기도 하고, 시냇가에서 물장난을
치기도 하고, 도마뱀과 개구리를 찾아다니기도 하고 나뭇가지와 나뭇
잎으로 쌓기 놀이도 했다.

　　당시 우리는 정기적으로 피츠버그에 있는 이스트엔드식료품협동
조합East End Food Co-op에 갔다. 부모님들은 쇼핑을 했고 지인 가족과 함께
일 때면 우리에겐 엄마나 다름없던 그 집 아주머니가 간식으로 늘 초
콜릿 맛이 나는 캐롭carob(지중해성 콩과 식물인 캐롭의 깍지를 빻아 만든
초콜릿 대용품)을 사주셨는데, 초콜릿은 한 번도 사주신 적이 없다. 나
는 당시에 "아, 진짜, 또 캐롭이야? 초콜릿이 뭐가 어떻다고?"라고 투
덜댔던 기억이 나지만, 결국엔 캐롭을 먹었고 괴상한 간식이라고 생

각하면서도 뭔가 달콤한 걸 먹을 수 있어서 좋았다. 지인 가족은 (유제품과 달걀은 먹었지만) 채식을 할 뿐만 아니라 설탕, 카페인(커피, 초콜릿, 차), 가공식품, 기타 식품첨가물도 피하려고 노력했다. 건강에 미치는 영향은 물론이고 그런 식품이 인간의 노동을 착취하고 환경적 비용을 발생시킨다는 점을 의식해서였다.

지인 가족은 '유기농'이 지금과 같이 중요한 의미를 갖기 전부터 유기농을 고집했다. (내 어머니도 그렇게 하셨지만) 시장 보러 갈 때 캔버스 천으로 된 가방을 사용하는 것이 당시에는 유별난 행동이었다. 여행을 갈 때면 이 천 가방에 식료품을 가득 싸서 다녔다. 어디를 가건 음식 때문에 곤란을 겪지 않기 위해서였다. 음식을 선택할 때면 자신들의 선택이 환경과, 그 음식을 만드는 사람들과, 자신들의 건강에 어떻게 영향을 미치는지에 관해 신중하게 생각했다.

우리 가족이라고 그런 점들을 고려하지 않은 것은 아니다. 우리는 넓은 텃밭에서 여름부터 가을까지 가족이 먹을 과일과 채소를 길렀다. 우리는 같은 반 아이들이 이상하다고 생각할 만한 (첨가제가 들어가지 않은 땅콩버터, 집에서 만든 쫀득한 통밀빵 같은) 음식을 먹었다. 핼러윈에는 사탕 대신 상자에 건포도를 담아 내주었다(맞아, 얘들아. 우리 집이 그 집이야). 부모님은 종이를 아끼기 위해 한 번 쓴 종이 커피 필터를 헹궈서 식기 건조기에 말렸다. 50매들이 커피 필터 한 상자도, 표백하지 않은 갈색 종이 행주 한 통도 우리 집에서는 몇 년을 쓸 수 있었다. 종이 행주는 아껴두었다가 주로 고양이의 토사물을 치우는 데 썼고, 그 용도 이외에는 쓰면 안 되는 것으로 알았다. 어쩌다 집에 온

손님이 싱크대에서 손을 씻은 후 천으로 된 행주 대신 종이 행주를 뜯어 쓰면 아빠가 얼른 달려들어 손님 손에서 젖은 종이 행주를 빼앗은 다음 인상을 쓰고 뭐라고 중얼거리면서 우리 집 현관에 그늘을 드리울 (아빠의 표현을 빌리자면) "다음 번 환경 범죄자"가 쓸 수 있도록 종이행주를 다시 반듯하게 펴서 말려두었다.

그러니 우리 가족도 남의 눈에는 이상하게 보일 정도로 환경을 생각하고 실천하는 우리만의 방식을 고수하지 않았다고는 할 수 없다. 그러나 나는 당시에는 앞서 말한 지인 가족의 식품 선택이 훨씬 더 극단적이라고 생각했던 것 같다. 나는 왜 그들이 다른 사람들처럼 그냥 고기를 먹지 않는지 이해할 수 없었다. "고기 조금 먹는 게 뭐가 어때서 저럴까, 후회할 텐데?"라며 의아해했다.

당시 나는 "왜 우리는 고기를 먹는가?"라는 의문은 품지 않았다. 우리가 먹고 있는 것이, 바로 얼마 전까지 살아서 숨 쉬던 동물이었다는 생각도 심각하게 한 적이 없다. 심지어 헌신적인 동물 애호가를 자처했으면서도 말이다. 한 예로, 어린 시절 나는 감자벌레(우리가 감자벌레라고 부르던 벌레인데 더 널리 알려진 이름은 쥐며느리, 학명은 Armadilliidiidae라고 한다) 여러 마리가 우리 집 뒷문으로 이어지는 보도를 건너려다가 눌려 죽어있는 것을 보고 경악했다. 그래서 '쥐며느리 전용 건널목'이라는 표지판을 만들어 보도 양쪽에 세워놓고 어쩌다 그리로 지나가는 사람을 보면 황급히 달려가 쥐며느리를 밟지 않게 조심해달라고 부탁했다. 언젠가는 가장 친한 친구 하나가 내가 손가락으로 가리키며 밟지 말라고 당부한 쥐며느리를 일부러 폴짝 뛰어서 납작하게 밟은 적이 있었다. 나는 너무 화가 나서 일주일 동안 그 애와 말을 하지 않았다.

쥐며느리 말고도 우리 집 뒷마당에 먹이를 먹으러 오는 파우치와 앨리스라는 다람쥐 두 마리, 공원의 오리, 고양이를 포함해 집에서 키우던 동물들은 그렇게 애지중지 보살피면서도 나는 여전히 두 번 생각하지 않고 동물을 먹었다. 열두 살인지 열세 살 무렵에는 채식주의자가 되겠다고 선언했었지만, 그것도 제대로 된 정보를 바탕으로 한 윤리적, 혹은 정치적 결단이라기보다는 그냥 그래야 반항적으로 보일 것 같아서 별생각 없이 해본 말일 뿐이었다. 그리고 오래 실천하지도 않았다. 나는 곧바로 다시 동물을 먹었고 시간이 한참 흐를 때까지 다시는 육식에 의문을 갖지 않았다.

이제 와서 그때를 돌이켜보니 지인 가족이 채식주의나 비건주의가 보편화되기 수십 년도 전인 1980년대에 자신들의 윤리적·정치적 신념을 지켰다는 사실이 놀랍기만 하다. 지난 10년간 나는 미국 여기저기를 여행하면서 비건을 위한 먹을거리를 힘들게 찾아다닌 적이 많았다. 채식주의자라는 용어가 여전히 자주 멸시의 대상이 되긴 하지만, 그래도 이제는 대다수의 사람들에게 낯설지는 않은 시대가 되었다. 최근 수십 년간 세상이 많이 달라졌고, 20년 혹은 30년간 비건이었던 사람들과 이야기를 해보면 수십 년 전과 비교해 비건으로 살아가기가 훨씬 수월해진 것도 사실이다. 식물 기반의 음식이 널리 보급되고, 점점 더 많은 사람들이 채식 기반의 식단을 채택하고, 동물 유래 식품을 포기함으로써 얻은 건강상의 이점과 환경 감수성에 대한 인식이 확산됨에 따라 비건 주변에 따라 붙던 낙인도 옅어지고 있다.

내가 식육산업과 낙농산업으로 동물이 겪는 고통에 대해 연구를 시작한 후, 어머니와 어머니의 파트너인 짐은 동물 제품 사용을 크게 줄였다. 어머니는 동물 기반 식품을 멀리하기로 한 결심을 일종의 개종이라고까지 이야기한다. 어머니는 항상 환경에 대해 관심이 많았고 건강을 중요시했다. 환경과 건강 모두를 위해 어머니는 예순이 훌쩍 넘은 나이에도 매일 직장까지 6킬로미터 이상을 걸어서 출퇴근한다. 안 그래도 연비 효율이 높은 자동차도 가능한 자주 사용하지 않는다. 축산업이 자동차보다 기후 변화에 훨씬 더 큰 영향을 미친다는 사실을 알았을 때, 어머니는 고민했다. 이후 먹기 위해 동물을 사육하는 행위가 윤리적으로 어떤 의미를 갖는지, 즉 식품산업 내에서 동물들이 실제로 어떻게 살다가 죽는지를 직접 보고 나서 어머니는 뭔가 중요한 것을 깨달았고 더 이상 그런 지속적인 폭력에 가담하고 싶지 않았다고 한다. 이것은 어머니가 이전부터 품고 있던 비폭력, 환경 의식, 연민에 관한 인식을 단지 강화시켰을 뿐이다.

어머니의 파트너 짐은 고기와 감자가 없으면 못 사는 사람이고 늘 그렇게 살아왔다. 그는 또 2형 당뇨 환자이기도 하다(지금은 호전되어 가는 중이다). 짐을 가장 크게 변화시킨 것은 식물 기반 식단이 건강에 얼마나 이로운지를 밝힌 최근 연구였다. 연구 결과 동물 제품의 소비가 여러 가지 사망 원인, 즉 심장병, 당뇨, 암 등의 질병과 관련 있다는 것이 밝혀졌다. 토머스 캠벨과 T. 콜린 캠벨이 쓴 《무엇을 먹을 것인가(열린과학, 2012)》는 사상 최대 규모의 질병 연구이자 식습관과 암

발병 증가의 상관관계에 대한 최초의 포괄적 연구를 통해 얻은 결과다. 이 책은 동물의 소비가 흔치 않은 중국 내 지역의 암 발병률이 매우 낮다는 사실을 보여준다. 이후 다른 의학 전문가와 연구진도 식물 기반 식단이 고혈압, 콜레스테롤 상승과 같은 일반적인 질환, 그중에서도 특히 심장병과 당뇨 같은 질병을 예방하고, 치료하고, 회복시키는 효과에 대해 연구했다. 《밥상의 미래(다온북스, 2015)》를 비롯해 수많은 책을 쓴 조엘 퍼먼 박사는 질병의 예방과 치료에 대해 영양식주의nutritarian적 접근을 취하면서 건강과 장수를 위해 고영양식과 자연식, 채식을 권한다. 짐은 이 책에 깊은 감명을 받았고 책에서 제시한 대로 6개월간 식습관을 변화시키면서 의사의 진료를 병행했다. 그 결과 당뇨, 고혈압, 콜레스테롤 약물 치료를 크게 줄일 수 있었다. 물론 나는 의사가 아니므로 식습관 변화의 의학적·과학적 효과에 대해 이야기할 수는 없다. 하지만 의학 전문가들 사이에서도 건강과 질병에 관한 이런 접근방식을 연구하고 실천하는 사람들이 늘어나고 있다.

나는 모든 사람들이 내가 이 책에서 공유한 것과 같은 정보에 다다르지만 그 방식은 개인의 이력, 성장 과정, 가치관, 그리고 솔직히 각자의 성품에 따라 다르다고 생각한다. 처음 식품체계 내의 동물의 고통에 대해 공부하기 시작했을 때, 나는 슬픔을 억제할 수가 없었다. 축산업에 관해 찾을 수 있는 모든 자료를 읽고 보면서 엄청난 충격을 받았다. 몇 년이 지났지만 평생 마음에서 지우지 못할 이미지들도 있다. 어떤 것들은 한 번 알게 되면 가치관이 완전히 바뀌어버린다. 그리고 그런 것들을 보고 나면 반응하지 않을 수 없게 된다. 잊는 것은 불가능해진다.

이것이 내게는 그런 경험 중 하나였다. 미국은 물론 전 세계적으로 물고기, 닭, 칠면조, 오리, 돼지, 염소, 양, 소가 식품 생산을 위해 고통받고 있다는 사실을 알았을 때 나는 내 주변의 삶이 이전과 다름없이 흘러간다는 사실을 믿을 수 없었다. 나 역시 불과 얼마 전까지 그런 사실에 대해 무지하고 냉담했었다는 점은 재빨리 망각한 채 주변 사람들을 붙잡아 흔들며 "어떻게 그럴 수가 있어요? 지금 무슨 일이 벌어지는지 몰라요? 아무 상관없나요?"라고 따지고 싶었다.

식료품점은 애도의 장소가 되었다. 죄 없는 냉장고를 가득 채운 우유, 요거트, 치즈, 버터, 달걀, 냉동실 가득한 아이스크림, 깔끔하게 포장되어 가격표가 붙은 고기, 이 모든 것들이 갑자기 내게 무시무시한 폭력의 산물로 여겨졌다. 철학자이자 비판적동물연구Critical animal studies 학자인 제임스 스태네스큐는 슈퍼마켓에서 장을 보다가 동물의 고통에 대한 애도의 감정이 솟구친 경험과, 동물에 대한 폭력이 너무나 일상적이고 당연한 규범이 되면서 그리한 감정을 이해받지 못하는 현실에 대해 이야기한다.[1]

나도 식료품을 사러 갔다가 고기와 유제품이 진열된 냉장고 앞에서 몸이 굳고 눈에 눈물이 고여 카트를 버려둔 채 아무것도 못 사고 가게를 뛰쳐나온 적이 여러 번 있다. 이런 행동에 대해 대부분의 사람들이 바보 같다거나 과민하다고, 혹은 그냥 제정신이 아니라고 여기기 때문에 이 세상에 나만 혼자인 듯한 고립감을 느낄 수 있다.

어쩌면 이것이 식품 생산을 비롯해 지구상의 다양한 상품 생산에 내재한 고통과 폭력의 규모를 의식하는 데 따르는 가장 큰 어려움일지도 모른다. 통상 애도하지 않는 대상을 애도하여 겪게 되는 고립은 심각하다. 저임금 노동자, 어린이 노동력의 착취, 인신매매, 세계 빈곤, 석유 유출이나 개벌伐로 인한 환경 재해, 기후변화, 대량 멸종, 전쟁, 농업 노동, 이 모두는 세계적(특히 서구의) 소비주의, 혹은 더 크게는 자본주의의 결과물로 인간성에 대한 우리의 신뢰를 파괴할 수도 있다.

이런 것들은 모두 축산업과 마찬가지로 비탄을 유발하는 국제적인 문제들이고, 누군가 느낄지도 모르는 비탄에 관심을 기울이는 것은 자신의 정치적 입장을 보여주는 중요한 방식이다. 주디스 버틀러의 책 《위태로운 삶Precarious Lives》과 《전쟁의 틀Frames of War》은 테러와의 전쟁에서 발생한 미국인 이외 사상자의 죽음에 대해 애도하는 것이 이라크인들과 아프가니스탄인들의 삶과 죽음도 중요하고 의미가 있음을 알리는 중대한 정치적 선언이 된다는 것을 보여준다. 버틀러와 스태네스큐의 글을 읽으면서 나는 낙농산업 내의 동물들로 인해 내가 느끼는 깊은 슬픔에 대한 스스로의 생각을 정리할 수 있었다. 어떤 면에서 식품체계 내의 동물들에 대해, 또는 이밖에 전 세계적인 심각한 문제들에 대해 배운다는 것은 지속적인 애도의 과정에 들어간다는 뜻이기도 하다.

나는 자주 사람들이 이렇게 말하는 것을 듣는다. "뭐, 엄청나게 슬픈 일인 건 분명하지만 내가 모든 일에 마음을 쓸 수는 없잖아! 내가 선택한 분야에 변화가 생기도록 힘쓰겠어."

어떤 면에서는 이것이 현실적이고 합리적인 방법이다. 개개인이 가진 시간, 에너지, 재원은 한정되어 있고, 개인의 살아온 이력과 특정한 문제에 대해 어떻게 처음 접했느냐에 따라 어느 한 분야에 더 마음이 갈 수도 있다. 하지만 이렇게 분야를 선택하는 것, 즉 한 가지 분야를 공략함으로써 큰 변화를 가져올 수 있다는 생각은 다양한 형태의 불의가 상호 연관을 맺으며 서로를 강화하는 현실을 무시하는 것이다.

예를 들어, 전쟁에서 인간의 생명이 부차적인 희생물이 되는 경우처럼 조직적으로 자행되는 살해 방식에 대항하는 활동은 다른 형태의 조직적(가령 축산업에 의한) 살해가 너무나 광범위하게 용인되고 규범화되었다는 사실로 인해 방해받게 된다. 특정한 생명(축산업의 경우 동물)은 본래 덜 중요하다는 논리가 이미 일반화되어 있다면 그러한 논리를 확대해 특정한 인간 집단의 생명은 가치가 덜하다고 말하는 것도 가능해지고, 나아가 인간 생명의 대규모 손실을 부차적인 희생과 같이 무해한 이름으로 부르는 것도 가능해지기 때문이다.

그러므로 비폭력을 위해 헌신하고 살인이 일반화되는 것에 대해 끈질기게 저항하는 반전 운동가가 수십억 마리의 동물들을 조직적으로 살해하는 행위가 일상화되는 것을 보고만 있는 것은 부당하다. 여러 가지 형태의 폭력이 동물, 하등 인간, 인간보다 열등한 종 등의 범주화에 근거해 자행된다. 이런 범주화가 행하는 담론적 작업을 분석하고 해체하지 않고서는 인간과 인간 이외의 동물을 위한 어떠한 진보에도 한계가 있을 수밖에 없다.[2]

또 일부 환경운동가들 사이에서는 축산업의 영향은 무시하고 대신 개인 차원의 사적인 절약 실천, 가령 샤워 시간을 줄임으로써 물을 아껴 쓰고, 에너지 소비가 적은 전구로 바꾸고, 가게에서 비닐봉지 사용을 줄이는 것 등에 초점을 맞추려는 움직임도 있다. 이런 활동 역시 중요한 것은 사실이지만 먹기 위해 동물을 사육하는 데 들어가는 물의 양(축산업이 대기와 토양의 질을 저하시키는 피해는 차치하더라도)에 비하면 샤워 시간을 줄임으로써 절약할 수 있는 물의 양은 미미하다. 하지만 환경단체들은 축산업에 대한 문제 제기를 꺼린다. 다큐멘터리 〈카우스피러시〉에서 밝히고 있듯이 아마도 그런 문제 제기가 지나치게 정치적이고 사람들에게 너무 많은 것을 요구하는 것처럼 보일까 봐 피하는 것 같다.

동물권리운동 내부에도 다른 사회 정의 활동단체의 경우와 마찬가지로 인종, 특권, 문화적 인식부재, 후기인종주의적 태도 등이 잔존한다. 에이미 브리즈 하퍼는 동물권리운동 내에서의 인종주의와 백인 우월주의를 다양한 맥락에서 지적했고, 이러한 후기인종주의적 태도를 조직적인 인종주의를 방관하고, 따라서 영구화하는 태도라고 비판했다.[3]

이것은 부분적으로는 동물 문제를 다른 모든 문제보다 우위에 두는 경향의 결과일 수 있다. 가령 동물을 이용하는 산업 내의 노동자들에 대한 비방이나, 비건주의는 백인 중산층에서 주로 나타나는 현상이라는 잘못된 인식이 그 예다. 인종 정의, 젠더 정의를 비롯한 다양한 형태의 평등을 향한 인간의 투쟁이 이들 활동단체의 중점 과제여야 한다. 그러한 인식 없이 동물 문제만을 바라본다면 불균형과 인종 편향, 그리고 여러 해악을 계속해서 재생산할 것이다. 동물 착취가 다른 형태의 소외 및 억압과 어떤 방식으로 얽혀있는지를 알아야 자본주의를 통해 폭력이 자행되는 다양한 방식들을 이해할 수 있다. 인간 외의 동물 문제라는 틀을 벗어나지 않으면서, 어떻게 이런 형태의 불의가 서로를 강화하는지에 대해 고민한다면 다른 존재들과 덜 폭력적이고 덜 억압적인 관계를 맺으며 살아가고 존재하려는 의미 있는 노력이 더욱 힘을 얻을 것이다.

식품체계 내의 동물에 대한 수업을 하면서 나는 학생들과 다양한 형태의 폭력이 어떻게 서로 얽혀있고 자본주의와 어떤 연관을 맺고 있는지에 대해 이야기하곤 한다. 학생들은 무엇보다 우리가 무엇을 할 수 있는지 궁금해한다. 우리는 원래 잘못을 바로잡고, 혁신하고, 문제를 해결하기를 좋아하는 종species이다. 문제가 있는데도 해결책에 대한 고민 없이 문제의 겉모습만 살피는 것은 본성에 어긋난다. 축산업 문제는 소비와도 깊게 얽혀있기 때문에 대다수 학생들은 우선 동물 기반의 제품들을 생활 속에서 완전히 혹은 부분적으로 제거함으로써 자신들의 소비 행위를 급진적으로 변화시켜야겠다고 생각한다. 우리는 비건주의와 식물 기반의 식생활에 대해 많은 대화를 나눈다. 매 학기말이면 다수의 학생들이 식생활, 패션, 기타 영역에서 동물의 소비를 줄이겠다고 결심한다.

비건주의는 사실 한 개인이 다른 생명을 얼마나 가치 있게 여기는지를 보여주는 강력한 정치적 표현이 될 수 있다. 또한 동물과 이제까지와는 다른 종류의 관계를 맺는 것이 가능하다는 것을 보여주는 증거이기도 하다. 다른 종과 공동체를 이루며 살아간다는 것이 어떤 의미인지 급진적인 발상의 전환을 보여주는 동물피난처들처럼, 비건주의는 동물, 식품, 환경, 건강에 관해 우리가 통상적으로 생각하는 윤리적 대안과 우리가 살아가고 싶은 세상의 모습을 구체적으로 실현한 하나의 방식이다. 비건주의가 너무 극단적인 대응이라는 의견은 드물지 않다. 마치 내가 1980년대 지인 가족의 채식주의를 보고 심하다고 여겼던 것과 마찬가지다. 하지만 정말로 심한 것은 동물 제품의 소비를 고집함으로써 가공할 속도로 기후 변화가 진행되고, 식습관 관련 질병으로 인해 의료비가 하늘 높이 치솟고, 산업자본주의 강화로 동물과 특정 인종이 절대다수인 인간 노동자들이 식품 생산의 현장에서 대량으로 고통받는 것을 방조하고 있는 현실이다.

하지만 소비습관의 변화라는 간단한 행동, 점점 인기를 얻고 있는 '올바른 소비가 곧 정의'라는 구호로는 자본주의의 착취적 본성에 근본적으로 대항할 수 없다. 예를 들어 우리가 식물 기반 식품을 구입한다고 해서 과일, 채소를 생산하는 농장 노동자들이나 유제품이 들어있지 않은 초콜릿, 커피, 설탕, 바나나를 생산하기 위해 노예처럼 혹사당하고 해로운 작업환경에 노출된 해외 노동자들이 더 공정한 대우를 받는다는 보장은 없다. 그래서 동물 소비를 자제하는 선택이(특히 동물들이 보편적으로 겪는 고통과 축산업으로 야기된 환경 위기에 대응하는 방식으로서) 중요하고 생산적인 변화이긴 하지만 조직적이고, 탈개인적인 변화를 이루기에는 그것만으로는 부족하다.

비건 윤리를 채택하는 것은 변화를 이루는 한 가지 방식에 불과하지만 그나마도 적절한 가격에 건강한 식품을 구입할 수 있는 여건이나 장소가 마땅치 않은 사람들에게는 실천이 어려울 수 있다. 킴리카와 도널드슨은 "특정 집단에게는 그런 선택이 막대한 사회적 혹은 물질적 비용을 요구할 수도 있다"고 지적한다.[4] 실제로 불행히도 여전히 패스트푸드 체인의 햄버거가 브로콜리보다 더 싸고 쉽게 구입할 수 있다. 고기, 유제품, 옥수수가 주재료인 가공식품에 대한 정부 지원이 빚은 결과다. 식품 접근성 향상, 특히 자본주의 경제 바깥에서 생산되는 식품에 대한 접근성 향상을 위한 노력들이 매우 중요한데, 실제로 여러 형태의 시도가 이루어지고 있다. 공용 텃밭 가꾸기나 시애틀의 비컨푸드포레스트(식품을 자급할 수 있는 숲으로, 원하는 사람은 누구나 수확할 수 있다), 먹을 수 있는 음식의 40퍼센트에 달하는 버려지는 음식들을 지역 식품 배급 네트워크(샌프란시스코 베이 에어리어의 푸드 시프트가 대표적이다)를 통해 재분배하려는 노력 등은 모두 대안적인 식품 생산과 분배를 통해 사람들이 건강한 식품에 접근할 수 있는 새로운 길을 열어준다.[5]

지방과 연방정부 차원의 정책 변화 역시 또 다른 길이 될 수 있으므로, 지역 정치인들이 식품에 대한 접근을 주요 정책에 포함시키도록 청원하는 것도 문제 해결에 더욱 체계적으로 다가서는 방법이다. 보건과 질병 예방에 대한 인식 전환 역시 또 다른 가능성을 제시한다. 뉴욕 할렘 호스피탈센터의 과일과 채소 처방 프로그램은 이런 점에서 매우 기대되는 변화의 조짐을 보여준다. 건강을 증진시키기 위해 과일과 채소를 처방하는 이 프로그램으로 환자들에게 헬스벅스Health Bucks를 제공하여 식료품 비용을 보전해준다. 그 결과, 환자들이 지역 농산물

시장에서 기본적인 식료품을 살 수 있는 구매력이 두 배로 늘어난다.[6]

다양한 조직 활동도 눈에 띈다. 폭탄 말고 음식Food Not Bombs은 기아에 대처하는 국제적인 무정부 풀뿌리 조직이다. 이 단체는 전 세계 노숙자들과 식량 불안정 주민들에게 (주로 식물 기반의) 먹을거리를 무료로 나눠준다.[7] 또 다른 단체인 식품권한강화프로젝트Food Empowerment Project는 비건들의 식품 정의 실현을 목표로 한다. 미국을 포함한 전 세계에서 비건 윤리에 맞고 환경적으로 무해하며 사회적으로 정의로운 식품 생산 관행과 정책의 실현을 위해 일하는 동시에 농장 노동자들의 권리와 건강한 식품에 대한 접근을 향상하고, (많은 목표들 가운데 특히) 초콜릿 산업 내의 노예 노동 근절을 위해 애쓰고 있다.[8]

애니멀플레이스, 피그피스생크추어리, 팜생크추어리와 같은 동물 피난처들도 방문객들을 교육하고 시설 내 거주 동물들에게 가치 있는 삶을 주기 위해 노력한다. 바인생크추어리 같은 시설에서는 피난처라는 환경 안에서 인간과 다른 동물들 사이에 작용하는 권력관계에 대한 발상을 전환함으로써 기존의 관계를 변화시키려는 노력이 진행 중이다. 해럴드 브라운과 그가 이끄는 팜카인드는 미국 농민과 농촌 사회의 생존 문제를 중점적으로 고민하고 축산업에 종사하던 농부가 다른 형태의 농업으로 전환을 희망하는 경우 도움을 주고 있다.

이처럼 이미 존재하는 체제 안팎에서 다른 종들과 관계를 맺는 지배적인 방식을 변화시키기 위해 많은 사람들이 애쓰고 있다. 동물, 식품 정의와 식량 주권, 식단의 탈식민지화를 위해 다종적이고 환경적으로 용인 가능한 방식으로 이 세상에 존재하려는 움직임이 지방, 지역, 국가, 국제적 차원에서 이루어진다. 이러한 노력들은 이미 진행 중이고, 여기에 동참함으로써 누구나 변화를 이룰 수 있다.

하지만 낙농산업 내의 동물의 삶을 연구하다 보니 폭력, 상품화, 돌봄, 지식의 생산에 대한 더 근본적인 의문을 갖게 되었다. 신체와 생명에 대해 폭력을 가하는 행위가 어떻게 규범화되고 일상화되며, 그러한 규범화와 일상화가 얼마나 깊이 자리 잡았기에 폭력을 폭력으로 보지 않는 것일까?

낙농산업의 경우 폭력이 규범화되는 데에는 경제·정치·사회적 요소들이 함께 작용한다. 소를 상품화하는 경제적 논리는 효율과 자본 축적에 우위를 둔다. 그 결과 암소, 송아지, 거세 수소, 수소에게 해롭지만 상품화에 필수적인 관행들(인공수정, 임신, 송아지와 암소의 분리, 집약적 착유, 도축)이 지닌 근본적인 폭력성을 은폐한다. 생명이 상품으로 개념화되면 생명의 본질을 제대로 알 수 없게 되어버린다. 무엇을 얼마나 효율적으로 생산할 수 있느냐로 그 상품을 이해하기 때문이다. 생명은 일종의 살아있는 자본이 된다. 상품화, 자본화된 생명에 대한 보살핌은 (아무리 정성을 쏟는다 해도, 앤설팜의 호머 웨스턴이 송아지들에 보여준 친절과 남다른 애정이 그랬던 것처럼) 결국 상품 생산의 효율성을 지향할 수밖에 없다. 사육 동물을 자산으로, 동물복지법의 테두리 안에서 최소한의 보호만을 받는 존재로 규정하는 법적 논리는 앞서 언급한 관행들을 합법화하고, 합법화된 관행들은 당연시되고 사회적으로도 용인된다.

광고와 업계의 담론은 낙농 소비에 당위성을 부여하는 유머와 서사를 통해 폭력적인 관행들을 규범화한다. 교육과 전통이라는 사회 제도는 사람들로 하여금 동물의 사육을 자연스러운 것으로 여기게 만들고, 축산업의 관행들을 가족 대대로 건전하게 농사짓던 시절에 대한 향수와 결부시킨다. 이것은 축산업이 동물에게 가하는 폭력을 자연스러운 것으로 여기게 만들 뿐 아니라 미국의 목장과 농장 경영의 기반이 된 식민지 정착민들의 폭력의 역사를 은폐한다.

이런 경제적·법적·사회적 논리 안에서만 상품화의 폭력성을 이해한다면, 다른 종들에 대한 지식과, 돌봄의 양식을 변화시킬 새로운 발상이 어떻게 가능하겠는가? 애니멀플레이스와 팜생크추어리에 대해 조사하고 수년간 피그피스와 일하면서, 그리고 최근에 바인생크추어리를 방문하고 나서, 나는 동물피난처라는 환경에서는 사육 동물에 대해 이해하고, 그들을 돌보고, 배려하는 대안적인 방식들이 가능하다는 점에 감명을 받았다. 동물을 상품화의 고리 밖으로 데리고 나오면 (그래서 동물이 더 이상 상품으로 개념화되지 않으면) 돌봄의 관계를 실현하는 사회적으로 용인되는 방식과, 다른 종과 개별 동물에 대한 지식을 창출하는 방식이 새로운 방향을 향하게 된다. 하지만 도널드슨과 킴리카는 동물피난처라는 공간 안에서조차 더 뚜렷한 목표를 지닌 공동체를 지향함으로써 서로 다른 종 간의 관계가 더욱 굳건하고 창조적으로 자라나는 미래를 꿈꾼다.[9]

인간 외 동물과의 만남에서 생겨나는 돌봄의 관계, 지식 창출에 대해 이제까지와는 다르게 생각할 수 있는 가능성이 열림으로써 우리는 더 다양한 문제에 대해 고민할 수 있다. 인간의 이익을 중심에 두지 않고 동물을 돌본다는 것은 어떤 의미인가? 돌봄의 개념을 새롭게 정립하고, 돌봄을 재평가하는, 세심하면서도 윤리적으로 더 나은 방식은 없을까? 다른 동물들의 거주 공간과 그들의 공동체를 주의 깊게 배려하는 노력을 통해 그들 하나하나의 내밀하고 체화된 생활세계를 존중하는 방법에 이를 수 있을까? 이런 질문의 근간에는 동물에 대한 폭력을 당연시하는 규범을 바로잡고 동물의 생명과 신체를 상품화의 굴레로부터 해방시키겠다는 근본적인 다짐이 자리 잡고 있다.

나는 폭력과 상업화로부터 가장 크게 고통받는 개개의 동물들, 1389번 귀 인식표를 단 암소, 생후 하루 만에 경매에 나와 따뜻한 보살핌을 갈구하던 송아지, 전기봉으로 고통당하던 수소, 경매장에서 강제로 분리된 송아지와 어미 소, 출산이 임박한 어린 암소, 그리고 세이디가 우리의 길잡이가 되길 바란다. 우리가 그들로부터 배우고 그들의 이야기로부터 인간과 동물의 관계에 대한 우리의 발상이 얼마나 급진적으로 달라질 수 있는지 깨닫길 바란다. 그 동물들이 우리를 행동으로 이끌어주길 바란다.

감사의 말

이 책을 쓰면서 진정한 협업을 경험했다. 인간 동료와 인간 외의 동료들과 실제로 함께 앉아 책을 쓰는 과정에서부터 수많은 대화를 나누고, 서로를 동료애로 보듬고, 많은 것을 가르쳐 준 스승들로부터 영감을 얻는 모든 과정이 그러했다.

연구 프로젝트를 처음 시작하면서, 나는 일반 대중에게 다가갈 수 있는 책을 쓰고 싶었다. 낙농산업에 대해 조사하면서 겪고 들었던 나의 이야기, 모두의 이야기를 하고 싶었다. 이 책을 출판한 시카고 대학 출판부, 특히 크리스티 헨리가 베풀어준 편집 가이드와 지원에 크게 감사드린다. 이 이야기가 세상에 전해져야 한다는 크리스티의 믿음과 침착하고 정리된 조언 덕분에 이 책이 나올 수 있었고, 이 책을 쓸 수 있었다. 편집(더그 밋첼, 카일 애덤 와그너, 이본 지프터)과 홍보(타일러 맥고이)에 참여한 수많은 사람들의 노고가 아니었다면 출판의 과정은 불가능했을 것이다.

관심과 시간을 들여 원고를 읽어 준 리뷰어들에게도 감사드린다.

그들 덕분에 이 책은 더 강력한 힘을 갖게 되었다. 티머시 패키릿은 원고를 완성해 가는 여러 단계에서 귀중하고 현실적인 피드백을 주었고, 그 결과 원래보다 훨씬 더 나은 책이 될 수 있었다. 야미니 나라야난이 이 책에 보여준 열정, 충고, 정성은 믿을 수 없을 정도로 의미 있는 도움이 되었다. 또 익명의 리뷰어들이 보내준 생산적인 비평 역시 나로 하여금 더 힘 있는 원고를 쓰게 했다. 이 책의 공식 리뷰어는 아니었지만 원고를 세심하고 주의 깊게 읽고 더 큰 효과를 얻을 수 있는 방법을 모색하는 데 관심을 기울여준 로건 올로클린에게도 매우 감사드린다.

이 책을 위해 익명으로 인터뷰에 응해준 동물피난처와 앤설팜 관계자들에게 크나큰 빚을 졌다. 모두 자신들의 지혜와 지식을 나누어 주고 이 프로젝트를 실현할 수 있게 도움을 주었다. 또한 마지 비치와 진 바워에게 풍부한 열정과 귀중한 시간을 할애하여 이 책과 관련해 이야기를 나누고, 일부 초기 원고를 읽어준 데 대해 특히 감사드린다. 주디 우즈는 지식과 통찰의 원천이었을 뿐 아니라 훌륭한 친구가 되었고, 이제는 내게 가족 같은 존재다.

원고를 수정하는 동안 시간과 공간을 제공해준 로리 그루언과 웨슬리언 애니멀 스터디, 특히 이 책을 위해 사려 깊은 대화를 나누고 책이 완성되기까지 따뜻한 우정을 베풀어준 로리 그루언에게 크게 감사드린다.

나는 수년간 훌륭한 학자, 활동가, 친구들을 비롯해 수많은 특별한 사람들과 함께 일하고 그들로부터 배우는 근사한 행운을 누렸다. 마이클 브라운, 마리아 엘레나 그라시아, 빅토리아 로손, 로즈메리-클레어 콜라드, 루시 자로스, 욜란다 발렌시아, 아니카 레드, 마지 라미레즈, 이에미 피달루, 후아와나 그랜트, 패트리스 존스, 캐롤 J. 애덤스, 로렌 오넬라스, 애니 듀어, 래리 노브, 프랜든 더먼, 데이비드 길스, 토니 햇치, 크리시카 스리니바산, 모니카 파리아스, 일레인 제시. 이들 각자는 나에게 급진적인 형태의 보살핌, 사랑, 그리고 정의 실현을 위한 헌신에 대해 너무나 많은 것을 가르쳐주었다.

또 나의 뛰어난 학생들에게도 감사드린다. 세라 올슨, 딜런 포레스트, 메건 존스, 케이티 바텔, 메이 호리우치, 태라 미트라, 헤일리 보스코 도일은 이후에도 나의 좋은 친구가 되어 내가 사고하는 데 도움을 주었다. 나는 언제나 이들로부터 배운다.

티시 로페즈는 지난 10년간 내게 말로 표현하기 어려울 정도로 한결같은 사랑과 동료애를 베풀어주었다. 그녀는 내가 가고 싶어 하지 않았던 수많은 곳에 나와 함께 가 주었다. 서로 멀리 떨어져 있을 때조차 우리는 매일매일 서로를 챙겼고 그녀의 진심어린 마음은 짙은 어둠 속에서도 나를 지탱해 주었다.

내 가족, 늘 사랑과 지지와 영감의 원천이자 내 책의 초안을 인내심과 통찰력을 가지고 읽어준 내 어머니 앤 프랭크스, 내게 읽는 법을 가르쳐주고 이 책의 형식과 기조를 확립하기 위해 지치지 않고 나와 함께 일해주고, 이 모든 과정을 즐길 수 있게 해주고, 농장과 경매장에 나와 함께 가준 내 아버지 피터 길레스피에게 감사드린다. 내 여동생 루시 길레스피와 루시 색스, 척 소이어에게도 그들의 지원과 애정과 사랑에 감사한다.

깊고 충만한 기쁨으로 내 삶에 들어와 준, 일부는 살아있고 일부는 세상을 떠난 동물 친구들에게도 감사한다. 조지, 샬롯, 에밀리, 제인, 애비게일과 에덴, 시얼샤, 루시, 어밀리아, 메이지와 몰리, 모두 완전히 새로운 방식으로 사랑하고 보살피는 법을 가르쳐 주었다.

내 파트너, 내 사랑, 내 최고의 친구 에릭 하버만은 나와 함께 이 책 속에서 매일매일을 살았다. 그의 변함없는 사랑, 인내, 물질적·정서적 지원, 유머가 있어서 나는 배우고 성장하고, 내가 살면서 가장 열정을 쏟아 부은 일을 실현할 수 있었다. 그는 내 인생 최고의 선물이다.

이 책의 페이지마다 깃들어 있는 동물과 그들의 영혼에, 나의 가장 위대한 스승인 그들에게 나는 늘 빚을 지고 있다. 그들의 생명, 노동, 고통, 슬픔, 죽음은 잊히지 않는다. 이 책의 페이지와 그 페이지로부터 생겨날 것들이 그들 이후에 올 이들의 고통을 덜어주기를 기원한다.

1. 세이디

1. 제프리 무사이프 메이슨Jeffery Mousaieff Masson,《달을 향해 노래한 돼지: 농장 동물의
   정서세계*The Pig Who Sang to the Moon: The Emotional World of Farm Animal*》, (New
   York: Ballantine Books, 2004),《접시 위의 얼굴: 음식에 관한 진실*The Face on Your
   Plate: The Truth about Food*》, (New York: W. W. Norton & Company, 2009;) 바버
   라 킹Barbara King《접시 위의 인격*The Personalities on the Plate*》, (Chicago: University of
   Chicago Press, 2017)

2. 마크 베코프Marc Bekoff 〈동물의 감정: 열정적 본성의 탐구Animal Emotions: Exploring
   Passionate Natures〉 (BioScience 50, no. 10 (2000): 867.)

3. 마크 베코프,《*The Emotional Lives of Animals*(번역서: 동물의 감정, 시그마북스,
   2008)》, Novato, CA: New World Library, 2007; 제인 구달Jane Goodall《곰베의 침팬
   지들*The Chimpanzees of Gombe*》, (Cambridge, MA: Belknap Press, 1986;) 바버라 킹,
   《동물들은 어떻게 슬퍼하는가*How Animals Grieve*》, (Chicago: University of Chicago
   Press, 2013),《접시 위의 인격》

4. 로리 그루언Lori Gruen은 이러한 능력을 일종의 "배려하는 지각caring perception"이라고
   부른다. 그루언은 서로에게 깊이 관여하는 공감의 관계가 어떻게 우리로 하여금 다른
   종의 개체들을 이해할 수 있게 도와주는지를 탐구한《관여하는 공감관계: 동물과의
   관계를 위한 대안적 윤리*Entangled Empathy: An alternative Ethic for Our Relationship with
   Animal*》, (New York: Lantern books, 2014)를 발표했다.

5. 뉴트리아는 남아메리카가 원산지인 반수생 설치동물이다. 큰 강쥐(river rat)나 비버
   를 닮았고 쥐의 꼬리와 유사한 꼬리가 있다. 남아메리카에서는 뉴트리아를 코이푸라
   고 부르는데 모피 무역상들에 의해서 북아메리카와 다른 지역에 전파되었다.

6. 마이클 퍼렌티Michael Parenti, 〈거짓말, 전쟁, 그리고 제국Lies, War and Empire〉 2007년 5월

12일, 워싱턴, 시애틀 안티오크 대학 강연, 1시간 28분 28초 길이의 동영상으로 2012 년 9월 9일 유튜브 게시, http://www.youtube.com/watch?v=Rt_iAXYBUSk

7. 존 더네어John Dunayer의 《동물평등: 언어와 해방*Animal Equality: Language and Liberation*》(Derwood, Md: Ryce Pblishing, 2001)과《종차별주의*Speciesism*》(Derwood, MD: Ryce Publishing, 2004)는 언어가 권력과 지배의 계층구조를 유지하기 위해 작용하는 방식을 이해하는데 중점을 둔 중요한 저서들이다.

8. 상품commodity에 관해 추가로 참고할만한 자료로는 카를 마르크스Karl Marx, 《자본론 *Capital*》(1867; 재판, Moscow: Progress Press, 1965); 데이비드 하비David Harvey, 《*A Companion to Marx's Capital*(번역서: 데이비드 하비의 맑스 자본강의, 창비, 2011)》(London: Verso, 2010), 아르준 아파두라이Arjun Appdurai의 《물건들의 사회생활*The social Life of Things*》(Cambridge: Cambridge University Press, 1986) 등이 있다.

9. 로즈메리-클레어 콜라드Rosemary-Claire Collard와 제시카 뎀프시Jessica Dempsey, 〈파는 생명? 살아있는 상품의 정치성Life for Sale? The Politics of Lively Commodities〉, (Environment and Planning A45 (2013): 2864.)

10. 유튜브 채널 RealCalifornialMilk (https://www.youtube.com/user/RealCaliforniaMilk) 참조. https://www.youtube.com/watch?v=VbNf8p63aVE에서도 "Alarm Clock"이라는 제목의 리얼 캘리포니아 밀크 캠페인을 볼 수 있다.

11. 이 같은 사례로는 멜라니 드퓌Melanie DuPuis의 《자연의 완벽한 식품*Nature's Perfect Food*》, (New York University Press, 2002); 데버라 발렌즈Deborah Valenze의《우유: 지역과 세계의 역사*Milk: A Local and Global History*》, (New Haven, CT: Yale University Press, 2011) 참조

12. 웬디 리캠워 매킨토시endy LiKamWa McIntosh, 에리카 스피즈Erica Spies, 데버라 M. 스톤 Deborah M. Stone, 콜비 N. 로키Colby N. Lokey, 에메-리카 T. 트루도Aimée-Rika T. Trudeau, 브래드 바샬러Brad Bartholow, 〈직업군에 따른 자살률Suicide Rates by Occupational Group - 17States, 2012〉, (Morbidity and Mortality Weekly Report, 65, no. 25 (2016): 641-45) https://www.cdc.gov/mmwr/volumes/65/wr/pdfs/mm6525.pdf

13. 로빈 R. 갠저트Robin R. Ganzert, 휴메인하트랜드TM 〈농장 동물복지 여론조사Humane HeartlandTM Farm Animal Welfare Survey〉 (Washington, DC: American Humane Association, 2013), https://www.americanhumane.org/app/uploads/2016/08/2014-humane-heartland-farm-survey.pdf

14. 제이슨 러스크Jason Lusk, F. 베일리 노우드F. Bailey Norwood, 로버트 W. 프리킷Robert W. Prickett, 〈농장 동물복지 소비자 선호도조사: 전국 전화설문조사 결과Consumer Preferences

344

for Farm Animal Welfare: Results of a Nationwide Telephone Survey〉 (조사 보고서, 오클라호마 주립 대학 농업경제학과Department of Agricultural Economics, Oklahoma State University, 2007), http://cratefreefuture.com/pdf/American%20Farm%20Bureau-Funded%20Poll.pdf.

15. 조너선 사프란 포어Jonathan Safra Foer, 《*Eating Animals*(번역서: 동물을 먹는다는 것에 대하여, 민음사, 2011)》(New York: Little, Brown and Company, 2009), 55-56

16. 밀크 트루스Milk Truth, 〈이제는 우유의 진실을 받아들일 때다It's Time to Get Real about Milk〉, 2015 우유가공업자 교육 프로그램Milk Processors Education Program, 2015, 접속날짜 2017년 2월 23일, http://milktruth.com/.

17. 매리언 네슬Marion Nestle, 《*Food Politics*(번역서: 식품정치, 고려대학교출판부, 2011)》(Berkelery: University of California Press, 2007), 41-42

18. 미국 농무부USDA, 〈MyPlate〉, 2017년 2월 23일 웹사이트 게시 정보 기준. http://www.choosemyplate.gov/

19. 밀크 트루스, 〈이제는 우유의 진실을 받아들일 때다〉 2015 우유 가공업자 교육 프로그램, 접속날짜 2017년 2월 23일 http://milktruth.com/.

20. 미국 농무부, 국가농업통계국National Agricultural Statistics Service, 〈주별 지역별 젖소와 우유 생산량 통계Data Set: Milk Cows and Production by State and Region〉, 미국 농무부: 경제연구국US Department of Agriculture: Economic Research Service, 최종 업데이트 날짜 2017년 5월 11일 http://www.ers.usda.gov./data-products/dairy-data/.

21. 미국 농무부 국가농업통계국, 〈가축 도살 통계, 이력Data set: Livestock and Poultry Slaguter, historical〉, 미국 농무부: 경제연구국, 최종 업데이트 날짜 2018년 1월 30일, https://www.ers.usda.gov/data-products/livestock-meat-domestic-data/. 이 통계는 농장에서 도축된 동물들은 포함하지 않으며 연방정부의 감찰을 받는 시설에서 행해진 도축만을 반영한다.

22. 데이비드 J. 울프슨David J. Wolfson, 〈법이 미치지 않는 영역: 농업관련 산업과 식품 및 식품 생산을 위해 사육 동물에게 자행되는 조직적인 학대Beyond the Law: Agribusiness and the Systemic Abuse of Animals Rasied for Food or Food Production〉, Lewis and Clark Animal Law Review 2 (1995-96): 4, 접속날짜 2014년 2월 17일, https://www.animallaw.info/articles/arus2animal1123.htm

23. 제임스 M. 맥도널드James M. MacDonald, 에릭 J. 오도너휴Erik J. O'Donoghue, 윌리엄 D. 맥브라이드William D. Mcbride, 리처드 F. 네링Richard F. Nehring, 카먼 L. 샌드레토Carmen L. Sandretto, 로버트 모세임Roberto Mosheim, 〈이윤, 비용과 변화하는 낙농업 구조Profits, Costs, and the Changing Structure of Dairy Farming〉, Economic Research Report, no. 47, September,

2007, https://www.ers.usda.gov/webdocs/publications/45868/11138_err47_1_.
pdf?v=41746, 2.

24. 미국 농무부, 미국 낙농산업 개요Overview of the United States Dairy Industry, 2010년 9
월 22일 국가농업통계국(NASS), 농업통계위원회Agricultural Statistics Board,
미국 농무부, http://usda.mannlib.cornell.edu/usda/current/USDairyIndus/
USDairyIndus-09-22-2010.pdf, 1.

25. 미국 농무부, 미국낙농산업 개요, 1.

26. 맥도널드 외, 〈이윤, 비용과 변화하는 낙농업 구조〉, 2

27. 미국 농무부, 미국낙농산업 개요 1.; 맥도널드 외, 이윤, 비용과 변화하는 낙농업 구조, 2

28. 식품 생산의 통합과 집약화 과정에 대해서는 윌리엄 크로논William Cronon의《자연의 메
트로폴리스Nature's Metropolis》(New York: W. W. Norton, 1991); 웬들 베리의《The
Unsettling of America(번역서: 소농, 문명의 뿌리-미국의 뿌리는 어떻게 뽑혔는가, 한
티재, 2016)》(Berkeley, CA: Sierra Club Books, 1997); 에릭 슐로서Eric Schlosser의《Fast
Food Nation(번역서: 패스트푸드의 제국, 에코리브르, 2001)》(Boston: Houghton
Mifflin, 2001); 토니 웨이스Tony Weis의《세계 식량경제The Global Food Economy》(New
York: Zed Books, 2007) 참조

29. 미국 농무부, 미국낙농산업 개요, 9.

30. 미국 농무부, 미국낙농산업 개요, 9.

31. 미국 농무부, 미국낙농산업 개요, 9.

32. 더 상세한 현장 조사 경과는 다음과 같다.

2012년 6월 워싱턴 소재 낙농장 방문, 대략 3시간가량 머물면서 오랜 기간 낙농업에
종사해 온 호머 웨스턴과 인터뷰, 농장 투어.

2013년 6월 캘리포니아 치코 소재 동물피난처 팜생크추어리에서 꼬박 하루 반(1박 2
일)을 머물면서 시설을 둘러보고, 동물들을 관찰하고 네 명의 직원들(두 명은 직접 동
물을 돌보는 관리 분야, 두 명은 교육 분야 직원)과 인터뷰. 각각의 인터뷰는 1시간에
서 2시간가량 소요.

팜생크추어리 방문 직후 캘리포니아 그래스밸리 소재 애니멀플레이스에 네 시간 동
안 교육책임자 인터뷰 및 내부 투어.

2012년 6월에서 12월 사이, 세 곳의 각기 다른 경매장(두 곳은 워싱턴 주, 한 곳은 캘
리포니아 주)에서 열리는 여덟 번의 경매 참관. 각 경매별로 두 시간에서 세 시간 동
안 참관(경매장 내부도 둘러봄).

2012년 10월 위스콘신 매디슨에서 열리는 세계낙농박람회 이틀 연속 방문.

2012년 8월부터 2013년 1월 사이 어린 시절 4-H 활동에 참여한 경험이 있는 성인들과 총 4회에 걸쳐 인터뷰. 각각의 인터뷰는 한 시간에서 두 시간 정도 소요.(인터뷰 대상은 나의 지인들이 4-H 활동을 했던 다른 사람들에게 나를 언급하는 방식의 스노우볼 샘플링 기법을 이용해 선정)

2012년 9월 워싱턴주 푸앨럽에서 열린 워싱턴주 박람회를 방문해 6시간동안 박람회장내를 돌아보고 특히 4-H 낙농행사와 동물 분야를 중점적으로 살핌. 인쇄물과 웹페이지 형태의 자료에 관한 텍스트 및 담론 분석은 2011년 9월부터 2013년 8월에 걸쳐 진행.

33. 도나 해러웨이Donna Haraway, 〈상황적 지식: 여성주의 안의 과학 문제와 편파적 시각의 특권Situated Knowledges: The Science Question in Feminism and the Privilege of Partial Perspective〉, Feminist Studies 14, no.3 (1988): 577-99

34. 로리 그루언《관여하는 공감관계》(New York: Lantern Books, 2014); 캐스린 길레스피, 〈친밀성, 동물 감정, 그리고 공감: 느린 연구로서의 다종 친밀성Intimacy, Animal Emotion, and Empathy: Multispecies Intimacy as Slow Research Practice〉,《여성주의 지리학에 친밀성을 적어 넣기Writing Intimacy into Feminist Geography》에 수록, 파멜라 모스, 코트니 도노반Pamela Moss and Courtney Donovan 편집 (London: Routledge, 2017), 〈타자로서의 동물을 목격하기: 증언하기와 슬픔, 감정의 정치적 기능Witnessing Animal Others: Bearing Witness, Grief, and the Political Function of Emotion〉 Hypatia 31, no.3 (2016): 572-88.

2. 연구의 정치성

1. 미국 식품의약청Food and Drug Administration(FDA), 2011년 식품 생산 동물에 사용하기 위해 판매 또는 유통된 항생제 요약 보고서2011 Summary Report on Antimicrobials Sold for Distributed for Use in Food-Producing Animals, FDA, 미국 보건복지부Department of Health and Human Services, 2014년 9월, http://www.fda.gov/downloads/ForIndustry/UserFees/AnimalDrugUserFeeActADUFA/UCM338170.pdf

2. 미국질병통제예방센터Center for Disease Control and Prevention(CDC), 2013년 미국 내 항생제 내성 위험성Antibiotic Resistance Threats in the United States, 2013, 보건복지부 CDC,

2013, 접속 날짜 2015년 3월 18일 http://www.cdc.gov/drugresistance/pdf/ar-threats-2013-508.pdf

3. 업계에서 말하는 주저앉는 소(downer)는 보행능력을 상실하여 혼자 움직일 수 없게 된 소를 말한다. 예를 들어 1389번 귀 인식표를 단 소도 여기에 해당한다고 볼 수 있지만 당시 경매장에 설치된 안내판에는 걷지 못하는 소들을 경매에 내보내지 않는다고 명시하고 있었다.

4. 윌 포터Will Potter, 〈최초의 애그-개그 법이 적용된 기소 사건First-'AG-GAG' Prosecution〉 Green Is the New Red(블로그), 2013년 4월 29일. http//www.greenisthenewred.com/blog/first-ag-gag-arrest-utah-amy-meyer/6948/.

5. 미국 인도주의협회Humane Society of the United States, 〈악명 높은 홀마트미트컴퍼니의 소유주들이 인도주의협회가 폭로한 도축장 동물학대 사건으로 30만 달러를 물다Owners of Infamous Hallmark Meat Company Pay $300,000 in HSUS Slaughterhouse Cruelty Case〉 2012년 11월 16일자 보도자료, http://www.humanesociety.org/news/press_releases/2012/11/hallmark-meat-company-settlement-111612.html

6. 윌 포터가 유튜브에 게시한 〈도로에서 촬영한 이 도축장 동영상이 최초의 애그-개그 기소 사례였다Filming This Slaughterhouse from the Street was the First 'Ag-Gag' Prosecution〉 참조. 에이미 마이어가 2013년 촬영한 9분 37초 길이의 동영상을 2013년 6월 24일 유튜브에 올렸다. http://www.youtube.com/watch?feature=player_embedded&v=9HIsASEIWkQ

7. 동물의 소유주들과 그들이 소유한 동물들에 대한 법률적 보호를 제공하고 반드시 경찰관만이 동물에 대한 잔혹행위 고발 사건을 조사할 수 있도록 보장하는 법 (An Act) Providing Legal Protection to Animal Owners and Their Animals and to Ensure That Only Law Enforcement Agencies Investigate Charges of Animal Cruelty, AR SB 13, (2013년 4월 12일 통과), http://legiscan.com/AR/text/SB13/2013

8. 아이오와 주 하원 문서 번호 589: 농업 행위와 관련한 위법 행위에 대해 형을 규정하고 효력 발생일을 포함한 법Iowa House File 589: An Act Relating to an Offense Involving Agricultural Operations, and Providing Penalties, and Including Effective Date Provision, HF589(2012년 3월 2일 통과), http://coolice.legis.iowa.gov/Cool-ICE/default.asp?Category=billinfo&Service=Billbook&menu=false&ga=84&hbill=HF589

9. 상원법안631: 동물과 농업에 관한 수정조항SB631: Modified Provisions Relting to Animals and Agriculture, SB631(2012년 7월 9일 통과), http://www.senate.mo.gov/12info/BTS_Web/Bill.aspx?SessionType=R&BillID=92863

10. 농업활동 방해, 하원법안 187Agricultural Operation Interference, HB 187, 2012, http://le.utah. gov/-2012/bills/hbillint/hb0187.htm

11. 포터, 〈최초의 애그-개그 기소 사례〉

12. 윌 포터,《초록은 새로운 빨강Green Is the New Red》(San Francisco: City Lights, 2011)

13. 윌 포터, 〈녹색공포The Green Scare〉Vermont Law Review 33, no.4 (2009): 072-73.

14. 연방수사국Federal Bureau of Investigations, 〈일반적인 기능General Functions〉28 C.F.R. sec. 0.85, July 1, 2010, https://www.gpo.gov/fdsys/pkg/CFR-2010-title28-vol1/pdf/ CFR-2010-title28-vol1-sec0-85.pdf

15. 미국 반 테러법USA PATRIOT Act, Pub. L. No. 107-56, sec.802 (2001), http:// www.gpo.gov/fdsys/pkg/PLAW-107pub156/pdf/PLAW-107pub156.pdf

16. 제롬 P. 비엘로페라Jerome P. Bjelopera, 〈국내 테러 위협: 배경과 이슈에 대한 의회보고 The Domestic Terrorist Threat: Background and Issues for Congress〉, 의회조사국Congressional Research Service, 의회조사국 대 의회 보고CRS Report to Congress, January 17, 2003, http://fas. org/sgp/crs/terror/R42536.pdf

17. AETA와 애그-개그 법 안에서 이야기하는 "테러리즘"을 구성하는 요건들에 관해 다 수의 흥미로운 의문점들이 있다. 〈나무가 쓰러지면: 지구해방전선이야기If a Tree Falls: A Story of the Earth Liberation Front〉(감독: 마샬 커리Marshall Curry, 샘 컬먼Sam Cullman, [Brookly, NY: Oscilloscope Picures, 2011], DVD)은 시사점이 많은 다큐멘터리 영화로 이러 한 의문점들을 다루고 있다. 영화는 미국 태평양 연안 북서부 지역에서 지구해방전선 (Earth Liberation Front) 구성원들이 저지른 일련의 방화 사건을 추적한다. 문제를 다각도에서 탐구하면서, 지구해방전선이라는 조직의 과거 활동가들, 지역 주민들, 치 안 당국, 조직의 직접 공격 대상이었던 업계 배후의 사람들과의 인터뷰도 실었다.

18. 페어오크스 농장이나 농장 견학에 관한 정보는 웹사이트 http://fofarms.com/, 얀 두 트키예비치Jan Dutkiewicz, 〈투명성과 공장식 농장: 페어오크스 농장의 농장견학과 시 민으로부터의 역행Transparency and the Factory Farm: Agritourism and Counter-Activism at Fair Oaks Farms〉, 티머시 패키릿, 〈이제 우리는 모두 팔라리스인가Are We All Phalaris Now? 우리 시대 의 쾌락, 고통, 보이(지 않)는 고통Pleasure, Pain, and (In)visible Suffering in Our Modern Times〉(미 출간 원고) 참조.

19. 예를 들어, 워싱턴주 법은 다음과 같이 명시한다.

(1) 다음의 행위는 동물에 대한 1급 학대행위에 해당한다. 법에서 정하는 바 이외에 의도적으로 불필요한 괴로움을 야기하는 방식으로 (a) 동물에게 실질적인 고통을 가 하거나, (b) 물리적 해를 입히거나, (c) 동물을 죽이는 행위, 또는 미성년자로 하여금

동물에게 불필요한 고통을 가하거나, 해를 입히거나 죽이도록 강요하는 행위.

(2) 다음의 행위는 동물에 대한 1급 학대행위에 해당한다. 법에서 정하는 바 이외에, 형법상 과실로, 동물을 굶기거나, 탈수 또는 질식에 이르게 하여 그 결과 (a) 심각한 괴로움을 야기하기 충분한 기간 동안 지속되는 실질적이고 정당화할 수 없는 물리적 고통이나 (b) 죽음을 야기하는 행위.

Washington State Legislature, RCW 16.52.205, 2010, http://apps.leg.wa.gov/RCW/default.aspx?cite=16.52.205

20. 데이비드 올프슨David J. Wolfson, 메리언 설리번Mariann Sullivan, 〈닭장 속의 여우들: 동물, 농업, 법: 현대 미국의 우화Foxes in the Hen House: Animals, Agribusiness, and the Law: A Modern American Fable〉, 《동물권리: 현안 토의와 새로운 방향Animal Rights: Current Debates and New Directions》에 수록, 캐스 R. 선스타인, 마사 누스바움Cass R. Sunstein and Martha Nussbaum (Oxford: Oxford University Press, 2005), 209.

21. 올프슨, 설리번, 〈닭장 속의 여우들〉 210.

22. 에릭 마커스Erik Marcus, 《고기시장: 동물, 윤리, 그리고 돈Meat Market: Animals, Ethics and Money》 (Ithaca, NY: Brio Press, 2005), 57.

23. 올프슨, 설리번, 〈닭장 속의 여우들〉 206.

24. 워싱턴주 입법부Washington State Legilature, 〈장에서 제외되는 것들Exclusions from Chapter〉, RCW 16.52.185, 2010, http://apps.leg.wa.gov/RCW/default.aspx?cite=16.52.185

25. 윌 킴리카Will Kymlicka, 수 도널드슨Sue Donaldson, 〈동물보호, 다문화주의, 좌파Animal Right, Multiculturalism, and the Left〉, Journal of Social Philosophy 45, no. 1 (2014): 116-35, esp. 126, 132.

26. 클레어 진 킴Claire Jean Kim 《위험한 만남: 다문화 시대의 인종, 종, 자연Dangerous Crossing: Race, Species, and Nature in a Multicultural Age》 (Cambridge: Cambridge University Press, 2015) 참조

27. 소피 윌리엄스Sophie Williams, 〈아니, 위린 개고기 축제는 취소되지 않았다-개고기 축제가 절대로 없어지지 않는 이유No, the Yulin Dog Meat Festival Has Not Been Cancelled-Here's Why It Will Nevre Go Away〉, Independent, June 21, 2017, http://independent.co.uk/voices/yulin-dog-meat-festival-china-animal-rights-chinese-culture-western-interference-a7800416.html; 국제인도주의협회Humane Society International, "위린 개고기 '축제' 멈추기Ending the Yulin Dog Meat 'Festival'", 2018년 2월 18일 접속, http://www.hsi.org/issues/dog-meat/facts/stopping-yulin-festival.html.

28. 킴리카, 도널드슨, 〈동물보호, 다문화주의, 좌파〉, 122; 마니샤 데카Maneesha Deckha, 〈동물 정의, 문화 정의: 동물의 문화적 권리에 대한 탈인간 중심주적 대응Animal Justice, Cultural Justice: A Posthumanist Response to Cultural Rights in Animals〉, Journal of Animal Law and Ethics 2(2007): 189-229.

29. 마니샤 데카, 〈탈인간 중심적 법학의 시작: 자산 패러다임 하에서 법과 동물의 취약성Initiating a Non-anthropocentric Jurisprudence: The Rule of Law and Animal Vulnerability under a Property Paradigm〉, Alberta Law Review 50, no. 4(2013): 783-814

3. 돈 냄새

1. 앤설팜, 호머 웨스턴은 모두 가명이다.

2. 거세집게(burdizzo)는 원래 사육되는 동물의 거세에 사용되는 집게모양의 도구다. 집게 부위를 이용해 고환으로 통하는 혈관을 고정한 후 압착해 혈액의 흐름을 차단하면, 고환이 점차 축소되고 결국 사라진다. 같은 도구를 별다른 사전처치 없이 꼬리 자르기에 사용하기도 한다.

3. 동물복지분과Animal Welfare Division, 〈소의 꼬리 절단이 동물복지에 대해 갖는 함의: 문헌검토Welfare Implications of Tail Docking of Cattle: Literature Review〉, 미국수의사협회American Veterinarian Medical Association, Agust 29, 2014, http://www.avma.org/KB/Resources/LiteratureReviews/Pages/Welfare-Implications-of-Tail-Docking-of-Cattle.aspx

4. S. D. 아이커Eicher, H. W. 쳉Cheng, A. D. 소렐스Sorells, and M. M. 슈츠Schutz, 〈단보: 꼬리 절단에 따른 만성적 통증 민감도에 대한 행동지표와 생리학적 지표: Short Communication: Behavioral and Physiological Indicators of Sensitivity of Chronic Pain Following Tail Docking〉, Journal of Dairy Science 89, no. 8 (2006): 2047-51

5. 캐나다 수의사협회Canadian Veterinary Medical Association, 〈젖소의 꼬리 절단에 대한 입장 성명서Tail Docking of Dairy Cattle - Position Statement〉, October 12, 2016, http://www.canadianveterinarians.net/docnuments/tail-docking-of-dairy-cattle

6. 〈소의 꼬리 절단Tail Docking of Cattle〉, 미국 수의사협회의 방침, August 29, 2014, https://www.avma.org/KB/Policies/Pages/Tail-Docking-of-Cattle.aspx

7. 어미 소와 송아지의 분리가 미치는 영향에 대해서는 프랜시스 C. 플라워Frances C.

Flower, 대니얼 M. 웨어리Daniel M. Weary, 〈젖소와 송아지의 조기 분리가 미치는 영향 Effects of Early Separation on the Dairy Cow and Calf〉, Applied Animal Behaviour Science 70, no. 40 (2001): 275-84 참조

8. 낙농업 2014: 2014년 미국 젖소 관리실태Dairy 2014: Dairy Cattle Management Practices in the United States, 2014, USDA, Animal and Plant Health Inspection Service, Report 1, February 2016, http://www.aphis.usda.gov/animal_health/nahms/dairy/downloads/dairy14_dr_PartI.pdf

9. 퍼듀대학 농학대학원Purdue University School of Agriculture, 〈낙농업: 질병Dairy Production: Diseases〉, Ag 101 (Washington, DC: Environmental Protection Agency, 2002), http://www.epa.gov/sites/production/files/2015-07/documents/ag_101_agriculture_us-epa_o.pdf

10. 멜 드자넷Mel Dejarnette, 레이 네벨Ray Nebel, 소의 인공수정 기법A. I. Technique in Cattle (Plain City, OH: Select Sires, 2012), 2014년 12월 4일에 접속, http://www.selectsires.com/resources/fertilitydocs/ai_technique_cattle.pdf

11. 짐 폴슨Jim Paulson 외, 〈낙농업에 대해 배우기Learning about Dairy〉, Regents of the University of Minnesota, University of Minnesota Extension, Rev. November 2015, https://cde.ffa.umn.edu/sites/cde.ffa.umn.edu/files/learning_about_dairy_booklet-_dairy_reference.pdf

12. 폴슨 외, 〈낙농업에 대해 배우기〉

13. 폴슨 외, 〈낙농업에 대해 배우기〉

14. 동물복지분과, 〈소의 제각이 동물복지에 대해 갖는 함의: 문헌검토Welfare Implications of Dehorning and Disbudding Cattle: Literature Review〉 미국수의사협회, July 15, 2014, https://www.avma.org/KB/Resources/LiteratureReviews/Pages/Welfare-Implications-of-Dehorning-and-Disbudding-Cattle.aspx

15. 프레드 M. 홉킨스Fred M. Hopkins, 제임스 B. 닐James B. Neel, F. 데이비드 커크패트릭 F. David Kirkpatrick, 송아지의 제각Dehorning Calves, 테네시 대학 농촌지도서비스University of Tennessee, Agricultural Extension Service, 2015년 8월 5일 접속, http://utextension.tennessee.edu/publications/documents/pb1684.pdf

16. 동물복지분과, 〈소의 제각이 동물복지에 대해 갖는 함의: 문헌검토Welfare Implications of Dehorning and Disbudding Cattle〉

17. 사육 동물들이 옥수수 사료로 전환하게 된 변화에 대한 논의는 마이클 폴란Michael Pollan의 《Omnivore's Dilemma(번역서 잡식동물의 딜레마, 다른 세상, 2018)》 (New

352

York: Penguin Books, 2007) 참조

18. 루이스 홀러웨이Lewis Holloway, 크리스토퍼 베어Christopher Bear, 〈낙농 기술 역사 안에서의 소와 인간의 변천사: 로봇 착유시스템과 동물과 인간 주체성의 재구성Bovine and Human Becomings in Histories of Dairy Technologies: Robotic Milking Systems and Remaking Animal and Human Subjectivity〉, BJHS Themes 2 (2017): 215-34; 루이스 홀러웨이Lewis Holloway, 크리스토퍼 베어Christopher Bear, 케이티 윌킨슨Katy Wilkinson, 〈다시 붙잡힌 소의 삶Re-Capturing Bovine Life: 낙농업에서 로봇-소의 관계, 자유, 제어Robot-Cow Relationships, Freedom and Control in Dairy Farming〉, Journal of Rural Studies 33, no. 1 (2014): 131-40

19. 켈시 지Kelsey Gee, 〈미국 낙농업자들 4천3백만 갤런의 우유 잉여분을 폐기하다America's Dairy Farmers Dump 43Million Gallons of Excess Milk〉, Wall Street Journal, October 12, 2016. http://www.wsj.com/articles/americas-dairy-farmers-dump-43-million-gallons-of-excess-milk-1476284353

20. 헤더 하든Heather Haddon, 〈우유 있냐고? 농부들은 너무 많아서 고민Got Milk? Too Much of It, Say U.S. Dairy Farmers〉, MarketWatch, May 21, 2017, https://www.marketwatch.com/story/got-milk-too-much-of-it-say-us-dairy-farmers-2017-05-21

21. 지, 〈미국 낙농업자들〉

22. 지, 〈미국 낙농업자들〉; 하든, 〈우유 있냐고?〉

23. 드루 앳킨스Drew Atkins, 〈분변에 의한 공공용수의 오염Fecal Matter Pollution in Public Water〉, Crosscut, November 4, 2015, http://crosscut.com/2015/11/fecal-matter-pollution-in-drinking-water-the-case-of-snydar-farm/

24. 엘리자베스 존슨Elizabeth Johnson, 〈해파리 통제하기: 인류세 시대 지구 '생명'의 생태안보Governing Jellyfish: Eco-Security and Planetary 'Life' in the anthropocene〉, 《Animals, Biopolitics, Law: Lively Legalities, ed. Irus Braverman》에 수록. (London: Routledge, 2016)

25. 여성주의 입장의 비판적 학제간동물연구학자들은 오랫동안 동물에 대한 젠더 편향적 상업화와 폭력의 효과 특히 동물의 암컷이 상품생산 현장에서 생산(및 생식) 능력을 일방적으로 착취당하는 현상에 대해 주목해왔다. 사례로는 캐럴 J. 애덤스Carol J. Adams 의 《The Sexual Politics of Meat(번역서: 육식의 성정치, 이매진, 2018)》 (New York: Continuum, 1990); 로리 그루언, 〈파괴적인 억압Dismantling Oppression〉, 《Ecofeminism》 수록, Greta Gaard 엮음 (Philadelphia: Temple University Press, 1993); 캐럴 J. 애덤스, 조세핀 도노반Josephine Donovan 엮음《동물과 여성Animal and Women》 (Durham, NC: Duke University Press, 1995) 등이 있다.

26. 닭장의 크기에 대해서는 〈달걀생산자연합: 2016 달걀생산자연합 산란 종 연간 생

산경영 지침United Egg Producers, United Egg Producers Annual Husbandry Guidelines for US Egg Laying Flocks: 2016 Edition〉(Alpharetta, GA: United Egg Producers, 2010), http://uepcertified. com/wp-content/uploads/2015/08/UEP-Animal-Welfare-Guidelines-20141.pdf 부리자르기에 대해서는 헹 웨이 챙Heng-Wei-Cheng, 산란계의 유전적 선택과 복지, 산란계 복지 현황 자료, 미국 농무부 가축행동연구분과Genetic Selection and Welfare in Laying Hens, Laying Hen Welfare Fact Sheet, USDA Livestock Behavior Research Unit, Summer 2011, 참조 http://www.ars.usda.gov/SP2UserFiles/Place/36022000/ Genetic%20Selection%20Fact%20Sheet.pdf

27. 스티븐 와이즈Steven Wise, 《미국 3부작: 케이프 피어 강둑에서의 죽음, 노예, 지배 *An American Trilogy: Death, Slavery and Dominion on (the Banks of) the Cape Fear River*》 (Philadelphia: Da Capo Press, 2009)

28. 마리아 엘레나 가르시아Maria Elena García, 〈슈퍼 기니피그Super Ginea Pigs〉, Anthropology Now 2, no. 2 (2010): 22-32, 〈정복의 맛: 식민지, 세계정치, 페루의 식도락 붐의 어두운 면The Taste of Conquest: Colonialism, Cosmopolitics, and the Dark Side of Peru's Gastronomic Boom〉, Journal of Latin American and Caribbean Anthropology 18 no.3: 505-24

4. 사고 팔리는 생명

1. E. M. C. 테를라우Terlouw, C. 아놀드C. Arnould, B. 오페랭Auperin, C. 베리Berri, E. 르 비앙-뒤발Le Bihan-duval, V. 다이스Deiss, F. 르페브르Lefèvre, B. J. 렌싱크Lensink, and L. 무니에Mounier, 〈도살 전 환경, 동물의 스트레스와 복지: 현 상황과 미래 연구 전망Pre-slaughter Condition, Animal Stress and Welfare: Current Status and Possible Future Research〉, Animal 2, no. 10 (2008): 1501-17

2. 캐스린 길레스피Kathryn Gillespie, 〈인간 외 동물 저항과 생명 자산화의 부당성Nonhuman animal Resistance and the Improprieties of Live Property〉, 《동물, 생명정치, 법: 생명의 적법성 *Animal, Biopolitics, Law: Lively Legalities*》에 수록, 엮은이 이루스 브레이버만Irus Braverman (London: Rouitledge, 2016)

3. 동물복지분과Animal Welfare Division, 〈동물복지 차원에서 낙인의 함의와 대안들: 문서 검토Welfare Implications of hot-Iron Branding and Its Alternatives: Literature Review〉, 미국수의사협회 American Veterinary Medical Association, April 4, 2011, http://www.avma.org/KB/Resources/

LiteratureReviews/Pages/Welfare-Implications-of-Hot-Iron-Branding-and-Its-Alternatives.aspx

4. 랠프 캐새디Ralph Cassady,《경매와 경매 거래Auctions and Auctioneering》(Berkeley: University of California Press, 1967)

5. 캐새디,《경매와 경매 거래》

6. 로즈메리-클레어 콜라드는 자신의 책《동물매매Animal Traffic(Durham, NC: Duke University Press, 출간 예정)》에서 전 세계 희귀 애완동물 거래 시장에서 상품화되기 위해 자유롭게 살아가는 동물들을 야생 거주지로부터 포획하는 과정에서 동물들을 가족으로부터 억지로 떼어놓는 실태를 자세히 묘사하고 있다. 한 예로, 아기 거미원숭이를 포획하기 위해 어른 거미원숭이를 총으로 쏘아 나무에서 떨어뜨리고 어른 원숭이의 사체에 매달려있는 어린 원숭이를 떼어놓는 과정이 담겨있다. 또 어린 금강앵무새를 숲속 가장 높은 나무의 둥지에서 포획하는 사례도 있다. 이처럼 동물들을 가족으로부터 떼어놓는 행위는 야생동물과 가축화된 동물 모두를 대상으로 이루어지기 때문에 깊이 우려된다.

5. 1389번 귀 인식표를 단 암소

1. 패트리샤 J. 로페즈Patricia J. Lopez, 캐스린 길레스피, 〈어떤 사랑 이야기: 학계에서의 '버디시스템'을 위해A Love Story: For 'Buddy System' Research in the Academy〉, Gender, Place, and Culture 23, no. 12 (2016): 1689-1700.

2. 캐스린 길레스피, 〈타자로서의 동물을 목격하기: 증언하기와 슬픔, 감정의 정치적 기능〉 Hypatia 31, no. 3 (2016): 572-88.

3. 레오나르도 노니 코스타Leonardo Nonni Costa, 〈단기스트레스: 운송과 도축의 사례Short-term Stress: The Case of Transport and Slaughter〉, Intalian Journal of Animal Science 8 no.1 (2009): 241-52; E. M. C. 테를라우, C. 아르누, B. 오페랭, C. 베리, E. 르 비앙-뒤발, V. 다이스, F. 르페브르, B. J. 렌싱크Lensink, L. 무니에, 〈도살 전 환경, 동물의 스트레스와 복지: 현 상황과 미래 연구 전망〉 Animal 2, no. 10 (2008): 1501-17

4. P.M. 시홈Sihom, 〈호주에서 이집트로 운송되는 가축의 복지Welfare of Cattle Transported from Australia to Egypt〉, Australian Veterinary Journal 81 (2003): 364; N.G. Gregory, 〈시장 및

운송과 도축 과정에서의 동물복지Animal Welfare at Markets and during Transport and Slaughter〉, Meat Science 80, no. 1(2008): 2-11.

5. 테를라우 외,《도축 전 조건, 동물의 스트레스와 복지》

6. 루신다 홀트Lucinda Holt, 〈가축 운송트레일러 사고로 운전자는 부상을 입고 동물 수십 마리가 죽거나 다쳤다Cattle Trailer Collision with Tractor-Trailer Injures Driver; Dozens of animals Dead or Hurt〉, Lubbock Avalanche Journal, November 3, 2016, http://lubbockonline.com/filed-online/2016-11-03/cattle-trailer-collision-tractor-trailer-injures-driver-dozens-animals-dead

7. 로렌 오닐Lauren O'Neil, 〈고속도로 트럭 충돌사고로 오하이오에 새끼 돼지 수천 마리가 배회하다Thousands of Piglets Run Free in Ohio after Truck Crashes on Highway〉, CBC News June 9, 2015, http://www.cbc.ca/news/trending/thousands-of-piglets-run-free-in-ohio-after-truck-crashes-on-highway-1.3106641

8. 스티브 스트리플러,《닭고기: 미국이 가장 사랑하는 음식의 위험한 변신》(New Haven, CT: Yale University Press, 2005)

9. 티머시 패키릿,《12초마다 한 마리씩: 도축과 시각의 정치성 *Every Twice Seconds: Industrialized Slaughter and the Politics of Sight* (번역서: 육식제국, 애플북스, 2016)》(New Haven, CT: Yale University Press, 2011)

10. 템플 그랜딘Temple Grandin,《동물들이 우리를 인간으로 만든다: 동물들에게 최상의 삶을 만들어주는 것 *Animals Make Us Human: Creating the Best Life for Animals*》(New York: Mariner Books, 2010)

11. 패키릿,《12초마다 한 마리씩》, 9장

12. 패키릿,《12초마다 한 마리씩》, 253

13. 미국 노동통계청 〈연평균 가계동향자료Household Data Annual Averages〉, 접속날짜: 2016년 1월 7일, http://www.bls.gov/cps/cpsaat11.pdf

14. 이동식 도축시설, 접속날짜 2017년 1월 6일, http://mobileslaughter.com/

15. 재레드 다이아몬드Jared Diamond,《총,균,쇠Guns, Germs, and Steel (문학사상, 2017)》(New York: WW. Norton & Company, 1999)

16. 인명과 회사명은 모두 가명이다.

17. 데이브는 가명이다.

18. 달링인터내셔널에 관한 정보는 웹사이트 https://www.darlingii.com/에서 얻을 수 있다.

19. 커트는 가명이다.

20. 렌더링을 문화정치적으로 훌륭하게 분석한 자료로 니콜 슈킨Nicole Shukin의 《동물자본: 생명정치의 시대에 생명을 렌더링하기*Animal Capital: Rendering Life in Biopolitical Times*》(Minneappolis: University of Minnesota Press, 2009) 참조

21. 미국 렌더링산업협회National Renderers Association, 〈렌더링은 자원재활용이다Rendering Is Recycling〉, 접속날짜: 2015년 6월 23일 https://d10k7k7mywg42z.cloudfront.net/assets/53e623d14f720a3623000255/NRAinfographic_ONE_PAGE_web_01.jpg

22. 데이비드 L. 미커David L. Meeker, C.R. 해밀턴C.R.Hamilton, 〈렌더링 산업 개관An Overview of the Rendering Industry〉, 미국 렌더링산업협회, 접속날짜: 2018년 1월 31일http://assets.nationalrenderers.org/essential_rendering_overview.pdf

23. 미국 렌더링산업협회, 〈렌더링은 자원재활용이다〉

24. 미커, 해밀턴, 〈렌더링 산업 개관〉, 3.

25. 이 문단에 제시된 정보는 미커와 해밀턴, 〈렌더링 산업개관〉을 기초로 한 것임.

26. 미커, 해밀턴, 〈렌더링 산업개관〉

6. 동물피난처

1. 라이언은 가명이다.

2. 수 도널드슨, 윌 킴리카Sue Donaldson and Will Kymlicka, 〈농장 동물들의 피난처: 활동의 중심? 사회정치적 시각Farmed Animal Sanctuary: The Heart of the Movement? A Socio-political Perspective〉, Politics and Animals 1 (2015): 54

3. 일런 애브럴Elan Abrell, 〈동물 구하기: 미국 동물피난처 운동이 일상적으로 행하는 돌봄과 구조Animal Saving: Everyday Practice of Care and Rescue in the US Animal Sanctuary Movement〉, (PhD diss., City University of New York, 2016)

4. 《동물 착취에 맞서기: 해방과 비건주의에 대한 풀뿌리 에세이*Confronting Animal Exploitation: Grassroots Essays on Liberation and Veganism*》, ed. K. Socha and S. Blum (Jefferson, NC: McFarland, 2013) 중에서 패트리스 존스Pattrice Jones, 〈후기: 플라워 파워Afterword: Flower Power〉,; 놈 펠프스Norm Phelps, 《게임 바꾸기: 동물해방 투쟁이 왜 힘들

고, 이기기 위해서는 어떻게 해야 하는가*Changing the Game: Why the Battle for Animal Liberation Is So Hard and How We Can Win It*》 (New York: Lanter, 2015); 도널드슨, 킴리카, 〈사육 동물들의 피난처 Farmed Animal Sanctuaries〉

5. 앤은 가명이다.

6. 미국 농무부, 〈우유 생산 Milk Production〉, 미국 농무부 국가 농업통계청 USDA National Agricultural Statistics Service, 2017년 2월 21일 발행, http://usda.mannlib.cornell.edu/usda/nass/MilkProd//2010s/2017/MilkProd-02-21-2017.pdf, (2018년 12월 기준, https://downloads.usda.library.cornell.edu/usda-esmis/files/h989r321c/5h73px17j/gf06g400f/MilkProd-02-21-2017.pdf 로 이동), 9

7. 미국 농무부, 〈1931년 12월 1일 우유 생산〉, 미국 농무부 농업경제국, 1931년 12월 18일, http://usda.mannlib.cornell.edu/usda.nass/MilkProd//1930s/1931/MilkProd-12-18-1931.pdf(2018년 12월 기준 https://downloads.usda.library.cornell.edu/usda-esmis/files/h989r321c/k643b236b/44558f74g/MilkProd-12-18-1931.pdf), 21; 미국 농무부, "우유 생산," 2017년 2월 21일 발행, 1

8. 도널드슨, 킴리카, 〈사육 동물들의 피난처〉

9. 도널드슨, 킴리카, 〈사육 동물들의 피난처〉 57

10. 도널드슨, 킴리카, 〈사육 동물들의 피난처〉 57

11. 패트리스 존스, 《교차로의 황소들: 충돌*The Oxen at the Intersection: A Collision*》 (New York: Lantern Books, 2014), 73

12. 일런 애브럴, 〈동물 구하기〉, vii.

13. 줄리는 가명이다.

14. 수나우라 테일러 Sunaura Taylor, 《짐을 진 짐승들: 동물과 장애 해방*Beasts of Burden: Animal and Disability Liberation*》 (New York: New Press, 2017)

15. 엘리 클레어 Eli Clare, 《멋진 불완전: 치유와의 투쟁*Brilliant Imperfection: Grappling with Cure*》 (durham, NC: Duke University Press, 2017). 26

16. 피난처의 번식 억제에 관한 더 확장된 논의들은 도널드슨과 킴리카의 〈사육 동물들의 피난처〉 57 참조.

17. 미리엄 존스 Miriam Jones, 〈농장에서 사육되던 동물들을 위한 피난처 안에서의 속박 Captivity in the Context of a Sanctuary for Formerly Farmed Animals〉, 로리 그루언이 엮은 《속박의 윤리*The Ethics of Captivity*》 (Oxford: Oxford University Press, 2014)에 수록, 91-92

18. 비거닉 농법에 대한 더 자세한 정보는 비거닉 농업 네트워크 Veganic Agriculture Network의

·웹사이트 (http://www.ogvegani.net) 참조. 비거닉 농업 네트워크는 북미 전역을 대상으로 식물 기반 농법의 이점을 전파하고 있다.

19. 이 책을 쓰는 동안 마지 비치로부터 연락을 받았는데, 비건 마이크로팜 프로젝트를 운영하던 교수가 캘리포니아를 떠나는 바람에 프로젝트가 종료되었다고 한다.

20. 방치, 학대, 잔혹행위가 일어날 수 있는 다양한 경우들에 대해, 특히 매우 다양한 돌봄 관계에서 발생할 수 있는 방치와 잔혹행위에 대해 생각해 준 로리 그루언에게 감사한다.

7. 낙농업의 이중사고

1. 조지 오웰,《1984》, 접속날짜: 2018년 2월 18일, www.planetebook.com/ebooks/1984.pdf,44-45.

2. 원래 무지한 사람은 없다. 무지는 무시가 만들어낸 마음 상태로부터 파생된다. 우리는 무지를 발달시킬 수 있고, 무지한 상태로 변해갈 수 있다. 어떤 것을 무시한다는 것은 그것을 알고 있고 그 알고 있는 것을 부정할만한 동기가 있기 때문에 가능하다. 무지는 의식하지 못하는 상태가 아니다. 무지한이라는 뜻의 ig-norant의 어원이 말 그대로 알지 못함이라는 뜻이긴 하지만, 그냥 알지 못하는 것과는 다르다. 무시한다는 뜻의 ignore는 안다를 뜻하는 말(nore 부분은 라틴어 동사 noscere 즉, 알다에서 왔다)에 부정의 접두사 ig가 붙어 만들어졌다.

3. 앨리 노백은 가명이다.

4. 〈4H의 역사: 4H 프로그램의 탄생 4H History: The Birth of 4-H Programs〉, 4-H, 2013, 접속날짜 2015년 6월 30일, http://www.4-H.org/about/4-h history/.

5. 〈데어리 캐틀: 카우어벙거〉, 4-H, 접속날짜 2015년 7월 1일 http://www.4-h.org/resource-library/curriculum/4-h-dairy-cattle/cowabunga/.

6. 〈데어리 캐틀: 무빙어헤드〉, 4-H, 2015년 7월 1일 접속, http://www.4-h.org/resource-library/curriculum/4-h-dairy-cattle/mooving-ahead/.

7. 〈데어리 캐틀: 라이징투더탑〉, 4-H, 2015년 7월 1일 접속 http://www.4-h.org/resource-library/curriculum/4-h-dairy-cattle/rising-to-the-top/.

8. 데버라 Y. 리처드슨,《젖소의 모든 것*All about Dairy Cows*》(Beltsville, MD:US

Department of Agriculture, 2003), http://www.4-h.org/resource-library/curriculum/4-h-dairy-cattle/cowabunga/,6

9. 리처드슨, 《젖소의 모든 것》, 10

10. 리처드슨, 《젖소의 모든 것》, 11

11. 리처드슨, 《젖소의 모든 것》, 19

12. 〈품평회 링 안에서의 윤리: 책임 있는 선택하기 Ethics in the Show Ring: Making the Responsible Choice〉 Industry Image, 2000년 7월, Jersey Journal에서 채용, http://www.4-h.org/resource-library/curriculum/4-h-dairy-cattle/mooving-ahead/.

13. 제임스 코너스 James Connors, 재니스 데버 Janice Dever, 〈어린이 가축 품평회에서 오하이오 중등 농업교사들에 의한 비윤리적 행위들이 목격되다 Unethic Practices Observed at Youth Livestock Exhibitions by Ohio Secondary Agricultural Educators〉, Journal of Agricultural Educaiton 26, no.1 (2005): 20-31. 조앤 L. 굿윈 Joanne L.Goodwin, 〈가축 품평회의 윤리-과거, 현재, 미래 The Ethics of Livestock Shows-Past, Present and Future〉 Journal of the American Veterinary Medical Association 219(2001): 1391-93.

14. 코너스, 데버, 〈비윤리적 행위들〉

15. 코너스, 데버, 〈비윤리적 행위들〉

16. 〈품평회 링 안에서의 윤리〉, 1

17. "삶의 주체"로서의 동물이라는 개념에 관한 추가 논의는 톰 리건 Tom Regan의 《동물권 주장의 근거 The Case for Animal Rights》 (Berkeley: University of California Press, 2004) 참조

18. 하이니 슬론은 가명이나.

19. 데이나 건더스 Dana Gunders, 〈버려진 식량: 미국은 어떻게 농장에서 키운 식량의 40퍼센트를 매립지에 버리는가 Wasted: How America is Losing Up to 40 Percent of Its Food from Farm to Fork to Landfill〉, 국가자원방어위원회 National Resources Defense Council, NRDC Issue Paper, August 2012, http://nrdc.org/food/files/wasted-food-IP.pdf

20. 태평양 연안 북동부 지역에서 나타나는 이런 현상의 사례는 빅토리아 로슨 Victoria Lawson, 루시 자로스 Lucy Jarosz, 앤 본즈 Anne Bonds의 〈지역, 빈곤, 인종의 접합: 미국 북서부 농촌의 쓰레기 하치장과 보이지 않는 땅들〉, 미국지리학회 연보 Annals of the Association of American Geographers 100, no1.3 (2010): 655-77 참조

21. 인간과 애완동물의 관계에 대해서는 이푸투안 Yi-Fu-Tuan의 《지배와 애정 Dominance and Affection》 (New Haven, CT: Yale University Press, 2004); 제시카 피어스 Jessica Pierce

의 《달려라, 스팟, 달려: 애완동물 키우기의 윤리 *Run, Spot, Run: The Ethics of Keeping Pets*》 (Chicago: University of Chicago Press, 2016)

22. 로리 그루언, 《관여하는 공감관계》

8. 낙농업에서 소로 산다는 것

1. 세계낙농박람회에 관한 정보는 박람회 웹사이트 http://worlddairyexpo.com/ 참조.

2. 세라 코버 Sara Kober, 〈체외수정과 수정란 이식: 비교 In Vitro Fertilization and Embryo Transfer: A Comparison〉, 트랜스오바지네틱스사 블로그, 2017년 7월 7일, http://www.transova. com/tog-blog/in-vitro-fertilization-embryo-transfer-a-comparison.

3. 카를로스 A. 리스코 Carlos A. Risco, 파비오 리마 Fabio Lima, 호세 E. P. 산토스 Jose E.P. Santos, 〈낙농업에서 자연교배관리 상 고려해야 할 점들 Management Considerations of Natural Service Breeding Programs in Dairy Herds〉, 플로리다 대학 농촌 지원 프로그램 University of Florida Extension Program, accessed February 18, 2018, http://extension.vetmed.ufl.edu/files/2012/04/ Management-Considerations-of-Natural-Service-Breeding-Programs-in-Dairy-Herds_ Risco.pdf

4. 리스코 외, 〈관리 상 고려해야 할 점들〉, 1.

5. 리스코 외, 〈관리 상 고려해야 할 점들〉, 1.

6. 리스코 외, 〈관리 상 고려해야 할 점들〉, 1.

7. P.J.체노웨스 Chenoweth, J.D.샴페인 Champaign, J.F. 스미스 Smith, 〈대규모 낙농 환경에서 무리 수소 관리 Managing Herd Bulls on Large Dairies〉, 제 6회 서부 낙농관리회의기록 Proceedings of the Sixth Western Dairy Management Conference, 네바다 주 리노, Reno, 2003년 3월 12-14일, http://www.asi.ksu.edu/doc4130.ashx.107-18

8. 템플 그랜딘, 〈수소 관련 사고 예방하기 Preventing Bull Accidents〉, grandin.com, 2006년 6월, http://www.grandin.com/behaviour/principles/preventing.bull.accidents.html

9. 동물복지분과, 〈가축의 거세가 동물복지에 대한 갖는 함의: 문헌 검토 Welfare Implication of Castration of Cattle: Literature Review〉, 미국수의사협회, 2015년 7월 15일, 접속일 2016년 8월 5일 http://www.avma.org/KB/Resources/LiteratureReviews/Pages/castration-cattle-bgnd.aspx

10. 동물복지분과, 〈가축의 거세가 동물복지에 대해 갖는 함의〉

11. 동물복지분과, 〈가축의 거세가 동물복지에 대해 갖는 함의〉

12. 클라이드 레인 주니어Clyde Lane Jr., 리처드 파월Richard Powell, 브라이언 화이트Brian White, 스티브 글래스Steve Glass, 〈식용 송아지의 거세〉, 테네시 대학 농촌지원프로그램, 테네시 농업진흥프로그램University of Tennessee Extension, Tennessee Agricultural Enhancement Program, document SP692, 접속날짜 2015년 8월 5일, http://utextension.tennessee.edu/ publications/documents/sp692.pdf

13. 동물복지분과, 〈가축의 거세가 동물복지에 대해 갖는 함의〉

14. 동물복지분과, 〈가축의 거세가 동물복지에 대해 갖는 함의〉

15. 제인 M. 모렐Jane M. Morrell, 〈인공수정: 현재와 미래 동향Artificial Insemination: Current and Future Trend〉, 밀라드 마나피Milad Manafi가 엮은 《농장 동물의 인공수정Artificial Insemination in Farm Animals》 (n.p.: InTech, 2011)에 수록, http://www.intechopen.com/books/ artificial-insemination-in-farm-animals/artificial-insemination-current-and-future-trends

16. 존 코스런John Cothren, 〈가축교배프로그램에서 인공수정이 갖는 이점은?What Are the Advantages of Artificial Insemination(AI) in Your Livestock Breeding Program?〉 Wilkes Extension Center, NC State Univerisyt Cooperative Extension, 업데이트 날짜 2016년 6월 29일, http://wilkes.ces.ncsu.edu/2012/12/what-are-the-advantages-of-using-artificial-insemination-ai-in-your-livestock-breeding-program/

17. 멀리사 루지Melissa Rouge, 〈수소의 정액 채취Semen Collection from Bulls〉 콜로라도 주립대학 생식계통의 병태생리학Pathophysiology of the Reproductive System, Colorado State University 중, 최종 업데이트 날짜 2002년 9월 2일, http://www.vivo.colostate.edu/hbooks/pathphys/ reprod/semeneval/bull.html

18. 캐시 테즈노라이덱 모스먼Cathy Tesnohlidek Mosman, 〈사정과 정액 채취Ejaculation and Semen Collection〉, AG 534-J8, in Ag 534: 동물생식학: 수업 개요Zoology-Science of Animal Reproduction: Course Outline (Moscow: University of Idaho, Agriculture and Extension Education, nd), 334, http://www.uidaho.edu/-/media/UIdaho-Responsive/ Files/cals/departments/AEE/educators/AG-534-Zoology-science-of-animal-reproduction.ashx

19. 루지 〈수소의 정액 채취〉

20. 멀리사 루지, R.보웬R.Bowen, 〈정액 채취〉 콜로라도 주립대학 생식계통의 병태생리학 중, 최종 업데이트 날짜 2002년 8월11일 http://www.vivo.colostate.edu/hbooks/

pathphys/reprod/semeneval/bull.html

21. 이런 식의 범주화, 번식을 섹스 및 젠더와 결부시키는 방식은 인간의 몸에 대한 규범을 연상시키며, 트렌스젠더와 젠더비순응(gender-nonconforming)자, 간성 (intersexual)들의 삶과 그들의 신체에 대한 배제와 소거를 강화하는 작용을 할 수 있다.

22. 미셸 푸코, 《성의 역사 The History of Sexuality(번역서: 나남, 2004)》, vol 1, R.Hurley 번역 (New York: Pantheon, 1978)

23. 도나 해러웨이 Donna Haraway, 《영장류의 시각 Primate Visions》 (London, Routledge, 1989), 289

24. 부매틱 스마트데어리 액티비티 모듈 Boumatic SmartDairy Activity Module, 2015 접속날짜 2018년 2월 18일 http://kruegersboumatic.com/wp-content/uploads/2015/08/SD_Actv_LIT00317EN-1203_v6_EN.pdf

25. 로비믹스 Rovimix, DSM, 베타카로틴, 2015년 〈마켓와치 Market Watch〉 광고, Progressive Dairyman, no.9, June 11, 2012, 2, https://www.progressivedairy.com/downloads/2012/06/0912pd_mw_milk.pdf

26. 세멕스 Semex, 〈시간을 내 편으로 만들기 Put Time on Your Side〉, 리플렛 광고, 접속날짜 2018년 7월 31일, http://www.semex.com/downloads/designer-us/ai24-2.pdf

27. 카길 Cargil 〈그녀는 우유를 위해 She is in it to Make Milk〉, 광고, Dairy Today, September 2012 (웹사이트 https://krsharpe.files.wordpress.com/2014/12/kali-sharpe-cargill-ad.pdf

28. 보비실드골드 Bovi-Shield Gold, 〈계속 임신하는 것 말고, 할 수 있는 게 대체 뭐야? If she can't stay pregnant, what else will she do?〉 인쇄 광고물, Pfizer Animal Health, 2012, 세계 낙농 박람회에서 수거

29. 암소는 계속해서 임신하는 것 말고는 할 일이 없다는 암시는 여성의 임무는 아이를 낳는 것이라는 사회 지배적 규범을 연상시키고, 사회 전반에 만연한 아이가 없는 여성에 대한 불편한 태도를 반영한다.

30. 소, 말 등 가축화된 동물들이 식민지 역사에서 어떤 역할을 했는지에 대한 더 자세한 내용은 버지니아 앤더슨 Virginia Anderson의 책 《제국의 피조물들 Creatures of Empire》 (Oxford: Oxford University Press, 2006)을 참조

31. 셀렉트 사이어스, 〈슈페리어 세틀러스〉 세계 낙농박람회에서 입수한 셀렉트 사이어스 슈페리어 세틀러스 카탈로그 2012,

32. 브라이언 루크Brian Luke의 《잔인성: 남성성과 동물 착취*Brutal: Manhood and the Exploitation of Animals*》 (Urbana: University of Illinois Press, 2007)

33. 피터 로버트슨Peter Robertson, 《꿩*Pheasants*》 (London Voyageur Press, Inc., 1997)

34. 사이덱틴 광고, 누주피드NuZu Feed, 가축 카탈로그, 2, 접속날짜 2018년 2월 26일 http://www.nuzufeed.com/Livestock2-75.pdf

35. 셀렉트 사이어스, 〈최고의 수소들: 성공이 시작되는 곳Showcase Selections: Where Winning Begins〉, 셀렉트 사이어스 2012년 광고 카탈로그, 세계낙농박람회에서 입수

36. 캐럴 애덤스의 《육식의 성정치*Sexual Politics of Meat*》는 여성과 동물과 성애화된 이미지/담론들을 연결 짓는 여러 사례들과 더불어 이런 연결성을 훨씬 더 상세하게 이론화한다.

37. "새미 시멘의 의류 컬렉션Sammy Semen's clothing collection", 유니버설시멘세일즈, 접속날짜, 2015년 8월 3일 http://www.universalsemensales.com/sammy-semen-clothing-collection

38. 엘리 클레어Eli Clare, 《멋진 불완전: 치유와의 전쟁*Brilliant Imperfection: Grappling with Cure*》 (Durham, NC: Duke University Press, 2017), 134.

9. 캘리포니아 드리밍

1. 〈동물 거름 관리Animal Manure Management〉, 미국 농무부USDA, 자연자원보호국Natural Resources Conservation Service, RCA Issue Brief no. 7, December 1995, https://www.nrcs.usda.gov/wps/portal/nrcs/detail/national/technical/nra/rca/?cid=nrcs143_014211

2. 〈중국이 소 십만 마리 규모의 낙농장을 건설한다China Builds100,000 Cow Dairy Farm〉 Rotorua Daily Post, 2015년 8월 13일자, http://m.nzherald.co.nz/rotorua-daily-post/rural/news/article.cfm?c_id=1503433&objectid=11496705

3. 짐 폴슨 외, 〈낙농에 대해 배우기〉, Regents of University of Minnesota, University of Minnesota Extension Rev. 2015년 11월, http://www.extension.umn.edu/youth/mn4-H/events/project-bowl/docs/PB-Learning-About-Dairy-Booklet.pdf, 79

4. 〈제품 물 발자국Product Water Footprint〉, 물 발자국 네트워크Water Footprint Network, 접속 날짜 2015년 4월 7일, http://waterfootprint.org/en/water-footprint/product-water-

footprint/

5. 엘리자베스 콜버트Elizabeth Kolbert,《여섯 번째 대 멸종*The Sixth Extinction*(번역서: 처음 북스, 2017)》(New York: Picador, 2014)

6. 헤닝 스타인펠트Henning Steinfeld, 피에르 거버Pierre Gerber, 톰 와세나Tom Wassenaar, 빈센트 카스텔Vincent Castel, 마우리시오 로살레스Mauricio Rosales, 케이스 드한Cees de Hann,《가축의 긴 그림자: 환경 이슈와 선택 방안 *Livestock's Long Shadow: Environmental Issues and Options*》(Rome: 유엔식량농업기구, 2006)

7. 〈카우스피러스: 지속가능성의 비밀Cowspiracy: The Sustainability Secret〉, 킵 앤더슨, 키건 쿤 감독 (Santa Raos, CA: A.U.M. Film & Media and First Spark Media, 2014), DVD.

8. 퍼듀대학 농학대학원Purdue University School of Agriculture, 〈낙농 생산: 질병들Dairy Production: Diseases〉, Ag 101 (Washington, DC: Environmental Protection Agency, 2002), http://www.epa.gov/sites/production/files/2015-07/documents/ag_101_agriculture_us_epa_o.pdf

9. 식품 안전과 감시청Food Safety and Inspection Service, 〈빌이 농장에서 식탁에 오르기까지 Veal from Farm to Table〉, Food Safety and Inspection Service, USDA, 최종 업데이트 날짜 2013년 8월6일, 접속날짜 2015년 7월 5일 http://www.fsis.usda.gov/wps/portal/fsis/topics/food-safety-education/get-answers/food-safety-fact-sheets/meat-preparation/veal-from-farm-to-table/CT_Index

10. 에이미 페닝턴Amy Pennington, 〈송아지를 배려하라Consider the Calf〉 에더블 시애틀, 2012년 7-8월호Edible Seattle, July-August 2012, http://edibleseattle.com/consider-the-calf/

11. 톰 리건,《동물 권리 주장의 근거》

12. 레베카 덴Rebekah Denn, 〈시브리즈 농장에서는 풀밭에서 '제대로' 빌을 키운다Sea Breeze Farm raises Veal the 'Real' Way- in Pasture〉, Seattle Times, August 30, 2009, https://www.seattletimes.com/pacific-nw-magazine/sea-breeze-farm-raises-veal-the-real-way-8212-in-pastures/

13. 소의 관리와 영양을 위한 연맹Bovine Alliance on Management and Nutrition, 〈초유와 젖소 송아지를 위한 초유 관리 안내서A Guide to Colostrum and Colostrum Management for Dairy Calves〉, 미국 농무부, 미국 동식물검역소, 2001, 접속날짜 2015년 8월 5일, http://www.aphis.usda.gov/animal_health/nahms/dairy/downloads/bamn/BAMN01_Colostrum.pdf

14. 소의 관리와 영양을 위한 연맹, 〈초유와 젖소 송아지를 위한 초유 관리 안내서〉

15. 소의 관리와 영양을 위한 연맹, 〈송아지 대체유 안내서A Guide to Calf Milk Replacers〉, 미국 농무부 미국 동식물검역소, 2008, 접속날짜 2015년 8월 5일, http://www.aphis.usda. gove/animal_health/nahms/dairy/downloads/bamn/BAMN08_GuideMilkRepl.pdf

16. 소의 관리와 영양을 위한 연맹, 〈젖소 송아지 수유와 관리A Guide to Dairy Calf Feeding and Management〉, 미국 농무부, 미국 동식물검역소, 2003, 접속날짜 2018년 2월 26일 http://www.slideshare.net/vincentwambua/a-guide-to-dairy-calf-feeding-and-management

17. 소의 관리와 영양을 위한 연맹, 〈젖소 송아지 수유와 관리〉

18. 이것은 인간 영유아를 위한 분유 시장 성장과 모유 수유에 문제가 없는 여성들에게까지 모유보다 더 "건강한" 대안이라며 분유를 권장했던 과거와도 다르지 않다.

19. 캔암 애그시스템즈Canarm AgSystems가 만드는 송아지 스위트룸 콤피카프스위츠Comfy Calf Suites의 웹사이트 http:///comfycalfsuites.com. (접속 날짜 2017년 10월 19일)

10. 지식에서 실천으로

1. 제임스 스태네스쿠James Stanescu, 〈종의 문제, 주디스 버틀러, 애도와 동물의 위태로운 삶Species Trouble, Judith Butler, Mourning and the Precarious Lives of Animals〉 Hypatia 27, no. 3 (2012): 567-82

2. 이에 대해서는 마니샤 데카Maneesha Deckha, 〈폭력의 문화적 동인로서의 하등 인간The Subhuman as a Cultural Agent of Violence〉, Journal for Critical Animal Studies 8, no.3 (2010): 28-51; 클레어 진 킴,《위험한 만남: 다문화 시대의 인종, 종, 자연Dangerous Crossings: Race, Species, and Nature in a Multicultural Age》 (Cambridge: Cambridge Univerisiti Press, 2015); 애프 코Aph Ko, 실 코Ssyl Ko,《애프로이즘: 팝컬쳐, 두 자매의 페미니즘, 블랙 비건주의에 관한 에세이A, Aphro-ism: Essays on Pop Culture, Feminism, and Black Veganism from Two Sisters》 (Brooklyn, NY: Lantern Books, 2017): 윌 킴리카, 수 도널드슨, 〈동물의 권리, 다문화주의, 좌파〉, Journal of Social Philosophy 25, no. 1(2014): 116-35

3. 에이미 브리즈 하퍼Amie Breeze Harper, 〈비건주의 내의 '하찮은 문제'로서의 인종: '잔혹행위를 하지 않고 만든' 제품에 담긴 백인성, 지정학적 특권, 소비 철학Interrogating

Whiteness, Geopolitical Privilege, and Consumption Philosophy of 'Cruelty-Free' Products'〉, Journal for Critical Animal Studies 8, no. 3(2010): 5-23.

4. 킴리카, 도널드슨, 〈동물권리, 다문화주의, 좌파〉

5. 워싱턴주 시애틀의 비컨힐에 있는 먹을 수 있는 도시 숲, 비컨푸드포레스트에 대한 더 자세한 정보는 http://beaconffodforest.org/에서, 샌프란시스코 베이 에어리어에 기반을 두고 먹을 수 있는데 버려지는 음식을 지역 식품 분배 네트워크를 통해 재분배하는 푸드 시프트에 대한 정보는 http://foodshift.net/에서 얻을 수 있다.

6. 제인 E. 브로디 Jane E. Brody, 〈약이 아니라 채소를 처방하다 Prescribing Vegetables, Not Pills〉, Well(블로그), New York Times, December 1, 2014, http://well.blogs.nytimes. com/2014/12/01/prescribing-vegetables-not-pills/?_r=1

7. 폭탄말고 음식 Food Not Bomb에 대한 더 많은 정보는 웹사이트 http://foodnotbombs. net/new_site/index.php에서 얻을 수 있다.

8. 식품권한강화프로젝트 Food Empowerment Project에 대한 자세한 정보는 ttp://www. foodispower.org/에서 얻을 수 있다.

9. 수 도널드슨, 윌 킴리카, 〈사육 동물들의 피난처: 운동의 중심? 사회정치적 시각〉, Politics and Animals 1(2015): 50-74.